John Peter Sloan

*more*
# INSTANT
# ENGLISH

Der Kurs für alle, die denken, dass sie
schon perfekt Englisch sprechen.

Mit Online-Videos

**PONS GmbH**
Stuttgart

# PONS

## More Instant
## ENGLISH
mit Online-Videos

von
John Peter Sloan
Übersetzung aus dem Italienischen von Beate Stern

Auflage A1  4  3  2  1  / 2017 2016 2015 2014

Original title: Instant English 2
© GRIBAUDO - IF - Idee editoriali Feltrinelli srl Socio Unico Giangiacomo Feltrinelli
Editore srl, Via Natale Battaglia, 12, 20127 Milano (Italy)
www.gribaudo.it

© PONS GmbH, Stöckachstraße 11, 70190 Stuttgart, 2014
www.pons.de
E-Mail: info@pons.de
Alle Rechte vorbehalten.

Redaktion: Francesca Giamboni
Redaktionelle Mitarbeit: David Dickens, Anika Braunshausen
Korrektorat: Starleen K. Meyer
Logoentwurf: Erwin Poell, Heidelberg
Logoüberarbeitung: Sabine Redlin, Ludwigsburg
Illustrationen: Sara Pedroni
Titelfotos: Chrysler Building: Thomas Northcut / Thinkstock; Sir Norman Foster
Building: Michael Blann; Freiheitsstatue, Big Ben, Canary Wharf: Thinkstock; (im
Hintergrund) Hut: Thinkstock/Hemera Technologies; Flagge: Thinkstock/Domagoj
Duvnjak; Bild von JP Sloan: Massimo Giuffrida
Einbandgestaltung: Anne Helbich, Stuttgart
Design und Layout: ORBIT - San Martino Buon Albergo (VR), Italien
Satz: Digraf.pl – dtp services
Druck und Bindung: Appel und Klinger, Druck und Medien GmbH, Schneckenlohe

Printed in the EU.
ISBN: 978-3-12-561965-4

# SUMMARY

FOR ANGELA.

DEEPER THAN ANY WELL,
TINIER THAN ANY GRAIN
OF SAND, BIGGER THAN
ANY MOUNTAIN.

YOU INSPIRE ME.

... AND TO STARLEEN
MEYER, THIS BOOK WOULD
NOT EXIST WITHOUT YOU.

*Thanks to*
*First of all everybody who worked on this book in some capacity:*
*Dave, Francy, Starleen, Carol and my editor, of course, Claudia.*
*I would also like to thank Gribaudo for believing in this adventure and*
*my daughter Dhalissia for always knowing when to tell me to turn off*
*the PC and relax a little.*
*Then I'd like to thank you my dear reader... you have had faith in me*
*and for thisI am eternally grateful. I won't let you down.*

*John Peter Sloan*

## LIEBE LERNERIN, LIEBER LERNER!

Wie kannst du mit Instant English deine Sprachkenntnisse erfolgreich verbessern? Der erste Band bringt dich sehr schnell in die Lage, in dieser Sprache zu kommunizieren. Mit More Instant English will ich "Löcher stopfen" und jedem was zum Mitnehmen geben, egal, ob man Anfänger ist oder schon fortgeschritten.

Damit man möglichst schnell auf Englisch kommunizieren kann, habe ich im ersten Band einige Grammatikbereiche weggelassen und die Reihenfolge, in der Grammatik üblicherweise unterrichtet wird, angepasst. Im Gegenzug habe ich Bausteine vorgezogen, die es ermöglichen, sich innerhalb kürzester Zeit mitzuteilen. Mit dem vorliegenden Buch können nun die Bereiche in Angriff genommen werden, die im ersten Band verschwiegen werden mussten. Du wirst deine Kenntnisse vertiefen und die dunkelsten Geheimnisse der englischen Sprache erfahren. Mit beiden Büchern zusammen verfügst du über einen kompletten Sprachkurs.

Bevor ich mich für dieses Buch ans Werk gemacht habe, habe ich meinen Freund und Kollegen Dave Dickens konsultiert. Zusammen haben wir uns den optimalen Aufbau überlegt, damit du am effektivsten lernen kannst. Dabei haben wir auch das Feedback der zahlreichen Leser zum ersten Buch berücksichtigt.

Das vorliegende Buch ist das Ergebnis unserer Recherchen. Ich bin sehr stolz darauf, dir jetzt More Instant English präsentieren zu dürfen.

Wenn du gerne kurze Videos anschaust, dann geh doch mal auf **www.pons.de/more-instant-english**. Da erkläre ich dir ein paar Knackpunkte der englischen Sprache.

# MORE**INSTANT**ENGLISH

# GRAMMAR

STEP **1**

STEP **2**

STEP **3**

# STEP 1

# Articles Master                                      1.1.1

In *Instant English* haben wir uns die Struktur der Artikel angeschaut. Diese ist im Englischen wirklich einfach und überschaubar. Starten wir also durch...

Artikel werden im Englischen genau wie im Deutschen eingesetzt:

Verwendet man im Deutschen "ein" bzw. "eine", dann steht im Englischen A bzw. AN;

verwendet man im Deutschen "der", "die" oder "das", dann steht im Englischen THE.

## 1. INDEFINITE ARTICLE
### (DER UNBESTIMMTE ARTIKEL) A ODER AN

A verwendet man bei Wörtern, die mit einem Konsonanten beginnen,

AN verwendet man bei Wörtern, die mit einem Vokal beginnen.

Die wichtigste Regel lautet so:

A/AN wird verwendet, wenn der Zuhörer den Gegenstand oder die Person, auf den bzw. die er sich bezieht, nicht kennt, oder wenn der- bzw. dasjenige für sich allein nicht relevant ist, sondern einer/eines unter vielen.

Das ist genau wie im Deutschen – schau dir diese Beispiele an.

**A.**

DAVID: Möchtest du mit mir in ein romantisches Restaurant Essen gehen?

JULIA: Nein.

(Dieser Schlaumeier ist nicht an einem bestimmten Restaurant interessiert. Es kann ein x-beliebiges Restaurant sein; ihn interessieren ganz andere Dinge...)

Schauen wir uns das mal im Englischen an – da ist es genauso!

DEREK: Would you like to dine (zu Abend essen) with me in a romantic restaurant?
LOUISE: No.

# ARTICLES MASTER

Jetzt nehmen wir ein Wort, das mit einem Vokal beginnt.

**B.**

DAVID: Würdest du mit mir in ein Aquarium gehen?

JULIA: Lieber schwämme ich nackt mit 30 hungrigen Haien. (I would rather swim naked with 30 hungry sharks.)

David redet hier von einem x-beliebigen Aquarium. Es könnte das in Bremerhaven oder auch .... das in Kiel sein. Keine Ahnung – dort wird es doch wohl ein Aquarium geben.

Auf Englisch heißt das dann so:

DEREK: Would you come to an aquarium with me?
LOUISE: Put the wine down.

Du siehst, dieses Wort beginnt mit einem Vokal – also brauchst du AN.

Es gibt nur wenige **Ausnahmen**, wir werfen aber dennoch einen Blick darauf:

Das **H** ist stumm, wenn man es nicht hört, und wird daher wie ein Vokal behandelt:

AN hour

AN honest answer

Hörst du das **H**, dann verwendest du A:

A horse

A herring

Bei Wörtern, die mit einem **IU**-Laut beginnen, verwendet man A:

A university

A European

## 2. DEFINITE ARTICLE
### (DER BESTIMMTE ARTIKEL) THE

Die wichtigste Regel lautet:

> THE wird verwendet, wenn der Zuhörer weiß, auf wen oder was Bezug genommen wird.

Hier ein weiteres Beispiel, um noch einmal in unser Restaurant zurückzukehren.

### C.

DAVID: Möchtest du mit mir ins romantische Restaurant Essen gehen?

In diesem Fall weiß Julia genau, von welchem Restaurant David spricht. Sie wird zwar trotzdem nicht mit ihm dort essen gehen, aber mit Sicherheit weiß sie, welches Restaurant er im Sinn hat.

Im Englischen würde die Frage genauso lauten:

DEREK: Would you like to come to the restaurant?

Und genau wie Julia würde auch Louise mit Derek nirgendwo hingehen, aber sie weiß genau, von welchem Restaurant er redet.

Sehen wir uns ein längeres Beispiel an, das sowohl den bestimmten als auch den unbestimmten Artikel enthält:

My brother is so rich, he's buying a big house in the country. The house has 7 bedrooms and 3 bathrooms.
Mein Bruder ist so reich, dass er sich ein großes Haus auf dem Land kauft. Das Haus hat 7 Schlafzimmer und 3 Bäder.

Im ersten Satz habe ich das Haus zum ersten Mal erwähnt – ich sage also A big house (der Zuhörer kennt das Haus noch nicht. Für ihn ist es ein x-beliebiges Haus). Im zweiten Satz verwende ich THE, weil er jetzt weiß, dass die Rede vom Haus meines Bruders ist.

Wenn du dir den Satz näher anschaust, wirst du feststellen, dass es wie im Deutschen ist: Man spricht von EINEM Haus, wenn der Zuhörer noch nicht weiß, um welches Haus es sich handelt, und von DEM Haus, wenn der Zuhörer es weiß.

# 3. **A FEW EXCEPTIONS**
## (EINIGE AUSNAHMEN)

Bis hierher läuft ja alles wie am Schnürchen. Machen wir es also ein bisschen komplizierter, damit es dir nicht langweilig wird.

Wenn du dich an die allgemeine Regel hältst, liegst du nicht falsch, aber im Englischen gibt es kleine Ausnahmen – schauen wir sie an!

A/AN wird in den folgenden Fällen verwendet.

a. In Verbindung mit Arbeit und Beruf:

an accountant (ein Buchhalter)

a cleaner (Raumpfleger)

b. Bei Mengenangaben:

a few (einige)

a lot of (viele)

a couple of (ein paar)

a little (ein wenig)

THE hingegen verwendet man ...

a. wenn von einer Sache nur ein Exemplar existiert:

the Queen (vergessen wir die Pseudoköniginnen anderer Länder, die lediglich der Bierdose eine Krone verpassen wollen)

the sun (die Sonne)

the moon (der Mond)

the rainbow (der Regenbogen)

b. vor einigen Substantiven wie:

the rivers (Flüsse)

the seas (Meere)

the newspapers (Zeitungen)

the hotels (Hotels)

the pubs (Kneipen) (USA: There is no real equivalent in American English since, even though they have Happy Hour, American bars aren't really places one also may go to eat, or with the family. Instead, one would go to a café, or an informal eating place where one also can get a cup of coffee, with the family.)

the theatres (Theater)

the deserts (Wüsten)

the mountain groups (Gebirgsmassive)

the island groups (Inselgruppen)

the museums (Museen)

the art galleries (Kunstgalerien)

c. in Verbindung mit geographischen Namen/Bezeichnungen:

the Thames (die Themse)

the Alps (die Alpen)

the Atlantic (der Atlantik)

**Keinen Artikel** verwendet man in folgenden Sonderfällen:

a. In Verbindung mit uncountables (daran erinnerst du dich sicher noch, oder? Das sind Substantive, die nicht zählbare Gegenstände und Begriffe bezeichnen – also solche, die man nicht zählen und denen man keine Zahl voranstellen kann).

# ARTICLES MASTER

b.  Vor allgemein gebrauchten Substantiven:

I like water. (Ich mag Wasser.)

I don't like broccoli. (Ich mag keinen Brokkoli.)

c.  Vor Personennamen und vor Eigennamen von:

towns (Städten)

streets (Straßen)

mountains (Bergen)

countries (Ländern)

airports (Flughäfen)

languages (Sprachen)

meals (Mahlzeiten)

stations (Bahnhöfen)

Breakfast is ready. (Das Frühstück ist fertig.) NICHT: ~~THE breakfast.~~

We'll meet each other at Heathrow airport. (Wir treffen uns am Flughafen Heathrow.) NICHT: ~~THE Heathrow airport.~~

I love to go to Spain, because I like sangria and paella. (Ich gehe gerne nach Spanien, weil ich Sangria und Paella mag.)

d.  In Verbindung mit einigen Orten und Transportmitteln:

to/at/from home (nach Hause, zuhause, von Zuhause)

in/to bed (im/ins Bett)

at/to work (bei der/zur Arbeit)

at/to school/university/college (in der/in die Schule/Universität, im/ins College) to/in hospital (ins/im Krankenhaus)

to/at/in church (in die/in der Kirche)

by bus (mit dem Bus)

on foot (zu Fuß)

by car (mit dem Auto)

by train (mit dem Zug)

## Capital letters

Die schlechte Nachricht: Die Groß- und Kleinschreibung im Englischen unterscheidet sich stark von der deutschen (sigh!). Die gute Nachricht: Sie ist wesentlich leichter zu erlernen (whew!). Vergessen wir mal die Regeln, die für Buchtitel, Gedichte, Buchkapitel, Zeitungs- und Zeitschriftenartikel gelten (das ist, wie auch die idioms, a can of worms). Die goldene Regel lautet herauszufinden, ob es sich bei einem Substantiv um einen proper name – einen Eigennamen – handelt, oder ob es nur ein armes, einfaches Substantiv ist …, auch wenn es um dasselbe Wort und um dieselbe Sache geht. Du möchtest ein paar Beispiele sehen?

I work at the Texas Mosquito Agricultural College. The college's offices are open from 10 a.m. to 10:15 a.m. (mosquito ist die Schnake; agricultural bedeutet landwirtschaftlich).

(Aus einem Zeitungsartikel) Dr. Doolittle, Director of the Texas Mosquito Agricultural College, has confided that the funds available for expanding the hours of the college's office are very limited. The director has promised to dedicate herself to fund-raising, this year. (promise: versprechen; fund-raising… das kennst du ja aus dem Deutschen…)

# ARTICLES MASTER

Wie du siehst, gibt es hier nicht wirklich eine Regel, aber die Ausnahmen kann man sich leicht einprägen. Um dir dabei zu helfen, habe ich gleich eine kleine Übersetzungsaufgabe für dich. Ready?

## EXERCISE n. 1

Concy ist zuhause. (Thank God!) .................................................................................

Ich fahre mit dem Bus zur Arbeit. (go to) ...................................................................

Ich lasse meine Bücher immer in der Universität. (to leave) ......................................

Ich gehe zu Fuß von der Kneipe nach Hause. (to return) .........................................

Meine Jacke ist an meinem Arbeitsplatz. (jacket) ......................................................

Ich nehme den Zug, um zur Kirche zu kommen. (to get to) .......................................

Zum College gehe ich zu Fuß. (to get-to go) .............................................................

Ich bin nur zwei Minuten von zuhause. (minutes) .....................................................

Ich arbeite von zuhause aus. (to work) ......................................................................

Ich gehe ins Bett, weil ich zu Fuß von der Schule zurückgegangen bin. (to return)........

# More Adjectives Master

Aus Platzgründen konnte ich in *Instant English* nicht alle Adjektive, die ich wollte, unterbringen. Ich halte Adjektive aber für ganz wichtig – vor allem solche zur Personenbeschreibung. Schauen wir sie gleich an!

## 1. **PEOPLE**
### (ADJEKTIVE ZUR PERSONENBESCHREIBUNG)

Ruf dir als erstes ins Gedächtnis, dass die Silbe UN-, wenn sie vor einem Adjektiv steht, dessen Bedeutung umkehrt, wie diese Beispiele zeigen:

selfish = selbstsüchtig
UNselfish = selbstlos

friendly = freundlich
UNfriendly = unfreundlich

Und diese Regel wäre ja zu einfach – selbstverständlich gilt sie nicht für alle Adjektive.

Im Folgenden findest du eine Liste mit den gebräuchlichsten Adjektiven. Diejenigen, deren Gegenteil mit der Vorsilbe UN- gebildet wird, habe ich gekennzeichnet.

angry: wütend, verärgert

(un)attractive: attraktiv

boring: langweilig

brave: mutig

charming: reizend, bezaubernd

cheerful: fröhlich

# MORE ADJECTIVES MASTER

clever: klug (geschickt/schlau)

confident: selbstsicher (insecure: unsicher)

crazy: verrückt

cruel: grausam

dangerous: gefährlich

(un)funny: lustig

good-looking: gut aussehend

interesting: interessant

nice: sympathisch

outgoing: extrovertiert (introverted: introvertiert)

overweight: übergewichtig

(un)popular: beliebt

(un)romantic: romantisch

shy: schüchtern

skinny: dünn, mager

(un)successful: erfolgreich

talkative: gesprächig

touchy: empfindlich

thick-skinned: dickhäutig

wealthy: wohlhabend

# Magic word: FUNNY

Viele Deutsche sind der Meinung, dass FUNNY gleichbedeutend mit unterhaltsam ist. Tatsächlich bezieht sich dieses Adjektiv auf etwas Lustiges, etwas, das dich zum Lachen bringt, während man unterhaltsam mit FUN übersetzt.

To have fun bedeutet sich amüsieren, Spaß haben.

Funny sagt man, wenn etwas lustig ist/einen zum Lachen bringt.

Möchtest du ein paar Beispiele?

Dieter Nuhr is very funny; he makes me laugh.
Dieter Nuhr ist sehr lustig; er bringt mich zum Lachen.

We have a lot of fun with you.
Wir haben viel Spaß mit dir.

Legoland is fun.
Legoland ist unterhaltsam.

Charlie Chaplin is funny.
Charlie Chaplin ist lustig.

## ÜBERSETZEN WIR!

Es ist jetzt an der Zeit eine KLEINE GESCHICHTE zu übersetzen.

Warning: Diese Geschichte ist sehr traurig. Es empfiehlt sich also, ausreichend Taschentücher in Reichweite zu haben.

### WORDS YOU WILL NEED

| | |
|---|---|
| keine Sorge | don't worry |
| sich täuschen | to get (something) wrong |
| gut aussehend | good-looking |
| gib mir zurück | give me back |
| einen Tritt verpassen | to kick |
| Feuer haben | to have a light |
| Benzin | petrol (USA: gas) |
| (wie) schade | (it's/what a) pity |
| Hässlichkeit | ugliness |
| Hymne | epic song (das Kirchenlied hingegen heißt hymn) |
| bringen | to take |

### THE DIARY

Ich bin ein Mann auf der Suche nach Liebe, aber ich habe Pech. Letzte Woche war ich auf der Jagd nach Frauen (selbstverständlich auf die romantische Art), und was jetzt folgt ist mein Tagebuch:

### Montag:

Heute Abend habe ich eine attraktive und interessante Frau getroffen, aber sie war schüchtern und ein bisschen mager.

JOHN: Hallo.
FRAU: ...
JOHN: Wow! Du bist sehr schüchtern!
FRAU: ...
JOHN: Keine Sorge; ich bin sehr gesprächig.
(Die Frau gähnt)
JOHN: Hast du etwas gesagt?
FRAU: ...
JOHN: Gute Nacht.
FRAU: ...

**Dienstag:**

Heute Abend traf ich eine selbstbewusste und sehr intelligente Frau.

JOHN: Hallo.
FRAU: Wie heißt die Hauptstadt des Iran?
JOHN: Das ist leicht, Baghdad!
FRAU: Das ist die Hauptstadt des Irak!
JOHN: Wow, ich habe mich nur bei einem Buchstaben getäuscht!
FRAU: Du bist lustig, aber du bist nicht sehr gut aussehend, und du bist ein bisschen langweilig.
JOHN: Danke.
FRAU: Ich gebe dir noch eine Chance: Wie heißt die Hauptstadt von Frankreich?
JOHN: F.
FRAU: Gute Nacht.

**Mittwoch:**

Heute Abend traf ich eine sehr extrovertierte und romantische Frau.

JOHN: Hallo.
FRAU: Hey! Wow! Ich liebe Blumen.
JOHN: Du bist verrückt.

Frau: Ha ha ha! Du bist unterhaltsam!
John: Nein, du bist wirklich verrückt.
Frau: Warum bin ich verrückt? Weil ich Blumen, Kerzen und die Liebe liebe?
John: Gib mir meine Autoschlüssel zurück!
Frau: Nein.
John: Ich möchte nach Hause; gib mir die Schlüssel!
Frau: Niemals, mein schöner Geliebter.
John: TAXIIIII!

**Donnerstag:**

Heute Abend traf ich eine erfolgreiche, aber sehr gefährliche Frau.

John: Hallo
Frau: Ugh!
John: Oh mein Gott! Warum hast du diesem Pitbull einen Tritt verpasst?
Frau: Hast du Feuer?
John: Ja, aber stell zuerst das Benzin ab.
Frau: Nun komm schon...das ist ein Spiel!
John: Ich gehe nach Hause.
Frau: Wenn du jetzt gehst,
sage ich meinen sizilianischen
Brüdern, dass du mir einen Tritt
verpasst hast.
John: Seufz!

**Freitag:**

Heute Abend traf ich eine unbeschwerte (sunny), aber grausame Frau.

JOHN: Hallo.
FRAU: Was für ein schöner Tag. Schade, dass ich mit dir zusammen bin.
JOHN: Danke.
FRAU: Ich möchte eine Hymne auf deine Hässlichkeit singen.
JOHN: Meine Mutter sagt, ich sehe gut aus.
FRAU: Komm schon, sei nicht empfindlich; lass uns eine Flasche Wein trinken, dann sehe ich dich nicht so gut.
JOHN: Gute Nacht.

**Samstag:**

Heute Abend traf ich eine hässliche, langweilige, egoistische, aber wohlhabende Frau. Ich war verzweifelt.

JOHN: Hallo.
FRAU: Ich bin fantastisch, ich bin wichtig, ich bin besonders.
JOHN: Du bezahlst diese Getränke, oder (right)?
FRAU: Ja, ich bezahle, weil ich großzügig bin.
JOHN: Ich wollte dich nach Hause bringen, aber mein Auto ist kaputt.
FRAU: Ich bin besonders.
JOHN: Die Reparatur wird 10.000 Euro kosten.
FRAU: Ich bin fantastisch.
JOHN: Gibst du mir das Geld?
FRAU: Ich bin wichtig.
JOHN: Gute Nacht.

**Sonntag:**

Heute Abend habe ich niemanden kennengelernt. Ich bin im Bett geblieben!

## Magic word: RIGHT

Wie auch die anderen magic words hat right verschiedene Bedeutungen. Um welche Bedeutung es sich handelt, schließen wir Engländer aus dem Kontext.

Bedeutungen

### richtig, passend

1.  It is the right thing to do. Das ist das Richtige, was zu tun ist.
2.  I am not the right person for you.
    Ich bin nicht der/die Richtige für dich.
3.  I want to choose the right dress for my wedding.
    Ich möchte das passende Kleid für meine Hochzeit auswählen.

### rechts

1. He is a right wing leader. Er ist ein Anführer des rechten Flügels. (politisch/in der Politik)

2. Turn right (mit dem Auto). Biegen Sie rechts ab.

3. Go right (zu Fuß). Biegen Sie rechts ab.

### Recht

1. I have the right to die with dignity. Ich habe das Recht, in Würde zu sterben.

2. We must fight for human rights.
Wir müssen für die Menschenrechte kämpfen.

3. I know my rights! Ich kenne meine Rechte!

### recht haben (to be right)

1. You're right; I'm too slow. Du hast recht; ich bin zu langsam.

2. I don't know who is right on this topic.
Ich weiß nicht, wer bei diesem Thema recht hat.

3. I am right, and you know I am right!
Ich habe recht und du weißt, dass ich recht habe.

### genau/gleich

1. Right here, right now. Genau hier und jetzt.

2. She was on the left, he was on the right, and I was right in the middle. Sie war auf der linken Seite, er auf der rechten, und ich war genau in der Mitte.

3. She hit me right in the face! Sie hat "mir direkt" ins Gesicht geschlagen!

### Schau dir nun diesen Satz an:

You are right, I have the right to live right where I want, and Birmingham is the right place for me.
Du hast recht, ich habe das Recht genau dort zu wohnen, wo ich möchte, und Birmingham ist der richtige Ort für mich.

## 2. **PLACE**
### (ADJEKTIVE ZUR ORTSBESCHREIBUNG)

Im Folgenden findest du eine Liste der gebräuchlichsten Adjektive zur Ortsbeschreibung – darunter auch einige mit mehreren Bedeutungen.

amazing: erstaunlich

calm: ruhig

colourful: farbenfroh, farbig oder auch lebendig

crowded: überfüllt

deserted: verlassen oder auch ausgestorben

dry: trocken

interesting: interessant

magical: magisch

magnificent: wunderbar, großartig

marvelous: wundervoll, wunderbar

modern: modern

mysterious: misteriös

noisy: laut

odious: abstoßend

peaceful: friedlich

polluted: verschmutzt

quiet: ruhig, still

remarkable: bemerkenswert oder auch außergewöhnlich

sensational: sensationell

strange: merkwürdig oder auch fremd

terrible: schrecklich

terrific: großartig

terrifying: entsetzlich

traditional: traditionell

tranquil: ruhig

tropical: tropisch

unique: einzigartig

wild: wild

windy: windig

## ÜBERSETZEN WIR!

Hier kommt eine Horrorgeschichte zum Übersetzen für dich.
Warning: Lies diese Geschichte nicht nachts, wenn du alleine bist!

### WORDS YOU WILL NEED

| | |
|---|---|
| Strand | beach |
| Stimme | voice |
| Wind | wind |

### MEIN URLAUB MIT CONCY

Der Strand war laut und überfüllt, aber das Meer war wundervoll und ruhig. Ich trank ein außergewöhnliches Bier, dann sah ich ein großartiges Mädchen an einem ruhigen Ort und ich ging zu ihr hin, um ihr meine farbige, moderne und sensationelle Badehose zu zeigen. Ich öffnete den Mund und es erklang (was heard) die Stimme des Teufels: „Wer ist dieses Mädchen?", und es war die Stimme von Concy. Sie war gekommen, und im Handumdrehen war der Strand verlassen und der Wind war kalt. Concy, die ihren verhassten, wilden, traditionellen Badeanzug trug, nahm mich mit.

# 3. **COMPARATIVES**
## (DER KOMPARATIV)

In *Instant English* hast du bereits den Komparativ und den Superlativ kennengelernt. Du müsstet sie also im Schlaf beherrschen. Nun denn, wiederholen wir trotzdem ein wenig.

Erinnerst du dich, es gibt 3 KOMPARATIVFORMEN:

**A.** DER MEHRHEIT

* Bei kurzen (einsilbigen) Adjektiven, die nicht auf „e" enden:

**ADJEKTIV** + ER

(hard) It's harder to find a nice girlfriend than I thought.

Eine nette Freundin zu finden, ist härter als ich dachte.

* Bei kurzen (einsilbigen) Adjektiven, die auf „e" enden:

**ADJEKTIV** + R

(brave) My dad is braver than your dad.

Mein Vater ist mutiger als deiner.

* Bei langen (zwei- oder mehrsilbigen) Adjektiven:

**MORE** + Adjektiv

(polluted) Beijing is more polluted than London.

Peking ist verschmutzter als London.

**BESONDERHEITEN BEIM GEBRAUCH des Komparativs der Mehrheit**

Um den Komparativ der Mehrheit zu verstärken oder abzuschwächen, kann ihm eines der folgenden Adverbien vorangehen:

**Much/a lot of/far + Komparativ = viel mehr...**
We are going to Madrid by car. It's much cheaper!
Wir fahren mit dem Auto nach Madrid. Es ist viel billiger!

Travelling by plane is far more expensive.
Mit dem Flugzeug zu reisen ist viel teurer.

**A little/a bit/a little more + Komparativ = ein bisschen mehr...**
My suitcase is a little heavier than yours.
Mein Koffer ist ein bisschen schwerer als deiner.

Paul is a bit taller than John.
Paul ist ein bisschen größer als John.
**Komparativ + and + Komparativ = immer mehr...**
It's getting colder and colder.
Es wird immer kälter.

It's getting more and more difficult to find a car park in the city centre.
Es wird immer schwieriger einen Parkplatz im Stadtzentrum zu finden.

**The + Komparativ + the = je mehr...desto...**
The sooner you leave, the sooner you will arrive.
Je früher du gehst, desto früher wirst du ankommen.

The sooner, the better!
Je früher, desto besser!

Right, exercise time!

# MORE ADJECTIVES MASTER

## EXERCISE n. 2

1. Concy wird immer wütender. .........................................................................
.........................................................................................................................

2. Lass uns zu Fuß von der Kneipe nach Hause gehen, das ist viel sicherer. ..............

3. Die Läden in London sind viel teurer als die in Birmingham. ...........................

4. Tims Laden ist ein bisschen günstiger (less expensive) als Peters. ..........................

5. Sie fahren mit der U-Bahn zur Arbeit, das ist viel praktischer. ...........................

6. Es gibt heute viel mehr Autos als noch vor einem Jahr. ....................................

7. Kann ich ein bisschen mehr Ketchup über meine Nudeln haben? ..........................

8. Ich werde immer älter; ich höre immer noch Udo Jürgens. ................................

9. Ich muss wieder fit werden (back into shape), je früher, desto besser. ...................

10. Birmingham ist viel kälter als London, aber die Menschen sind netter, und
sehen auch ein bisschen besser aus. ...........................................................

11. Das Wetter wird durch die globale Erwärmung immer verrückter. ......................

12. Concys Schwester ist ein bisschen hübscher als sie, aber ich weiß, wann ich
meinen Mund halten muss. .....................................................................

**B.** DER MINDERHEIT

LESS + **ADJEKTIV**

English food is less traditional than* in the past.

Englisches Essen ist weniger traditionell als* früher.

*NICHT VERGESSEN: Bei einem Komparativ der Mehrheit bzw. der Minderheit folgt immer than auf das Adjektiv!

**C.** DER GLEICHHEIT

AS + **ADJEKTIV** + AS

She's not as confident as you (are) with her English.

# 4. **SUPERLATIVES**
## (DER SUPERLATIV)

Auch hier müssen wir noch einmal kurz ausholen.

Es gibt zwei Arten von Superlativen:

**A.** DEN ABSOLUTEN SUPERLATIV

Hier begleiten „Verstärker" das Adjektiv, zum Beispiel:

very - extremely (diese werden nur in Verbindung mit „Basis"-Adjektiven gebraucht, die nicht bereits eine superlative Bedeutung haben)

really - absolutely (diese werden nur in Verbindung mit „starken" Adjektiven gebraucht, die bereits eine superlative Bedeutung haben)

# MORE ADJECTIVES MASTER

Ein Beispiel:

He was very angry* when he saw the phone bill.
Er war sehr verärgert*, als er die Telefonrechnung sah.

*Angry (wütend, verärgert) ist ein Basis-Adjektiv; das entsprechende „starke"
Adjektiv lautet furious (sehr wütend), das an sich bereits eine superlative Bedeutung hat. Furious wird also mit really oder absolutely verstärkt.

He was absolutely furious when he saw the phone bill.
Er war total wütend, als er die Telefonrechnung sah.

In der folgenden Liste findest du „Basis"-Adjektive und die entsprechenden „starken" Adjektive:

| BASE | (very - extremely) | STRONG | (really - absolutely) |
|---|---|---|---|
| good | (tüchtig) | superb | (fantastisch) |
| happy | (glücklich) | delighted | (erfreut) |
| angry | (wütend, verärgert) | furious | (sehr wütend) |
| pretty | (hübsch, wenn man von einer weiblichen Person redet; bei einem Mann sagt man nice-looking) | beautiful | (schön, wenn man von einer weiblichen Person redet; bei einem Mann sagt man handsome) |
| big | (groß) | enormous | (enorm) |
| small | (klein) | tiny | (winzig) |
| dirty | (schmutzig) | filthy | (verdreckt) |
| gorgeous | (herrlich) | stunning | (umwerfend, toll) |

**B.** DEN RELATIVEN SUPERLATIV

Genau wie beim Komparativ der Mehrheit musst du auch beim relativen Superlativ die Silbenzahl des Adjektivs betrachten.

Bei kurzen (einsilbigen) Adjektiven:

**ADJEKTIV** + -EST

Steven is the nicest man I have ever met.
Steven ist der netteste Mann, den ich je getroffen habe.

Bei langen (zwei- oder mehrsilbigen) Adjektiven:

MOST + **ADJEKTIV**

Golf is the most boring sport on the planet.
Golf ist der langweiligste Sport auf dem Planeten.

**Merke dir**, dass der Superlativ immer mit the (der/die/das) beginnt, weil es immer nur einen Superlativ gibt. –EST und THE MOST sind die Gegenstücke der deutschen Silbe **–ste**.

| ADJEKTIV | KOMPARATIV | SUPERLATIV |
|---|---|---|
| good (gut) | better (besser) | the best (am besten) |
| bad (schlecht) | worse (schlechter) | the worst (am schlechtesten) |
| far (weit) | further/farther (weiter) | the furthest/farthest (am weitesten) |

# MORE ADJECTIVES MASTER

Das war's schon – gar nicht so schwierig, oder?

It could have been WORSE! (Es hätte SCHLIMMER kommen können!)

## **EXERCISE** n. 3

1. Meine Frau, selbstbewusst und wohlhabend, ist besser als deine abstoßende und laute Frau. ............................................................................................................................

.........................................................................................................................................................

2. Mein Kaffee ist schrecklich, aber deiner ist schlimmer. .....................................................

.........................................................................................................................................................

3. Du machst den schlechtesten Kaffee der Welt, Mutter. ......................................................

.........................................................................................................................................................

4. Ich weiß nicht, wo mein Sohn John lebt, aber je weiter er weg ist, desto besser ist es. ...........................................................................................................................

.........................................................................................................................................................

5. Du bist die beste Köchin der Welt, viel besser als Alfons Schuhbeck. ..........................

.........................................................................................................................................................

# More Prepositions Master

# 1.1.3

In *Instant English* hast du ja bereits wichtige Präpositionen – nämlich die des ORTES, der ZEIT und der BEWEGUNG – kennengelernt. Es gibt aber noch weitere ...

Präpositionen sind sehr hilfreich, wenn du Satzteile miteinander verbinden möchtest. Deshalb sind sie so wichtig: IN, TO und OF sind sogar drei der am häufigsten verwendeten Wörter der englischen Sprache!

Deshalb machen wir jetzt mal Folgendes:

1. Zuerst wiederholen wir nochmals ganz kurz die Präpositionen des Ortes, der Zeit und der Bewegung.
2. Dann üben wir diese ein wenig, um sicherzugehen, dass du sie wirklich verstanden hast.
3. Zu guter Letzt werfen wir einen näheren Blick auf weitere wichtige Präpositionen, die wir bisher noch nicht behandelt haben.

Wenn du diese erst einmal alle beherrschst, bist du ein echter **Meister der Präpositionen**.

## 1. **OF PLACE**
### (DES ORTS)

**AT** bezeichnet den Punkt, an dem sich eine Person oder ein Gegenstand befindet.

My dad is at the station.
Mein Vater ist am Bahnhof.

**ON** bezeichnet eine Fläche, auf der sich eine Person oder ein Gegenstand befindet.

Our grandmother is on the floor.
Unsere Oma liegt auf dem Fußboden.

IN weist darauf hin, dass sich etwas oder jemand innerhalb eines geschlossenen Raums befindet.

I'm in the bathroom.
Ich bin im Bad.

## 2. **OF TIME**
## (DER ZEIT)

AT bezeichnet die/eine genaue Uhrzeit.

I'll be there at 7 o'clock.
Ich werde um 7 Uhr dort sein.

ON bezeichnet ein Datum oder einen Wochentag.

The meeting is on Monday.
Die Sitzung findet am Montag statt.

I was born on 15th August 1971.
Ich wurde am 15. August 1971 geboren.

IN bezeichnet einen Zeitraum oder etwas, das an dessen Stelle steht.

I was born in August.
Ich bin im August geboren.

Computers were invented in the 20th century.
Computer wurden im 20. Jahrhundert erfunden.

**Denk an die Ausnahmen:**

Enthält der Satz last, every, next oder this, dann verwendet man keine Präposition.

Bayern München won the Champions League last year.
Bayern München hat im letzten Jahr die Champions League gewonnen.

In Verbindung mit night, midnight, midday oder the weekend verwendet man AT und nicht IN.

I usually go to bed at midnight.
Normalerweise gehe ich um Mitternacht ins Bett.

What are you doing at the weekend?
Was machst du am Wochenende?

# 3. **OF MOVEMENT**
## (DER (FORT-)BEWEGUNG)

**TO** bezeichnet eine Bewegung zu einem Ort hin.

Are you coming to the beach?
Kommst du zum Strand?

**FROM** bezeichnet eine Bewegung von einem Ort weg.

I'm travelling from Cologne.
Ich reise von Köln aus.

**INTO** bezeichnet eine Bewegung von draußen nach drinnen.

We drove into the car park.
Wir fuhren auf den Parkplatz (in diesem Fall wird das Auto von außerhalb des Parkplatzes auf das Gelände des Parkplatzes gefahren).

The dog jumped into his kennel.
Der Hund sprang in seine Hütte (er war vor der Hundehütte und ist dann hinein gegangen).

**ONTO** bezeichnet eine Bewegung von „nicht auf einer Sache", „auf eine Sache, wobei diese berührt wird".

The children walked onto the grass (they weren't on the grass before, but they are now).
Die Kinder gingen auf die Wiese (zuvor waren sie nicht auf der Wiese, aber jetzt sind sie dort).

The lampshade fell onto the table.
Der Lampenschirm ist auf den Tisch gefallen.

**Denk an die Ausnahmen:**

Vor HOME (nach Hause) steht keine Präposition. HOME ist eine „Herzenssache", deshalb steht es ohne Präposition. Es handelt sich nicht um einen Ort im eigentlichen Sinn.

What time did you go home last night? (NICHT go to home!)

I'm on my way home, I'll be there in 10 minutes (once again, no preposition!).
Ich bin auf dem Weg nach Hause, in zehn Minuten werde ich dort sein (wiederum keine Präposition!).

Mit HOUSE (Haus) bezeichnet man, im Gegensatz dazu, das physikalische Gebilde. Wenn du dieses Wort verwendest, dann benötigst du die Präposition TO.

I'm going to my house.
Ich gehe zu meinem Haus.

## ÜBERSETZEN WIR!

Okay, jetzt darfst du eine schöne Geschichte übersetzen, in der die bisher gelernten Präpositionen vorkommen.

### WORDS YOU WILL NEED

| | |
|---|---|
| Angst haben vor | to be afraid of |
| sich etw stellen | to confront/to face |
| Angst | fear |
| es dauert | it takes |
| sich ausziehen | to get undressed |
| beten | to pray |
| Badehose | trunks |
| ausruhen | to rest |
| retten | to save |
| Schwimmflügel | arm bands (USA: water wings) |
| treiben | to float |

### SCHWIMMUNTERRICHT

Ich habe Angst vor Wasser, aber ich habe beschlossen, mich dieser Angst zu stellen, so ging ich am Dienstag um die Mittagszeit ins Schwimmbad im Stadtzentrum. Es dauert eine Stunde von meinem Haus ins Stadtzentrum. Der Bus kam zehn Minuten zu spät im Zentrum an. Ich zog mich aus, ich betete, und ich zog meine Badehose an, dann betete ich noch einmal. Ich ging ins Kinderbecken, aber die Kinder waren nicht glücklich mich zu sehen. Ich ging ins Wasser, und mein Herz setzte aus ... so kalt!

Ich brauchte eine Viertelstunde, um von einer Seite des Kinderbeckens zur anderen zu gelangen und dann ruhte ich ein wenig aus. Dann kam plötzlich ein Kind zu mir und sagte:
„Komm mit mir; ich bringe dich ins Erwachsenenbecken".

„Nein! Das Wasser ist zu tief, und ich kann nicht schwimmen!"
Das Kind lächelte und sagte:
„Hab keine Angst, ich werde dich retten", und dann gab es mir zwei große Orangen.
„Was ist das?", fragte ich.
Und es lächelte wiederum, wie ein Florian Silbereisen in Kleinformat, es lächelte immerzu.
„Schwimmflügel" sagte es zu mir.

Dieses Kind hat mein Leben verändert.
Ich sprang ins Wasser, und ich trieb von einer Seite des Beckens zur anderen in gerade mal (only) vier Stunden.

# 4. **PREPOSITIONS & VERBS**
## (PRÄPOSITIONEN UND VERBEN)

**TO GET** und **TO ARRIVE**

Diese beiden Verben haben dieselbe Bedeutung (erreichen oder ankommen/ein-treffen), aber man verwendet sie mit unterschiedlichen Präpositionen.

To get benötigt TO,
während to arrive  IN oder AT benötigt.

What time did you get to the airport last night?
Um wie viel Uhr bist du letzte Nacht am Flughafen eingetroffen?

We arrived at the station early.
Wir sind früh am Bahnhof eingetroffen.

They arrived in Hamburg after all the restaurants had closed.
Sie kamen in Hamburg an, nachdem alle Restaurants geschlossen hatten.

## ÜBERSETZEN WIR!

We need to practice so, üüüübersetzen wir!!!

### WORDS YOU WILL NEED

| | |
|---|---|
| in letzter Zeit | recently |
| einerseits | on the one hand (andrerseits: on the other hand) |
| quälen | to torment |
| aushalten | to stand |
| Zähne putzen | to brush your teeth |
| sich rasieren | to shave |
| Komplize | accomplice |
| gehen | to leave |
| garantieren | to guarantee |

### UNTERNEHMEN DETEKTIV

In letzter Zeit sprach Concettina wenig, einerseits machte sie mich damit sehr glücklich, aber ich kapierte, dass etwas nicht in Ordnung war.

Ich begann zu vermuten, dass sie einen anderen Mann hätte, und ich habe mir tausend Fragen gestellt, die mich quälten, in der Art: „Aber wer kann es mit ihr aushalten?", „Wann wird sie gehen?", „Und was esse ich heute Abend?" ... Ich habe beschlossen, sie zu verfolgen, und hier ist mein Bericht.

Um 8.30 Uhr ging Concy ins Bad und putzte ihre Zähne, dann setzte sie sie wieder in den Mund ein. Sehr verdächtig. Dann tat sie etwas, was sie niemals tut; sie begann, sich die Beine zu rasieren. Zwei Stunden später, Makeup im Gesicht und angezogen ... Gott sei Dank ... sie verließ das Bad. Ich folgte ihr zu Fuß. Sie überquerte die Straße und betrat das Haus ihrer Freundin Manuela.

Schlussfolgerung: Manuela ist eine Komplizin. Ich schaute durchs Fenster und sah, wie sie redeten und redeten und redeten, aber ich konnte nicht hören, was sie sagten. Ich versuchte, von ihren Lippen abzulesen, aber ich verstand nur ... OHN IST ... UMM, ...DIOT.

Auf dem Tisch standen zwei Tassen Kaffee.

Um 11.30 Uhr traf ihr Liebhaber ein. Er hatte einen Brief (bestimmt einen Liebesbrief) in der Hand und war wie ein Postbote angezogen. Aber er beging einen ernsthaften Fehler; er legte den Brief auf den Fußboden vor der Tür. Als ihr Liebhaber gegangen war, sprang ich hinter dem Baum hervor, nahm den Brief, öffnete ihn und las ihn. Es war alles verschlüsselt.

„Von Montag an (beginning), Verbindung bis zu 2 GIGA, schnell, leistungsstark und von Qualität. Zufriedenheit garantiert."

Sehr verdächtig.

# 5. **THE MOST FAMOUS PREPOSITIONS**
## (DIE BEKANNTESTEN PRÄPOSITIONEN)

Erinnerst du dich noch an unsere anfängliche Vereinbarung?

„Zuerst wiederholen wir nochmal ganz kurz die Präpositionen des Ortes, der Zeit und der Bewegung... Dann üben wir diese ein wenig... Zu guter Letzt werfen wir einen näheren Blick auf weitere wichtige Präpositionen, die wir bisher noch nicht behandelt haben": Genau hier sind wir jetzt angelangt! Wir schauen uns jetzt die anderen gebräuchlichen Präpositionen an, von denen einige mehr als eine Verwendungsmöglichkeit haben, also – be careful!

## **ABOUT**

Diese Präposition ist wirklich nützlich; sie kann dir in vielen Situationen weiterhelfen:

**A.** About kannst du verwenden, um dich auf ein Thema zu beziehen.

He always jokes about his wife, but he really loves her.
Er macht immer Witze über seine Frau, aber er liebt sie wirklich.

The film is about aliens invading London.
Der Film handelt von Aliens, die in London einfallen.

They couldn't tell us about their trip to North Nothing; it's a secret!
Sie konnten uns nichts über ihre Reise nach North Nothing erzählen, es ist ein Geheimnis!

My dad knows a lot about buses.
Mein Vater weiß viel über Busse.

Shall we tell them about our holiday?
Sollen wir ihnen von unserem Urlaub erzählen?

I'm really nervous about tomorrow's exam.
Ich bin wirklich nervös wegen der morgigen Prüfung.

**Denk an die Ausnahmen:**

In einigen Fällen verwenden wir eine andere Präposition, nämlich ON, wenn wir uns auf ein Thema beziehen. Tendenziell nehmen wir ABOUT, wenn es um etwas Allgemeines geht und ON, wenn das Thema eher fachbezogen, also ein Thema für Experten ist.

He gave a lecture on modern medicine.
Er hat einen Vortrag über moderne Medizin gehalten.

He's infallible on football.
Er weiß alles über Fußball.

**B.**  About wird im Allgemeinen als Synonym für „approximately" verwendet:

It's about 12 o'clock.
Es ist ungefähr 12 Uhr.

I weigh about 70 kg.
Ich wiege ungefähr 70 kg.

## It's about time (Das wird aber auch Zeit)

Dieser Ausdruck der Verärgerung ist bei uns Engländern wirklich weit verbreitet. Wir verwenden ihn, wenn etwas mit Verspätung geschehen ist, und wir uns darüber ärgern. Zum Beispiel:

DAVE: Carol has finally arrived.
DAVE: Carol ist endlich angekommen.

JOHN: It's about time, that girl is always late.
JOHN: Das wird aber auch Zeit, dieses Mädchen kommt immer zu spät.

**C.** About wird als Synonym für „in all directions" verwendet – also im Sinne von ‚sich ohne ein genaues Ziel bewegen':

We walked about for hours, I was so tired.
Wir liefen stundenlang herum, ich war so müde.

**D.** About kann dazu dienen, ein Substantiv zu beschreiben:

There is something about her that I really love, but I can't tell what it is.
Sie hat etwas, das ich wirklich liebe, aber ich kann nicht sagen, was es ist.

## Magic verb: TELL (tell-told-told)

Dieses Verb hat viele Bedeutungen:

1. **erzählen, sagen**
   Stell dir vor, ein Dialog sei eine Straße, in der Gegenverkehr herrscht. In diesem Fall verwenden wir to say (something).
   To tell hingegen ist eine Einbahnstraße: Man liefert Informationen, teilt etwas mit, erzählt.

I have something to tell you.
Ich habe Informationen, ich muss dich über etwas informieren.

I want to tell you a story.
Ich möchte dir eine Geschichte erzählen. (Einbahnstraße: Ich erzähle, es findet kein Gespräch statt.)

Can you tell me the time?
Kannst du mir sagen, wie spät es ist? (Da gibt es nichts zu diskutieren, sag mir die Uhrzeit und fertig!)

Let me tell you a story.
Lass mich eine Geschichte erzählen. (Ich rede und du hörst zu: Einbahnstraße).

I was sad, so she told me a joke.
Ich war traurig, deshalb erzählte sie mir einen Witz.

2. **(be)merken, erkennen**
In diesem Fall lautet die Vergangenheitsform nicht told, sondern could tell.

I can tell when you are angry.
Ich merke, wenn du wütend bist.

She wanted to go, I could tell.
Sie wollte gehen, ich merkte es.

Can you tell the difference between Italian and Spanish?
Erkennst du den Unterschied zwischen Italienisch und Spanisch?

I can't tell the difference between English and Italian coffee.
Ich erkenne keinen Unterschied zwischen englischem und italienischem Kaffee.

I could tell that she wanted to tell you!
Ich merkte, dass sie es dir erzählen wollte.

I just got a kitten. How can I tell if it's male or female?
Ich habe gerade ein Kätzchen bekommen. Wie kann ich erkennen, ob es männlich oder weiblich ist?

# MORE PREPOSITIONS MASTER

Trrrrrranslate please!

## **EXERCISE** n. 4

1.  Es wird aber auch Zeit, dass du dich wieder fängst (get your head straight). ........
    ....................................................................................

2.  Merkst du, dass ich betrunken bin?...........................................
    ....................................................................................

3.  Ich lese ein Buch von Stephen King über Concys Leben...............................
    ....................................................................................

4.  Das Spiel begann gegen 21 Uhr...............................................
    ....................................................................................

5.  Du hast mir eine Gruselgeschichte erzählt und ich hatte Angst.......................
    ....................................................................................

6.  Du bist da eingetroffen? Endlich! .............................................
    ....................................................................................

7.  Er hat keine Ahnung von Fußball, aber in Politik ist er unschlagbar.................
    ....................................................................................

8.  Ich verrate dir ein Geheimnis über deinen Bruder, aber sag ihm nicht, dass ich es
    dir erzählt habe...........................................................
    ....................................................................................

9.  Hast du damit aufgehört, nachts zu essen? Endlich! ..............................
    ....................................................................................

10. Erzähl mir von deinem Urlaub...............................................
    ....................................................................................

11. Ich habe dir tausend Mal gesagt, dass du es tun sollst, Mannomann, aber du
    machst mich verrückt!.....................................................
    ....................................................................................

12. Ich sagte ihr, dass ich sie liebe und ich liebe sie wirklich ... zumindest denke
    ich das.................................................................

# ABOVE AND OVER

Beide Präpositionen bedeuten „über/oberhalb".
Wenn wir uns auf konkrete Dinge beziehen, müssen wir uns vergegenwärtigen, dass zwischen diesen Dingen kein Kontakt besteht (einer der Gegenstände ist also über dem/oberhalb des anderen). Andernfalls müssten wir on (auf) verwenden.

**A.** Es gibt Fälle, in denen ABOVE und OVER gegeneinander austauschbar sind:

The picture is above/over the mantelpiece.
Das Bild hängt über dem Kaminsims.

**B.** Wenn sich der Gegenstand nicht direkt darüber befindet, benutzen wir ABOVE:

My friends have got a lovely house above Lake Maggiore. (Not over the lake, otherwise it might be difficult driving home!)
Meine Freunde haben ein wunderschönes Haus oberhalb des Lago Maggiore (nicht über dem See, ansonsten wäre es vielleicht schwierig, nach Hause zu fahren!)

**C.** Wenn eine Sache die andere vollständig bedeckt oder berührt, dann bevorzugen wir OVER:

Put your jumper over your shoulders, you'll be warmer.
Häng dir den Pullover über die Schultern, dann wird es (dir) wärmer.

There is an enormous cloud over London.
Über London hängt eine riesige Wolke. (Was für eine Überraschung!)

**D.** Wenn wir uns auf Maßeinheiten beziehen, die die Intelligenz, Temperatur oder die Höhe betreffen, dann verwenden wir ABOVE:

Last night the temperature didn't rise above freezing all night.
Letzte Nacht stieg die Temperatur die ganze Nacht nicht über den Gefrierpunkt.

The highest mountain in England is 978 metres above sea level.
Der höchste Berg Englands liegt 978 Meter über dem Meeresspiegel.

**E.** Wenn es um eine Epoche oder um die Geschwindigkeit geht, oder auch um „mehr als" auszudrücken, verwenden wir OVER:

There were over 30,000 people celebrating New Year's Eve in Trafalgar Square.
Mehr als 30.000 Menschen haben Silvester auf dem Trafalgar Square gefeiert.

He was caught driving over 90mph.
Man hat ihn mit mehr als 90 mph (144 km/h) erwischt.

## ACROSS AND OVER

Ich habe ja bereits erwähnt, dass einige Präpositionen eine Vielzahl an Bedeutungen haben. Hier steht die erste auf dem Prüfstand – OVER. Du hast gerade gelernt, wie du OVER verwendest, wenn sich eine Sache oberhalb einer anderen befindet... Schön, jetzt sage ich dir, dass OVER auch andere Bedeutungen haben kann.

**A.** ACROSS und OVER können, ohne Unterschied, im Sinne von „auf der anderen Seite" verwendet werden:

His house is across/over the road.
Sein Haus ist auf der anderen Straßenseite.

**B.** Verwendet man die Präposition OVER im Sinne von „quer über", zum Beispiel over the river oder over the city, dann musst du dir einen Bogen – ungefähr so – vorstellen:

Siehst du, dass es zwei Berührungspunkte und einen Bogen gibt?

The bird flew over the city.
(Der Vogel ist von einem Baum auf der einen Seite der Stadt losgeflogen und auf einem Baum auf der anderen Seite der Stadt gelandet. Dabei ist er einen Bogen geflogen.)

The rainbow went over the hill.
(Der Regenbogen beginnt auf einer Seite des Hügels und endet auf der gegenüberliegenden Seite. Dabei bildet er einen Bogen.)

**C.** OVER und ACROSS kann man häufig gegeneinander austauschen. Generell verwendet man ACROSS eher für etwas Flaches – im Sinne von "von einer Seite zur anderen, ohne Umwege". (Durchquert man einen dichten Wald, dann sagt man through the forest, weil man diesen betritt und später wieder verlässt). OVER benutzt man, wenn man ein Hindernis überwinden muss:

How do we get across/over the river?
Wie überqueren wir den Fluss?

We love walking across the fields in the morning.
Wir lieben es, morgens durch die Felder zu laufen.

What's the best way to climb over this wall?
Wie klettert man am besten über diese Mauer? (Auch hier gibt es wieder den Bogen!)

## ALONG

Diese Präposition verwendet man, wenn es sich um eine Bewegung entlang einer durchgehenden Linie handelt. Normalerweise steht sie in Zusammenhang mit Dingen, die langgezogen und schmal sind, zum Beispiel Straßen, Flüsse, Ströme, Flure...

We spent all day walking along the river.
Wir sind den ganzen Tag am Fluss entlang gegangen.

His office is just along the corridor.
Sein Büro ist gleich den Flur entlang.

The boat sailed along the coast.
Das Boot segelte entlang der Küste.

# (A)ROUND

ROUND oder AROUND sind in diesem Fall gleichbedeutend. Man verwendet sie, wenn es sich um eine kreis- oder bogenförmige Bewegung handelt, oder um eine Lage in einer Kurve zu bezeichnen.

We went (a)round the house, but we couldn't see anyone inside.
Wir gingen ums Haus, aber wir konnten niemanden drinnen entdecken.

They live just (a)round the corner at number 17.
Sie wohnen gleich um die Ecke, in der Nummer 17.

## Around or Out and About (unterwegs)

Diese Präpositionen kannst du verwenden, um eine unbestimmte Bewegung zu beschreiben, ähnlich wie ABOUT. Hast du dich nie gefragt, wie man "unterwegs" auf Englisch sagt? Die Deutschen sind gerne "unterwegs" – wir Engländer auch. Im Englischen sagt man dazu AROUND oder OUT AND ABOUT.

MOTHER: Where's Philipp?
MUTTER: Wo ist Philipp?

FATHER: He's out and about.
VATER:: Er ist unterwegs.

CONCY: Where were you until 2 o'clock in the morning?
CONCY: Wo warst du bis 2 Uhr morgens?

JOHN: You know, out and about!
JOHN: Du weißt doch, unterwegs!

TOM: We went around the city all day!
TOM: Wir waren den ganzen Tag in der Stadt unterwegs!

PETER: There are too many ugly Aston Villa fans around.
PETER: Es sind zu viele hässliche Aston Villa Fans unterwegs.

GRANDMOTHER: Be careful, there's a bad flu going around.
GROSSMUTTER: Sei vorsichtig, es geht eine schwere Grippe um.

# BEFORE AND FIRST

Diese beiden Präpositionen dürften für dich eigentlich kein Problem sein – sie werden ähnlich wie im Deutschen gebraucht:

**A.** BEFORE entspricht im zeitlichen Kontext der deutschen Präposition "bevor", FIRST bezieht sich auf den zeitlichen Ablauf, im Sinne von "vorher, zuerst".

We arrived before the film started.
Wir trafen ein, bevor der Film begann.

I'll come to the party, but first I have to wash.
Ich komme zur Party, aber zuerst muss ich mich waschen.

Schauen wir uns ein Beispiel an, in dem beide Präpositionen vorkommen. Hier steht BEFORE für "vor", in Bezug auf ein nachfolgendes Ereignis. FIRST bezeichnet in der Reihenfolge das, "was als Allererstes zu tun ist" (the first thing to do)...

Before the party I have to wash, but first I have to get a little dirty.
Vor der Party muss ich mich waschen, aber zuerst muss ich ein wenig schmutzig werden.

**B.** Im räumlichen Kontext wird BEFORE in Sinne von VOR verwendet.

You have to get off the bus before the supermarket.
Du musst vor dem Supermarkt aus dem Bus steigen.

I live just before the cemetery, which is very convenient for my grandfather.
Ich wohne direkt vor dem Friedhof, was für meinen Opa sehr bequem ist.

# BELOW AND UNDER

Diese Präpositionen sind die Gegenstücke von ABOVE und OVER, über die wir vorher gesprochen haben. Beide bedeuten "weiter unten als".

The PC is under/below the desk.
Der PC ist unter dem Schreibtisch.

**A.** BELOW verwendet man eher, wenn sich eine Sache nicht direkt unter der anderen befindet:

From the top of the mountain, we could see the lake below.
Vom Berggipfel aus konnten wir den See unten sehen.

**B.** UNDER gibt man im Gegensatz dazu den Vorzug, wenn eine Sache von einer anderen bedeckt wird, oder wenn zwei Dinge sich berühren:

Have you got a vest under that shirt?
Trägst du ein Unterhemd unter diesem Hemd?

George is under the bed.
George ist unter dem Bett. (Und das Bett bedeckt ihn).

**C.** UNDER verwendet man auch, wenn sich etwas unter einer Oberfläche, zum Beispiel unter Wasser oder unter der Haut befindet:

I have a Mexican parasite living under my skin.
Ich habe einen mexikanischen Parasiten, der unter meiner Haut lebt.

I can stay under water for 1 minute, 13 seconds*.
Ich kann 1 Minute und 13 Sekunden* lang unter Wasser bleiben.

*Das weiß ich, seit Concy an Silvester versucht hat, mich zu ertränken.

**D.** BELOW wiederum verwendet man, um die Größe der Temperatur, der Höhe, der Intelligenz, etc. anzugeben.

Parts of England are below sea level.
Teile Englands liegen unter dem Meeresspiegel.

We should stay at home tonight\*, the temperature is going to fall below freezing.
Wir sollten heute Abend zuhause bleiben, die Temperatur wird unter den Gefrier-punkt fallen.

\* In England spricht man nach 19 Uhr bereits von **tonight.**


# BY

Zuerst einmal... bedeutet diese Präposition nicht "Tschüss!"

Es ist zwar nur ein klitzekleines Wort, aber es hat so viele Bedeutungen.


**A.** MIT/ÜBER/PER

I go to work by train.
Ich fahre mit dem Zug zur Arbeit.

You can get to America by sea.
Du kannst Amerika übers Meer erreichen.

Contact me by telephone.
Nimm telefonisch Kontakt mit mir auf.


**B.** BIS/BINNEN

I'll get to you by 5 o'clock.
Ich bin bis (spätestens) um 5 Uhr bei dir.

The money will arrive by Friday.
Das Geld wird bis Freitag ankommen.

You will be free by Wednesday.
Bis (spätestens am) Mittwoch wirst du frei sein.


**C.** Im Englischen kannst du für IN DER NÄHE close to, near and... of course BY sagen:

I live by the river.
(Wenn ich auch das noch übersetzen muss, dann vergiss dieses Buch und versuch's besser mit Französisch!)

The pen is by the table.
(Ja, so ist es; mir fällt nichts mehr ein...)

The cat is by the dog.
(Ruft mir bitte ein Taxi!)


**D.** VON JEMANDEM GEMACHT

I have a book by Shakespeare.
Ich habe ein Buch von Shakespeare.

Panda is made by Fiat.
Der Panda wird von Fiat hergestellt.

I bought a painting by Van Gogh.
Ich habe ein Bild von Van Gogh gekauft.


**E.** BY verwendet man auch, um das Ausmaß eines Gewinns oder eines Verlustes, einer Zunahme oder eines Rückgangs – also den Wert einer Sache – zu bezeichnen.

Profits went down by 15% last year.
My salary went up by 15 euros per month.
His temperature went up by 2 degrees*.

*Die Begriffe increase, decrease, incrementation sind zwar korrekt, aber ich ziehe ein einfaches und leicht zu gebrauchendes Englisch vor. Incrementation ist schon sehr formal und technisch. Ich persönlich stehe nicht auf eine zu technische Sprache. Meiner Meinung nach liegt der Schlüssel zu einer guten Kommunikation in ihrer Einfachheit.

## INSTEAD OF

Wir verwenden diese Präposition, wenn eine Sache eine andere ersetzt.

He decided to buy some chocolate instead of bread.
Er hat beschlossen, Schokolade anstatt Brot zu kaufen.

I went to live in Italy instead of staying in England.
Ich bin nach Italien gegangen, anstatt weiter in England zu leben.

Concy used her head instead of her feet to attack me today.
Concy hat mich heute mit dem Kopf statt mit den Füßen angegriffen.

# OPPOSITE AND IN FRONT OF

Der Unterschied zwischen diesen beiden Präpositionen mag vielleicht schwierig erscheinen, aber die deutsche Sprache hilft uns beim Verständnis.

**A.** Wenn sich etwas "auf der anderen Straßenseite"... befindet, dann können wir nicht in front of sagen; in diesem Fall verwenden wir OPPOSITE (gegenüber):

I like the people who live opposite us.
Ich mag die Leute, die uns gegenüber wohnen.

In London, St James' Park is opposite Buckingham Palace.
Der St. James' Park in London liegt gegenüber dem Buckingham Palace.

She sat opposite me across the room.
Sie saß mir gegenüber, auf die andere Seite des Zimmers.

**B.** IN FRONT OF könnte man als das Gegenteil von behind bezeichnen. Es bedeutet also "vor".

The statue of Little Tony is in front of my house.
Die Statue von Little Tony steht vor meinem Haus.

# UNTIL or TILL

Diese beiden Präpositionen haben dieselbe Bedeutung. Sie entsprechen dem deutschen "bis".

I won't go until you tell me who you were with last night.
Ich werde nicht gehen, bis du mir sagst, mit wem du letzte Nacht zusammen warst.

The report won't be ready till tomorrow night.
Der Bericht wird nicht bis morgen Abend fertig sein.


# FOR or TO

Wenn wir Engländer irgendwohin gehen, um etwas zu tun, dann verwenden wir manchmal FOR und manchmal TO, um den ZWECK bzw. das ZIEL anzugeben.

Ich gehe in den Park UM ZU laufen (mit dem Ziel zu laufen).
I go to the park TO walk.

Ich gehe des Friedens WEGEN in die Kirche (mit dem Ziel, Ruhe zu finden).
I go to the church FOR peace.

Ich muss dir gestehen, dass ich auch keine Antwort wusste auf die Frage, warum wir manchmal FOR und manchmal TO verwenden. Also habe ich mit anderen Lehrern gesprochen, aber die wussten es auch nicht. Irgendwann bin ich darauf gekommen, dass die Antwort mehr als einfach ist...


**A.** TO leitet im Englischen ein Verb ein. Das Ziel bzw. der Zweck wird in diesem Fall wie in den folgenden Beispielen durch ein Verb ausgedrückt:

I go to the pub to drink.
Ich gehe ins Pub, um zu trinken.

I go to the cemetery to think.
Ich gehe auf den Friedhof, um nachzudenken.

I go to the centre to work.
Ich gehe in die Stadt, um zu arbeiten.

I go to school to learn.
Ich gehe in die Schule, um zu lernen.

**B.** FOR leitet im Englischen ein Substantiv ein. Der Zweck bzw. das Ziel wird in den folgenden Beispielen durch ein Substantiv ausgedrückt:

I go to the pub for tranquility.
Ich gehe der Ruhe wegen ins Pub (mein Ziel ist es, Ruhe/einen ruhigen Ort zu finden).

I go to the shop for food.
Ich gehe in den Laden, um Lebensmittel zu kaufen.

I go to Sylt for a holiday.
Ich gehe nach Sylt, um Urlaub zu machen.

## EXERCISE n. 5

Bitte vervollständige jetzt die folgenden Sätze mit FOR oder TO.

### WORDS YOU WILL NEED

| | |
|---|---|
| Kirche | church |
| Frieden | peace |
| Kleidung | clothes |
| Urlaub | holiday |
| sauber | clean |
| Bank | bank |
| Dschungel | jungle |
| malen | to paint |
| sich entspannen | to relax |
| waschen | to wash |
| lernen | to learn |
| erforschen | to explore |

1. He goes to the church ____ peace.

2. She goes to the cinema ____ watch films.

3. He goes to art school ____ paint.

4. They go shopping ____ clothes.

5. I go to the mountains ____ relax.

6. I go to the mountains ____ my holiday.

7. She washes ____ be clean.

8. We need the bank ____ money.

9. I go to school ____ learn.

10. We went to the jungle ____ explore.

# Countables and Uncountables Master

In *Instant English* haben wir countables und uncountables kennengelernt. Hier wiederholen wir sie ganz kurz denn – wie du weißt – lauert bei Substantiven immer irgendwo eine Falle.

## 1. COUNTABLES
### (ZÄHLBARE SUBSTANTIVE)

Das sind ganz einfach Substantive, die man zählen und denen sowohl der unbestimmte Artikel (A/AN), als auch eine Zahl vorangehen kann.

| | |
|---|---|
| A hippopotamus | (ein Nilpferd) |
| Seven pints of beer | (7 Pints Bier, ca. 7 Liter) |
| Two dogs | (2 Hunde) |

Alles klar soweit?

## 2. UNCOUNTABLES
### (UNZÄHLBARE SUBSTANTIVE)

Das sind Substantive, die man NICHT zählen kann. Vor ihnen steht WEDER ein unbestimmter Artikel (A/AN) NOCH eine Zahl. Stattdessen verwendet man hier SOME.

| | |
|---|---|
| Some paper | (Papier) |
| Some sugar | (Zucker) |
| Some salt | (Salz) |

Alternativ kann man uncountables auch mit countables kombinieren, um die Menge näher zu bestimmen.

| | |
|---|---|
| A piece of paper | (ein Blatt Papier) |
| Ten sheets of paper | (10 Blatt Papier) |
| 1 roll of toilet paper | (1 Rolle Toilettenpapier) |

# COUNTABLES AND UNCOUNTABLES MASTER

Es folgt nun eine sehr nützliche Liste mit uncountables. Sie ergänzen diejenigen, die du bereits aus *Instant English* kennst. Denke daran, dass du diese Substantive nicht im Plural verwenden kannst – und zwar keines von ihnen! Und bevor du mich jetzt verfluchst, glaub mir einfach: information is UNCOUNTABLE! Ich sage das noch einmal, damit du es nicht vergisst: information is UNCOUNTABLE!

| | |
|---|---|
| butter | Butter |
| cheese | Käse |
| coffee | Kaffee |
| furniture | Möbel |
| grass | Gras |
| homework | Hausaufgaben |
| information | Information/en |
| knowledge | Wissen, Kenntnisse |
| luggage | Gepäck |
| meat | Fleisch |
| milk | Milch |
| money | Geld |
| paper | Papier (als Material) |
| research | Forschung |
| rice | Reis |
| wine | Wein |
| wood | Holz |

Let's practice a little...

# COUNTABLES AND UNCOUNTABLES MASTER

Rufen wir uns zuerst ein paar ganz einfache Regeln ins Gedächtnis:

HOW MUCH (wie viel)   Verwendet man in Verbindung mit uncountables.

HOW MANY (wie viele)  Verwendet man in Verbindung mit countables.

MUCH (viel)           Verwendet man bei Fragen und in verneinten Sätzen in
                      Verbindung mit uncountables.

MANY (viele)          Verwendet man bei Fragen und in verneinten Sätzen in
                      Verbindung mit countables.

A LOT OF (viele)      Verwendet man in Verbindung mit countables und un-
                      countables in Aussagesätzen. (Man kann a lot of auch in
                      Fragen und verneinten Sätzen gebrauchen, aber üblicher
                      ist die Verwendung in Aussagesätzen).

Okay, jetzt wenden wir das an! In unserer kleinen Übung kommt alles vor, was du
bisher gelernt hast:

# COUNTABLES AND UNCOUNTABLES MASTER

Verwende bitte HOW MUCH/HOW MANY + DIE ZEITEN.

**WORDS YOU WILL NEED**

| | |
|---|---|
| Straße | road |
| Rauch | smoke |
| Schwimmbecken | swimming pool |
| geben | to give |
| Platz | place/s |

1. Wie viele Katzen hat er in seinem Haus?......................................................................
2. Wie viele Häuser gab es in jener Straße?......................................................................
   ................................................................................................................................
3. Wie viele Hunde werden morgen dort sein? ................................................................
4. Wie viel Rauch ist dort? ............................................................................................
5. Wie viel Wasser war im Schwimmbecken?...................................................................
   ................................................................................................................................
6. Wie viele Informationen werden sie uns morgen geben? ..............................................
   ................................................................................................................................
7. Sag mir, wie viele Leute dort waren.............................................................................
8. Wir wussten nicht, wie viel Milch wir hätten hineingießen sollen. (milk)...............
   ................................................................................................................................
9. Wie viele Plätze für morgen? .....................................................................................
10. Wie viel Benzin brauche ich, um nach Oxford zu kommen? (petrol) .......................
11. Wie viele Dokumente brauche ich für dieses Visum?...................................................
    ................................................................................................................................
12. Du verschwendest zu viel Papier. (to waste)...............................................................
    ................................................................................................................................

## EXERCISE n. 7

Verwende TOO MUCH/TOO MANY/TOO + DIE ZEITEN.

**WORDS YOU WILL NEED**

| | |
|---|---|
| Problem | (dieses Wort kennst du ja wohl!) |
| schnell | fast |
| traurig | sad |
| zu spät kommen | to be late |
| fett | fat |

1. Es gab zu viele Probleme. ........................................................................
   ........................................................................................................................

2. Es gab zu viel zu tun. ........................................................................
   ........................................................................................................................

3. Er redete zu schnell. ........................................................................
   ........................................................................................................................

4. Es ist zu traurig hier. ........................................................................
   ........................................................................................................................

5. Es gibt zu viele Fahrräder in China. ........................................................
   ........................................................................................................................

6. Du bist zu fett. ........................................................................................

7. Du kommst zu spät. ........................................................................
   ........................................................................................................................

8. Es wird zu viel Rauch in der Kneipe sein. ...........................................
   ........................................................................................................................

9. Es wird morgen zu viele Probleme geben. ...........................................
   ........................................................................................................................

10. Er wird zu dumm sein, du wirst sehen. ...............................................
    ........................................................................................................................

# STEP 2

# Present Forms 1.2.1

In *Instant English* hast du die Verbformen, ausgehend von den Präsensformen, kennengelernt. Werfen wir nochmals einen kurzen Blick auf die einfacheren Zeitformen, um uns dann den schwierigeren zuzuwenden.

## 1. PRESENT SIMPLE

Schauen wir uns zuerst die verschiedenen Gebrauchsmöglichkeiten dieser Zeit an:

**A.** SICH WIEDERHOLENDE HANDLUNGEN

Im Allgemeinen sind damit Handlungen gemeint, die gewohnheitsmäßig stattfinden. Ein paar Beispiele:

The bus leaves at 10.
Der Bus fährt um 10 Uhr ab (regelmäßig).

My dog eats grass.
Mein Hund frisst Gras. (Das macht er immer – er ist wirklich dumm!)

I eat noodles with ketchup.
Ich esse Nudeln mit Ketchup. (Da läuft dir das Wasser im Mund zusammen, was?)

**B.** TATSACHEN

Hier meint man eine Sache, die "So ist wie sie ist – fertig!". Schauen wir uns Beispiele an:

The sky is blue.
Der Himmel ist blau.

Germans drive slowly. (Aaaaaahahhaha!)
Die Deutschen fahren langsam.

# PRESENT FORMS

Damit sich das ein bisschen setzt, darfst du jetzt üben:

## EXERCISE n. 8

1. Nein, sie schaut mich morgens nicht gerne an. (to look at) .......................................
...........................................................................................................................................

2. Ich koche nicht gerne. (to cook) ..............................................................................
...........................................................................................................................................

3. Verstehst du mich nach sechs Bieren? (to understand) ...........................................
...........................................................................................................................................

4. Sie isst immer Nudeln. (to eat) ..................................................................................
...........................................................................................................................................

5. Willst du mich meiner Persönlichkeit wegen oder meines Geldes wegen? Ich habe
   nämlich keines! (to want) ..........................................................................................
...........................................................................................................................................

## "-S"

Ganz einfach, oder? Aber hast du auch dran gedacht, dass die dritte
Person ein "-S" braucht?

Wenn ja, super! Ansonsten remember, dass du in der dritten Person immer ein "-S" oder ein "-ES" anhängen musst.

She takes her little brother to school.
Sie bringt ihren kleinen Bruder zur Schule.

He washes the dishes on Sundays.
Er erledigt sonntags den Abwasch.

Denk daran, dass **"-ES"** angehängt wird, wenn das Wort auf -S, -SS, -SH, -CH, -Z und -O endet.

**Verben**

| | | | | |
|---|---|---|---|---|
| to wash | in der dritten Person | washes | = | waschen |
| to stress | in der dritten Person | stresses | = | betonen |
| to launch | in der dritten Person | launches | = | etw einführen |

Für Substantive im Plural gilt diese Regel übrigens auch:

| | | | | |
|---|---|---|---|---|
| church | im Plural | churches | = | Kirche/n |
| lunch | im Plural | lunches | = | Mittagessen |

**Besonderheit:** dress als Substantiv "Kleid" wird im Plural zu dresses, aber das Verb to dress bedeutet "sich anziehen".

Vielleicht lernst du die Endungen leichter mit folgendem Satz, den ich immer sage, wenn ich samstagnachts betrunken bin. Ich habe das Problem, dass mir immer gegen 23.30 Uhr das Geld ausgeht und Susan (die Barkeeperin) mir nie ein Bier spendieren will. Darüber beschwere ich mich bei jedem, der es hören will, oder auch nicht – und zwar so:

See? SSusan SHould Charge Zero Or not?
Siehst du? Susan sollte nichts berechnen, oder?

Hast du gut aufgepasst? Dann hast du sicher bemerkt, dass jedes Wort mit einem der Buchstaben bzw. Buchstabenkombinationen beginnt, die du dir merken musst. -S, -SS, -SH, -CH, -Z und -O.

Wenn du dir diesen englischen Satz nicht merken kannst, dann versuch's doch mal mit einem Deutschen, der so betrunken ist, dass er schon doppelt sieht.

**SH**HH! **SS**AG MAL, **S**IEHST du dort einen **O**DER **Z**WEI **CH**INESEN?

## Magic verb: TO CHARGE

Dieses Verb ist im wahrsten Sinne des Wortes magisch. Es bedeutet nämlich "berechnen".

I charge 1 euro for every kiss.
Ich berechne einen Euro für jeden Kuss.

The bank charges 2 pounds for every transaction.
Die Bank berechnet zwei Pfund für jede Transaktion.

How much do you charge?
Wie viel verlangst du?

There is a service charge.
Es gibt eine Servicegebühr.

If we charge you less, we will go bankrupt.
Wenn wir weniger verlangen, gehen wir bankrott.

# 2. **DIE VERKEHRSPOLIZEI** (HILFSVERBEN)

Mit VERKEHRSPOLIZEI meine ich Verben, die – wie ein Verkehrspolizist – helfen, den "Verkehr" in den englischen Sätzen zu regeln. Sie sind dann wichtig, wenn du Fragen, Antworten und zusammengesetzte Zeiten bildest, wie das present continuous, zu dem wir gleich kommen. Das Imperfekt folgt dann später.

| HILFSVERB | PRÄSENS | IMPERFEKT |
|-----------|---------|-----------|
| TO BE | am - is - are | was - were |
| TO HAVE | have - has | had |
| TO DO | do - does | did |

Diese Verkehrspolizisten haben unterschiedliche Kellen – je nachdem, welchen Weg du nehmen willst. Sie helfen dir, genau das zu sagen, was du sagen möchtest. Und so gebraucht man sie:

Das **PRESENT SIMPLE** braucht den Verkehrspolizisten do/does für Fragen, short answers, verneinte Sätze, und um dem Satz besonderen Nachdruck zu verleihen.

Aussagesatz    Subjekt + Verb + Objekt

I love English food.
Ich liebe englisches Essen.

Fragesatz    do/does + Subjekt + Verb + Objekt

Does she love English food, too?
Liebt sie auch englisches Essen?

Short Answer:    In der Antwort wird do/does, aber NICHT das Verb wiederholt.

Question: Do you drink red wine?
Answer: Yes, I do.

# PRESENT FORMS

Verneint:    Subjekt + do/does + NOT + Verb + Objekt

She doesn't put ketchup on her noodles. (Wahrscheinlich ist sie zu faul!)
I don't listen to jazz music.

Betont:    Subjekt + do/does + Verb + Objekt

I do love English food, I told you that, yesterday!
Ich liebe englisches Essen; das habe ich dir gestern gesagt!


Beim PRESENT CONTINUOUS brauchst du den Verkehrspolizisten to be in allen Formen.

Aussagesatz:  Subjekt + to be + Verb -ing

I am singing in the shower.
Ich singe gerade unter der Dusche.

Fragesatz:    to be + Subjekt + Verb -ing

Is she driving my car?!
Fährt sie gerade mit meinem Auto?!

Short Answer:  In der Antwort wird to be, aber NICHT das Verb wiederholt (wie immer).

Question: Are you going to Madrid, tomorrow?
Answer: Yes, I am.

Verneint:    Subjekt + to be + NOT + Verb -ing

We are not going out together.

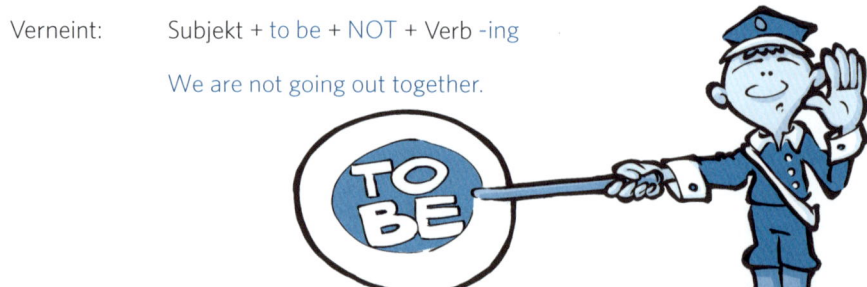

# 3. **PHRASAL VERBS**

Was ist ein phrasal verb?

Das ist ein Verb, auf das eine Präposition folgt!
Ganz einfach, oder?!
Bei einem phrasal verb ist die Präposition Bestandteil des Verbs, denn sie verleiht ihm eine neue, besondere Bedeutung.

Phrasal verbs sind so wichtig, dass wir sie uns genauer anschauen werden. Zuerst aber wiederholen wir wie üblich, einverstanden?

Werfen wir einen Blick auf die Besonderheiten:

**A. Folgt** dem phrasal verb ein weiteres Verb, so steht dieses im **Gerundium** (Verb -ING):

I am used to calling her every time I need her.
Ich bin es gewohnt, sie jedes Mal anzurufen, wenn ich sie brauche.

**B.** Phrasal Verbs können **trennbar** oder **untrennbar** sein:

- **TRENNBAR (T)** bedeutet, dass das Objekt zwischen Verb und Präposition stehen kann. Das heißt aber nicht, dass dies immer der Fall sein muss. Hier habe ich ein paar Beispiele für dich:

  phrasal verb: TO LET DOWN (enttäuschen) **TRENNBAR**

  I let you down.
  Ich habe dich enttäuscht.

  You let down the company.
  Du hast die Firma enttäuscht.

* **UNTRENNBAR (UT)** bedeutet, dass man das Verb nicht von der Präposition trennen kann. Ein Beispiel:

  phrasal verb: TO PLAY AROUND (fremdgehen) **UNTRENNBAR**

  He started to play around the day after the wedding.
  Er begann am Tag nach der Hochzeit fremdzugehen.

  She doesn't play around anymore, she loves him now.
  Sie geht nicht mehr fremd, sie liebt ihn jetzt.

  If you play around, I'll leave you.
  Wenn du fremdgehst, verlasse ich dich.

## Magic word: PLAY

1. NOUN
   Als Substantiv kann es verschiedene Bedeutungen haben:
   Theateraufführung/-stück, das Spiel (auch in der Mechanik)

2. VERB

* in der Bedeutung **eine Rolle spielen**

  I play Dracula in the play.
  Ich spiele Dracula
  im Theaterstück.

- in der Bedeutung von "**so tun als ob**"

  She always plays the innocent victim when she's with him.
  Sie tut immer so, als sei sie das unschuldige Opfer, wenn sie mit ihm zusammen ist.

  Spiders play dead when they are in danger.
  Spinnen stellen sich tot, wenn sie in Gefahr sind.

  John plays dead when Concy is really, really angry.
  John stellt sich tot, wenn Concy sehr, sehr wütend ist.

- in der Bedeutung von "**spielen**"

  Na, das kennen wir ja wohl alle! Muss ich dir wirklich ein Beispiel geben? Also gut...

  I play golf. (Yawn!)

- in der Bedeutung von "**ein Instrument spielen**"

  I play the piano, she plays the guitar.
  Ich spiele Klavier, sie spielt Gitarre.

- in der Bedeutung von "**sein Spiel mit jemandem treiben**"

  He is always playing with her.
  Er treibt immer sein Spiel mit ihr.

  Don't play with me, I'm not in the mood.
  Spiel nicht mit mir, mir ist nicht danach.

Zum Abschluss "schenke" ich dir diesen Satz:

He plays a man who plays tennis with a guitar in the play.
Er spielt einen Mann, der in dem Stück mit einer Gitarre Tennis spielt.

## ÜBERSETZEN WIR!

Die Lösungen findest du am Ende des Buches. Bitte spicke nicht, bevor du mit der Übersetzung fertig bist! Ja, ja, ich weiß genau, dass du das tust; ich habe dich in einer S-Bahn beobachtet, wie du skrupellos gespickt hast! Diese Geschichte ist sehr dramatisch. Vor allem aber ist sie… voller play. Üüüübersetzen wir…

### WORDS YOU WILL NEED

| | |
|---|---|
| Musiker | musician |
| Schwachkopf | cretin |
| verführen | to seduce |
| Schlange | viper |
| unschuldig | innocent |
| anfangen | to start |
| zusammenkommen | to get together |

### WIE IN EINEM FILM

Er spielt die Rolle des Schwachkopfes in dem Theaterstück. Er ist ein Musiker, der Klavier spielt, um eine Frau zu verführen und handelt wie ein Gentleman, aber in Wahrheit ist er ein Schwachkopf. Sie spielt die Rolle der 'Elvira', die eine Schlange ist, aber tut, als sei sie unschuldig; trotzdem kommen sie zusammen, aber nach zwei Tagen fing er an, mit ihrer Schwester fremdzugehen und sie begann, mit seinem Bruder fremdzugehen.

Es war wie in einer Seifenoper!*

* Nicht, dass ich wüsste, was in Seifenopern läuft – ich selbst schaue mir ja nur Krimis und Liebesfilme an.

# 4. **PRESENT CONTINUOUS**

**A.** BILDUNG

Zuallererst musst du wissen, dass das present continuous dasselbe ist wie die -ING form. Dann können wir uns die Regeln anschauen, damit dir beim Anhängen von -ING kein Fehler unterläuft; es ist nämlich wichtig, ob das Verb auf einen **Vokal** oder auf einen **Konsonanten** endet:

- die **allgemeine Regel** sieht vor, dass man -ING ans Verb anhängt:

| | | | | |
|---|---|---|---|---|
| study | + -ING | = | studying | (lernen) |
| see | + -ING | = | seeing | (sehen) |
| play | + -ING | = | playing | (spielen) |
| pray | + -ING | = | praying | ( |

- **bei zwei oder mehr Konsonanten am Ende des Verbs** hängt man ebenfalls -ING an:

| | | | | |
|---|---|---|---|---|
| think | + -ING | = | thinking | (denken) |
| sink | + -ING | = | sinking | (versinken) |
| bring | + -ING | = | bringing | (bringen) |
| catch | + -ING | = | catching | (fangen/erwischen) |
| dress | + -ING | = | dressing | (anziehen) |
| guess | + -ING | = | guessing | (errätst du, was das heißt?) |

- **bei zwei Vokalen + Konsonant am Ende des Verbs** hängt man ebenfalls -ING an:

| | | | | |
|---|---|---|---|---|
| beat | + -ING | = | beating | (schlagen) |
| deal | + -ING | = | dealing | (handeln) |
| dream | + -ING | = | dreaming | (träumen) |

- bei **einem Vokal und einem Konsonanten, wenn die Betonung auf der ersten Silbe liegt**, wird der Konsonant verdoppelt und -ING angehängt:

| | | | | | | |
|---|---|---|---|---|---|---|
| dig | + g | + -ING | = | digging | (graben) | * |
| hit | + t | + -ING | = | hitting | (schlagen, treffen) | * |

# PRESENT FORMS

| tap | + p | + | -ING | = | tapping | (klopfen) | Betonung auf dem a |
|-----|-----|---|------|---|---------|-----------|--------------------|
| spit | + t | + | -ING | = | spitting | (spucken) | * |
| set | + t | + | -ING | = | setting | (festsetzen) | was denkst du? |

*Betonung auf dem ersten i

- bei **einem oder mehreren Konsonanten, wenn das Verb auf "-e" endet**, entfällt das "-e" und -ING wird angehängt:

| bake | -e | + | -ING | = | baking | (backen) |
|------|----|---|------|---|--------|----------|
| write | -e | + | -ING | = | writing | (schreiben) |
| brake | -e | + | -ING | = | braking | (bremsen) |

- bei **kurzen Verben, die auf "-y" enden**, wird das "-y" beibehalten und -ING angehängt:

| fly | | + | -ING | = | flying | (fliegen) |
|-----|--|---|------|---|--------|-----------|
| cry | | + | -ING | = | crying | (weinen) |
| dry | | + | -ING | = | drying | (trocknen) |

- bei **Verben, die auf "-ie" enden**, wird das "-i" zu "-y" und -ING angehängt:

| tie | + y (i) + | -ING | = | tying | (binden) |
|-----|-----------|------|---|-------|----------|
| lie | + y (i) + | -ING | = | lying | (liegen/lügen) |
| die | + y (i) + | -ING | = | dying* | (sterben) |

*Um die Gerundien von to die und to dye (färben) zu unterscheiden, behält das Gerundium von dye sein "e" und wird zu dyeing.

## B. ANWENDUNGSMÖGLICHKEITEN

Schauen wir uns die 3 Anwendungsmöglichkeiten des present continuous an:

1. Um anzugeben, dass etwas im Moment des Sprechens stattfindet. Dabei wird etwas beschrieben, und der Zuhörer sieht den Sprecher nicht. Das ist typischerweise bei einem Telefongespräch der Fall.

John: Where are you?
Carol: I'm watching TV at home.

2. Um etwas zu bezeichnen, das stattfindet, während man redet, oder um etwas zu beschreiben, das bereits begonnen hat und noch nicht zu Ende ist.

Tom: So what are you doing? Anything interesting?
Sarah: No, I'm just working as usual.

3. Um etwas zu bezeichnen, das in der Zukunft stattfinden wird, aber bereits fest geplant ist.

Tom: What are you doing tonight?
Susan: I'm taking my daughter to the cinema.

# Magic word: JUST

1. **GERECHT** von justice (Gerechtigkeit)

The law was just.
Das Gesetz war gerecht.

The law was unjust.
Das Gesetz war ungerecht.

They think the war is for a just cause.
Sie denken, beim Krieg gehe es um eine gerechte Sache.

2. **NUR/LEDIGLICH**

I'll just see if he is here.
Ich schaue nur, ob er hier ist.

You have just three minutes.
Du hast nur drei Minuten Zeit.

Just a little milk for me.
Nur ein bisschen Milch für mich.

3. **GERADE EBEN/GERADE NOCH**

He just made it.
Er hat es gerade (noch) geschafft.

I just saw Peter.
Ich habe Peter gerade gesehen.

I just ate, thanks.
Ich habe gerade gegessen, danke.

Schau dir diesen Satz an:

He just said that if you just listen, you will see that the decision was just.

Er hat **gerade** gesagt, dass du, wenn du **nur** zuhörst, sehen wirst, dass die Entscheidung **gerecht** war.

# 5. **STATE VERBS** (VERBEN DES BEFINDENS)

Diese Verben drücken keine Handlung im eigentlichen Sinne aus. Sie beschreiben vielmehr einen Zustand, einen Gemüts- oder Geisteszustand.

Die Verben des Befindens sind an keine Handlung innerhalb eines Zeitablaufs gebunden. Deshalb werden sie im present simple und NICHT im present continuous gebraucht.

I know him.
NICHT: ~~I am knowing him.~~

I don't believe you.
NICHT: ~~I am not believing you.~~

I like you.
NICHT: ~~I am liking you.~~

My In-Box contains an e-mail.
NICHT: ~~My In-Box is containing an e-mail.~~

## A. Verben, die ein feeling ausdrücken

| | |
|---|---|
| like | mögen |
| love | lieben |
| hate | hassen |
| want | wollen |
| wish | wünschen |

## B. Verben des Besitzens

| | |
|---|---|
| have | haben |
| need | brauchen |
| belong | gehören |

## C. Verben des Kopfes

| | |
|---|---|
| believe | glauben |
| think | denken |
| understand | verstehen |
| forget | vergessen |
| agree | einverstanden sein |
| know | kennen |
| remember | sich erinnern |
| mean | bedeuten/meinen |
| imagine | vorstellen/vermuten |
| prefer | bevorzugen |

## D. Ausnahmen

Wie du ja bereits weißt, gibt es im Englischen einige Wörter, die mehr als eine Bedeutung haben. Vielleicht drückt ja gerade diese zweite Bedeutung eine Handlung aus... Dann kann das Verb auch im present continuous stehen.

**to think**
I think you are a good footballer. (Meinung)
I am thinking about my brother, he isn't well. (geistige Aktivität)

**to have**
Have you got a car? (Besitz)
Are you having a shower? (Tätigkeit)

# 6. CONTRACTED **FORMS**

Das Schöne am Englischen ist, dass wir so wenig Wörter wie möglich verwenden und unsere Sätze so kurz wie möglich halten. Aus diesem Grund lieben wir auch die Kurzformen. In *Instant English* konnte ich sie nicht alle unterbringen; das mache ich jetzt – ausgehend von diesem Beispiel – wieder gut.

I do not like London, I would like to live in Birmingham, so I am moving there next week.
This becomes:
I don't like London, I'd like to live in Birmingham, so I'm moving there next week.

### A. Present simple:

- Present simple negative
  do not = don't
  does not = doesn't

  I don't know how to play chess.
  He doesn't work for Telekom.

### B. Present continuous:

- Present continuous affirmative
  I am = I'm
  You are = You're
  He is/She is/It is = He's/She's/It's

  I'm going to Berlin.
  You're fishing in the river.
  She's throwing a ball.

- Present continuous negative
  I am not = I'm not
  You are not = You're not
  He is not/She is not/It is not = He isn't/She isn't/It isn't

  I'm not living with that girl.
  You're not playing tennis tomorrow.

  He isn't studying hard.

# 7. **HAVE VS HAVE GOT**

Okay, bevor wir die Wiederholung des Präsens abschließen, möchte ich sämtliche Zweifel aus dem Weg räumen. Geht es um einen Besitz, dann besteht kein Unterschied zwischen HAVE und HAVE GOT. Verstanden? Excellent!

Beide Formen zeigen – genau wie das Verb "haben" – einen **Besitz** an. Im Präsens sind sie gegeneinander austauschbar.

I have a big car.
I've got a big car.
Ich habe ein großes Auto.

My brother has a daughter called Adele.
My brother's got a daughter called Adele.
Mein Bruder hat eine Tochter namens Adele.

I have a bad back.
I've got a bad back.
Ich habe Rückenschmerzen.


Du erinnerst dich doch noch, was ich gerade zum Thema kurze Sätze gesagt habe, oder? Schau, was passiert:

I have got wird zu I've got.
My brother has got wird zu My brother's got.

Jetzt kommen wir zu den Formen, und hier beginnen die Probleme. Merk dir:

- HAVE und HAVE GOT haben dieselbe Bedeutung.
  In der bejahten Form bildet man Sätze mit ihnen auf dieselbe Weise.

- HAVE und HAVE GOT unterscheiden sich in der verneinten Form und in der Frageform sehr voneinander, und man kann sie verwechseln.

|  | Have | Have got |
|---|---|---|
| BEJAHT | I have a car. | I've got a car. |
| VERNEINT | I don't have a car. | I haven't got a car. |
| FRAGESATZ | Do you have a car? | Have you got a car? |

Und in der dritten Person

|  | Have | Have got |
|---|---|---|
| BEJAHT | She has a headache. | She's got a headache. |
| VERNEINT | She doesn't have a headache. | She hasn't got a headache. |
| FRAGESATZ | Does she have a headache? | Has she got a headache? |

Vergiss zu guter Letzt nicht, dass man HAVE GOT **nur in Sätzen im Präsens** verwendet. In allen anderen Zeiten benötigst du HAVE:

Last year, I had a Polo, now I've got a Golf, next year I'm going to have a Passat.
Letztes Jahr hatte ich einen Polo, jetzt habe ich einen Golf, nächstes Jahr werde ich einen Passat haben.

DEREK: Did you go to the pub last night?
DEREK: Bist du gestern Abend ins Pub gegangen?
RODNEY: No, I didn't have enough money.
RODNEY: Nein, ich hatte nicht genug Geld.

# Past Forms 1.2.2

## 1. PAST SIMPLE

Das past simple steckt voller Fallen. Hier verrate ich dir sämtliche Tricks, wie du sie umgehen kannst.

Wann benutzt man das past simple denn überhaupt? Ganz einfach – wenn **eine Handlung abgeschlossen ist!**

We played cards on Wednesday evening.
Jane went out at 5 o'clock in the morning.

Alles klar soweit? Und was wissen wir über die Formen des PAST SIMPLE?

Sicher erinnerst du dich, wie das present simple gebildet wird. Dann ist das past simple auch kein Problem, denn man bildet es genauso. Der einzige Unterschied liegt darin, dass im Aussagesatz das Verb in der Vergangenheit steht, während im Fragesatz und im verneinten Satz das Hilfsverb DO bzw. DOES zu DID wird.

### A. AUSSAGESATZ

Subjekt + Verb + Objekt

Concy worked all day yesterday.
Concy hat gestern den ganzen Tag gearbeitet.

Yesterday I slept all day.
Gestern habe ich den ganzen Tag geschlafen.

Yesterday I got a puppy from the pound/shelter.
Gestern habe ich einen Welpen aus dem Zwinger bekommen.

I took lots of pictures on Sunday
Ich habe am Sonntag viele Fotos gemacht.

They were locked in the bathroom yesterday.
Gestern waren sie im Bad eingesperrt.

## B. FRAGESATZ

DID + Subjekt + Verb + Objekt

Did they get home on time?
Sind sie rechtzeitig nach Hause gekommen?

Did the waiter bring ketchup?
Hat der Kellner Ketchup gebracht?

Did she remember to call her aunt for her birthday?
Hat sie daran gedacht, ihre Tante zum Geburtstag anzurufen?

## C. SHORT ANSWER

Wiederholt wird das Hilfsverb und NICHT DAS VERB (wie immer).

Did you meet beautiful girls at the party?
No, I didn't.

Did you see a crazy man crossing the street?
Yes I did. It was you.
Hast du einen Verrückten gesehen, der über die Straße ging?
Ja, das warst du.

Did you see a monkey in the mirror?
Yes, I did.

## D. VERNEINTER SATZ

Subjekt + DID + NOT + Verb + Objekt

The plane did not leave on time.
Das Flugzeug flog nicht pünktlich ab.

# PAST FORMS

Her boyfriend did not remember their anniversary.
Ihr Freund hat ihren Jahrestag vergessen.

The car didn't start this morning, I had to walk.
Das Auto sprang heute morgen nicht an, ich musste zu Fuß gehen.

Die gute Nachricht: Mehr musst du dir beim past simple nicht merken!

## REGULAR VERBS

Das ist ja alles ganz leicht bisher. wiederholen wir also die REGULAR VERBS (regel-mäßigen Verben).

Bestimmt erinnerst du dich noch gut an diese Verben, denn sie werden ganz einfach gebildet: Man hängt lediglich -ED an den Infinitiv an.

Wie immer haben wir Engländer natürlich ein paar Ausnahmen:

- Bei Verben, die auf -E enden, hängt man nur ein -D an:

  to poke: poked

- Bei einsilbigen Verben, die auf einen Konsonanten enden, dem ein Vokal vo-rausgeht, wird der Konsonant verdoppelt und dann -ED angehängt:

  to plan + n + ed: planned

- Bei Verben, die auf einen Konsonanten + -Y enden, wird das Y zu I und -ED angehängt:

  to carry – y + i + ed: carried *(kariid)*

- Bei zweisilbigen Verben, die auf einen betonten Vokal und einen Konsonanten enden, verdoppelt sich der Konsonant und -ED wird angehängt:

  to refer + r + ed: referred

- Bei Verben, die nach einem Vokal auf L enden, verdoppelt sich der Konsonant vor -ED:

  to signal + l + ed: signalled

## WIE SPRICHT MAN DIE SILBE "-ED" AUS?

Hast du gesehen, wie man die regular verbs schreibt? Schauen wir jetzt, wie sie ausgesprochen werden. Let's GO!

Das Wichtigste ist, dass das E von -ED in den meisten (nicht in allen) Fällen nicht ausgesprochen wird.

Damit auch die Ausnahmen leichter werden, teilen wir die REGELMÄSSIGEN Verben in drei Teams ein:

1. **Das Team T**

   Zu ihm gehören alle regelmäßgen Verben, die enden auf:

   P, K, S, CH, SH, F, X , H.

   Bei diesen Verben wird -ED **wie ein "T"** ausgesprochen.

   Teamchef Gruppe T: cook, cooked = cook (T)

2. **Das Team D**

   Zu ihm gehören alle regelmäßigen Verben, die enden auf:

   L, V, N, M, R, B, V, G, W, Y, Z und auf die Vokale A, E, I, O und U.

   Bei diesen Verben spricht man -ED **wie ein "D"** aus.

   Teamchef Gruppe D: clean, cleaned = clean (D)

# PAST FORMS

3. **Das Team ID**

Zu ihm gehören alle regelmäßigen Verben, die enden auf:

T und D.

Bei diesen Verben spricht man -ED **wie "ID"** aus.

Teamchef Gruppe ID: want, wanted = want (ID)

In der untenstehenden Tabelle findest du viele (selbstverständlich nicht alle) der häufigsten regelmäßigen Verben, eingeteilt in die drei Teams.

| TEAM T | TEAM D | TEAM ID |
|---|---|---|
| asked (fragen) | allowed (erlauben) | accepted (akzeptieren) |
| cooked (kochen) | answered (antworten) | attended (teilnehmen) |
| danced (tanzen) | arrived (ankommen) | contacted (jdn erreichen) |
| dressed (anziehen) | called (anrufen) | decided (beschließen) |
| finished (beenden) | carried (tragen) | defended (verteidigen) |
| helped (helfen) | changed (wechseln) | ended (enden) |
| hoped (hoffen) | cleaned (putzen) | expected (erwarten) |
| kissed (küssen) | cried (weinen) | exported (exportieren) |
| laughed (lachen) | died (sterben) | hated (hassen) |
| looked (schauen) | enjoyed (genießen, sich amüsieren) | included (beinhalten) |
| missed (fehlen, vermissen) | explained (erklären) | invited (einladen) |
| passed (vorbeigehen) | followed (folgen) | landed (landen) |

| TEAM T | TEAM D | TEAM ID |
|---|---|---|
| pushed (drücken) | happened (geschehen) | needed (brauchen) |
| stopped (anhalten, unterbrechen) | listened (zuhören) | printed (drucken) |
| talked (sprechen, reden) | lived (leben) | presented (vorstellen) |
| walked (gehen) | loved (lieben) | started (beginnen, starten) |
| washed (waschen) | opened (öffnen) | shouted (schreien) |
| watched (beobachten) | planned (planen) | visited (besuchen) |
| worked (arbeiten) | played (spielen) | waited (warten, bedienen) |

# 2. **PAST CONTINUOUS**

Machen wir weiter mit einer kurzen Wiederholung des past continuous. Diese Verbform ist ganz einfach, du musst nur zwei Dinge wissen:

- Das past continuous wird gebildet wie das present continuous (aber das weißt du ja bereits – hoffe ich zumindest!).

- Die Vergangenheitsform des Verbs to be lautet: was/were.

Überall dort, wo du im present continuous das Hilfsverb to be im Präsens gebrauchst, ersetzt du diese Form im past continuous, also einfach durch die Vergangenheitsform des Hilfsverbs. So sieht das dann aus:

| PRESENT CONTINUOUS | PAST CONTINUOUS |
| --- | --- |
| I am running again.<br>(Ich renne wieder.) | I was running again.<br>(Ich rannte wieder.) |
| They are drinking milk.<br>(Sie trinken gerade Milch.) | They were drinking milk.<br>(Sie tranken gerade Milch.) |
| We are hunting for food.<br>(Wir sind auf der Jagd nach Essen.) | We were hunting for food.<br>(Wir waren auf der Jagd nach Essen.) |

## KURZFORMEN

Auch im past continuous gibt es, wie im past simple, viele Kurzformen – jedoch nur im verneinten Satz.

**VERNEINT** past simple:    DID NOT = DIDN'T

We didn't go to the concert.
Wir sind nicht ins Konzert gegangen.

They didn't help the lady to cross the street.
Sie haben der Frau nicht über die Straße geholfen.

I didn't check the pizza in the oven.
Ich habe nicht nach der Pizza im Ofen geschaut.

**VERNEINT** past continuous:    WAS NOT = WASN'T

He wasn't looking when he hit my car.
Er hatte nicht geschaut, als er mit meinem Auto zusammenstieß.

WERE NOT = WEREN'T

We weren't talking to the barman.
Wir sprachen nicht mit dem Barkeeper.

They weren't listening to the police,
they were drunk.
Sie hörten nicht auf die Polizei, sie waren betrunken.

# 3. **PRESENT PERFECT**

Wenn du einen Englischlehrer fragst, was einem Deutschen beim Englischlernen die größten Schwierigkeiten bereitet, dann lautet die Antwort meistens (wenn nicht sogar immer): das present perfect.

Das kann sowohl für den Lehrer, als auch für den Schüler sehr frustrierend sein. Ich kenne sogar Lehrer, die das Thema komplett unter den Tisch fallen lassen.

Die gute Nachricht: Es ist nicht lebenswichtig, dass du das present perfect im Englischen kennst, und in den USA benutzt man es wirklich selten. Die schlechte Nachricht: Auch wenn du es nicht verwendest, ist es – glaube ich – besser, wenn du es gut kennst.

**Warum** fällt es den Deutschen so schwer, das present perfect zu lernen?

Zuerst einmal entscheidet das Gehirn eines Engländers, der von einem Geschehen in der Vergangenheit erzählt, automatisch, ob dieses Geschehen nur für die Vergangenheit wichtig war, oder ob es aus irgendeinem Grund JETZT noch wichtig ist. Im zweiten Fall denkt der Engländer während er redet auch an die Folgen des Geschehens für die Gegenwart.

Das Gehirn eines Deutschen ist es nicht gewohnt, eine solche Entscheidung automatisch zu treffen – also ist es für dich schwieriger. Mach dir also bewusst, dass du das present perfect hauptsächlich dann gebrauchst, wenn etwas in der Vergangenheit geschehen ist, das Auswirkungen auf die Gegenwart hat. Wenn du das present perfect verwendest, dann wird der Zeitpunkt des Geschehens in der Vergangenheit niemals näher bestimmt, denn damit würdest du die Vergangenheit betonen. Wichtiger sind in diesem Fall die Auswirkungen auf die Gegenwart.

Schauen wir uns deshalb das present perfect, und wie man dieses vom past simple unterscheidet, näher an. Du wirst sehen, dass dieses grässliche, haarige Monster nicht so schlimm ist, wie es aussieht... Tatsächlich hat es kaum Zähne! 😊

Kommen wir zuerst zur **Form** des **PRESENT PERFECT**.

Weißt du noch: Das Hilfsverb, der Verkehrspolizist, für das present perfect ist HAVE.

# PAST FORMS

## A. DIE BEJAHTE FORM

Subjekt + HAS/HAVE + Partizip Perfekt des Verbs (die dritte Form in der Reihe) + Objekt

Joe has broken his leg.
Er hat sich heute Morgen das Bein gebrochen. Da er aber unser Portier ist, ist das jetzt wichtig, weil wir heute Abend ohne Portier sein werden!

I have lost my keys.
Ich weiß nicht, wann ich die Schlüssel verloren habe, und es interessiert mich auch nicht. Was mich interessiert ist, dass ich jetzt nicht ins Haus kann!

She has turned off her phone.
Sie hat ihr Telefon in der Vergangenheit ausgeschaltet. Ob das vor fünf Minuten oder gestern war, ist ohne Bedeutung. Der Punkt ist, dass ich jetzt keine Möglichkeit habe, sie zu erreichen.

We have seen your new girlfriend and we think (jetzt) that she is beautiful.
Es ist unwichtig, wann wir sie gesehen haben. Wichtig ist, dir zu sagen, dass wir sie schön finden.

I have broken your computer.
Ich habe ihn heute Morgen kaputtgemacht, wichtig ist aber jetzt, dass ich einen neuen kaufen muss.

Zum besseren Verständnis schreibe ich diese Beispiele neu – und zwar im simple past.

Last week, Joe broke his leg, so he couldn't play in the football match.
Wir haben 6-0 verloren, aber das ist jetzt nicht mehr wichtig. Unsere Würde ist vom Winde verweht.

I lost my keys, yesterday, and couldn't get into my house. I had to sleep at Dave's house.
Das ist kein Problem mehr – ich habe sie inzwischen gefunden. Die Tatsache war in der Vergangenheit wichtig, sie ist es jetzt nicht mehr.

# PAST FORMS

She was angry with me, so she turned off her phone.
Das ist jetzt kein Problem mehr – wir sind nicht mehr zusammen.

We saw Dave's girlfriend, she was really ugly.
Na ja, Dave war nie wählerisch bei seinen Frauen. Ihm reicht es, wenn sie ab und zu zuhören; dann ist er glücklich.

I broke his computer and it cost me 800 euro to replace it.
Das ist schon eine ganze Weile her. Ich sage dir das nur, damit ich etwas zu erzählen habe. Langweilig? Dann sag du bitte jetzt mal was!

## B. DIE FRAGEFORM

HAVE + Subjekt + Partizip Perfekt des Verbs (die dritte Form in der Reihe) + Objekt

Have you taken your medicine?
Hast du deine Medizin genommen?

## C. SHORT ANSWER

Hier wiederholst du das Hilfsverb und NICHT DAS VERB (ich weiß nicht, wie oft ich dir das noch sagen soll?!).

Has George eaten?
No, he has not.
Kurzform: No, he hasn't.

## D. DIE VERNEINTE FORM

Subjekt + HAVE + NOT + Partizip Perfekt des Verbs (die dritte Form in der Reihe) + Objekt

The train has not left yet.
Kurzform: The train hasn't left yet (noch nicht).

Erinnerst du dich noch an die klitzekleine Veränderung, die es bei den Formen im present simple gibt? Genau – die dritte Person erhält ein "-S". Nun, wie die Beispiele oben gezeigt haben, musst du dir hier etwas Ähnliches merken: Das Hilfsverb für die dritte Person Einzahl lautet HAS, im verneinten Satz wird daraus HASN'T, die Kurzform von HAS NOT.

**HANDLUNGEN, DIE IN DER GEGENWART ANDAUERN: FOR & SINCE**

Das present perfect verwendet man auch für eine Handlung, die in der Vergangenheit begonnen hat und bis in die Gegenwart hineinreicht. FOR und SINCE geben die Dauer dieser Handlung an.

I have lived in Italy for 17 years.
Ich lebe seit 17 Jahren in Italien (und lebe immer noch hier).

Derek has supported Arsenal since he was a boy.
Derek ist seit seiner Kindheit Fan von Arsenal (und er ist es bis heute).

# PAST FORMS

- SINCE gibt den Zeitpunkt des Beginns einer Handlung an.
  I have lived here since 1989

- FOR gibt die Dauer einer Handlung an.
  I have lived here for 23 years.

## HANDLUNGEN IN DER VERGANGENHEIT, DIE BIS IN DIE GEGENWART REICHEN
## TODAY, THIS YEAR, THIS CENTURY...

Das present perfect verwendet man für vergangene Handlungen, die sich in einem Zeitraum ereignet haben, der noch nicht zu Ende ist. Die Verbindung zur Gegenwart liegt auf der Hand, da der Zeitraum noch andauert.

That man has run 7 marathons this year.
Dieser Verrückte ist in diesem Jahr bereits sieben Marathons gelaufen... und das Jahr ist noch nicht vorbei!

You have broken 2 computers, today.
Es ist erst 18.00 Uhr, vielleicht bringst du noch einen zur Strecke, bevor der Tag zu Ende ist!

Das present perfect wird auch verwendet, um über eine Lebenserfahrung zu berichten...
In diesem Fall ist der Zeitraum das gesamte Leben, das ja ganz offensichtlich noch nicht vorüber ist. Hier möchte man damit ausdrücken, dass diese Erfahrung gemacht wurde.

Have you ever been to Australia (in your life)?
I have had five cars (in my life).

Achtung: Wenn jemand nicht mehr unter uns weilt, dann brauchst du das past simple, denn natürlich ist nichts endgültiger als der Tod:

Shakespeare wrote many long plays (in his life).

# 4. **PRESENT PERFECT CONTINUOUS**

Fragt man einen Deutschen, seit wann er in einer bestimmten Firma arbeitet, dann erhält man manchmal die Antwort: I am working here since 5 years.

**Nein, nein, nein!!!**

Als ich noch Englisch unterrichtet habe, habe ich immer die Schwere eines Grammatikfehlers mit der eines Verkehrsunfalls verglichen. Je schwerer der Unfall, desto schwerer der Grammatikfehler.

Ein paar Beispiele:

Welcome in Germany anstelle von Welcome TO Germany
ist, als ob du, an einer Ampel stehend, vom Fahrrad fällst. Nicht so schlimm!

I am working here since five years

Das sind zwei Tanklaster bei einem Frontalzusammenstoß, und du mit deinem Fahrrad mittendrin.

Korrekt lautet dieser Satz: I have been working here for five years.

Sehen wir uns jetzt die **Form** des **PRESENT PERFECT CONTINUOUS** an.
Merke dir: Du brauchst zwei Hilfsverben, die Verkehrspolizisten, für diese wichtige Zeit:

### A. DIE BEJAHTE FORM

Subjekt + HAS/HAVE + BEEN + Verb + -ING

I have been waiting for 2 hours.

### B. DIE FRAGEFORM

HAS/HAVE + Subjekt + BEEN + Verb + -ING

Have you been living here long?

### C. SHORT ANSWER

Repeat the auxiliary, NOT THE VERB!

Has she been working in the sun all day?
Yes, she has.

## D. DIE VERNEINTE FORM

Subjekt + HAS/HAVE + NOT + BEEN + Verb + -ING

He has not been playing the piano long.
Kurzform: He hasn't been playing the piano long.

Fassen wir zusammen, **WANN** man das present perfect continuous verwendet:

1. Für eine Handlung, die in der Vergangenheit begonnen hat und andauert.

   She's been looking at that man for 10 minutes.
   (**She's** is the contraction of **She has**)
   Sie hat vor zehn Minuten begonnen, diesen Mann anzustarren und sie tut es immer noch.

2. Für eine Handlung, die vor Kurzem geschehen ist, aber Auswirkungen auf die Gegenwart hat.

   I've been playing football all morning.
   Und jetzt bin ich müde und verschwitzt.


### PRESENT PERFECT vs PRESENT PERFECT CONTINUOUS

In einigen wenigen Fällen macht es keinen Unterschied, ob du das present perfect oder das present perfect continuous verwendest. Zum Beispiel:

I've worked here for 18 months.
I've been working here for 18 months.

# PAST FORMS

Dieses Beispiel ist allerdings eine Ausnahme. Im Allgemeinen gebraucht man die beiden Zeiten unterschiedlich:

| PRESENT PERFECT | PRESENT PERFECT CONTINUOUS |
|---|---|
| Wird vor allem verwendet, um die Folge einer Handlung auszudrücken, welche abgeschlossen ist. | Wird vor allem verwendet, um die Dauer einer Handlung oder die Tatsache auszudrücken, dass diese in der Gegenwart andauert. |
| I have broken my leg (abgeschlossene Handlung), so I can't play football, today (also kann ich jetzt nicht spielen). | I've been making phone calls all day (ich telefoniere seit heute Morgen). |
| **Die Auswirkungen einer in der Vergangenheit abgeschlossenen Handlung sind für die Gegenwart von Bedeutung.** | **Der Schwerpunkt liegt auf der Vergangenheit und auf der Dauer der Handlung, die bis in die Gegenwart reicht.** |
| Wird verwendet, wenn man von einer MENGE spricht (und dabei eine genaue Anzahl angibt): | Wird verwendet, wenn die DAUER einer Handlung wichtig ist: |
| I've eaten 3 cakes, today.<br><br>I've seen 2 helicopters this week. | I've been eating since 3 o'clock. Ich möchte dir sagen, dass ich seit 3 Uhr esse. |
| They've been to the stadium 3 times this month. | We've been going to that pub for 30 years. Wir wollen, dass ihr wisst, dass wir seit dreißig Jahren in diese Kneipe gehen. |

Alles klar?

Jetzt ist der Moment gekommen, in dem du – mit ein paar Übersetzungsübungen – unter Beweis stellen kannst, ob du verstanden hast, wann man das past simple und wann das present perfect verwendet. Und vor allem, wann du das present perfect continuous benutzen kannst...

## ÜBERSETZEN WIR!

Okay... wie oft wirst du wohl auf die Nase fallen? Setze besser vorher einen Helm auf! Ha ha ha! Let's go!

### WORDS YOU WILL NEED

| | |
|---|---|
| besuchen | to go to see/visit |
| Fußballspieler | footballer (USA: soccer player) |
| leiden | to suffer |
| wen interessiert das? | who cares? |
| Monster | monster |
| spucken | to spit |
| Uhr | watch |
| Fitness-Studio | gym |
| Von wegen! | My foot! |

## DINGE DER VERGANGENHEIT

1. ALEX: Alles okay?
   LISA: Nein, ich habe gestern *The Shining* gesehen, und jetzt kann ich nicht schlafen!

2. TIM: Jane hat ein neues Haus gekauft, möchtest du sie besuchen?
   BOB: Wer ist Jane?
   TIM: Das Mädchen, dessen Vater Fußballspieler ist.
   BOB: Was für ein schwieriges Beispiel!
   TIM: Kommst du oder nicht?

3. TOM: Du leidest mit Concy seit zehn Jahren still vor dich hin.
   JOHN: Still? Von wegen!

4. JAMES: Im letzten Jahr habe ich für die Telekom gearbeitet.
   JOE: Wen interessiert das?

5. CONCY: Ich höre dir jetzt seit einer Stunde zu, und bisher hast du nichts Süßes gesagt.
JOHN: Strudel.

6. CAROL: Hast du das Geheimnis des Lebens verstanden?
HERBERT: Ja.
CAROL: Was ist es?
HERBERT: Es ist ein Geheimnis.

7. JOHN: Heute Morgen habe ich ein Monster gesehen, das spuckte, während es im Bad sprach.
CONCY: Ich war mit dir im Bad!
JOHN: Du gibst es also zu?

8. FRED: Ich habe eine neue Uhr gekauft; möchtest du sie sehen?
TREVOR: Nein.

9. CONCY: Ich gehe seit fünf Jahren ins Fitness-Studio, aber mein Körper bleibt immer derselbe!
JOHN: Das ist nicht wahr! Er ist jetzt älter.

10. TINA: Ich lerne seit 20 Jahren Englisch, aber wenn ich spreche versteht mich keiner.
NEIL: Was?

11. AARON: Ich war noch nie in Russland.
DARREN: Wirklich?

12. LARRY: Eine Frau aus München hat mir heute Morgen das Herz gebrochen.
HARRY: Schön.
LARRY: Was?
HARRY: München, da gibt es Weißwurst.

13. ASHLEY: Ich habe dieses Jahr zwei Bücher von Boris Becker gelesen.
SAM: Du musst einen Job finden.

14. STEF: Hast du heute Morgen dein Bett gemacht?
DHALI: Nein.

15. SARA: Ich habe in der letzten Stunde sechs E-Mails bekommen...
alles Spam.
CHRIS: Spam ist gut! (Spam ist im Englischen Frühstücksfleisch/ -speck)

16. DEREK: Du wirkst müde.

LOUISE: Heute Morgen streiche ich mein Haus.
DEREK: Ich habe dich nichts gefragt!

17. VICTOR: Ich habe gestern Morgen meinen Namen geändert.
VICTORIA: Wie hießt du vorher?
VICTOR: Victorr.

18. ZAIRA: Sie arbeiten seit einem Jahr an diesem Haus!

19. WILLIAM: Letztes Jahr habe ich geheiratet.
FRANK: Na ja, wir haben alle unsere Probleme.

20. MOTHER: Ich habe den Tisch für das Fest heute Abend gedeckt.
JOHN: Fest? Warum?
MOTHER: Was meinst du mit "warum"? Gehst du morgen nicht zurück nach Italien?

# Future Forms

Erinnerst du dich noch an die verschiedenen Futurformen aus *Instant English* und daran, wie sie sich unterscheiden?

Oder bildest du deine Sätze etwa immer mit will? Ich hoffe nicht...
Du riskierst sonst, dich zu blamieren!

Werfen wir nochmals einen Blick auf das Futur und vertiefen es dann.

## 1. WILL

### A. AUSSAGEsatz

Will wird in der ersten Person (I will) in dem Moment verwendet, in dem eine Entscheidung fällt – sofern dies freiwillig geschieht. Normalerweise benutzt du diese Form in dem Augenblick, in dem du eine neue Information erhältst oder wenn etwas Unvorhergesehenes geschieht.

Wenn du mal überlegst, dann brauchst du will ziemlich oft: Sind wir befreundet, dann erzählst du mir ja nicht jedes Mal dieselben Geschichten, wenn wir uns auf ein (oder zwei) Bierchen treffen. Das wäre todlangweilig und ich würde nicht mehr mit dir ausgehen (es sei denn, du würdest immer bezahlen!). Einem Freund erzählst du Neuigkeiten, und je nachdem, was es ist, wird er sich dafür oder dagegen entscheiden, etwas zu tun.

Wenn dein deutscher Freund nach einem halben Bier umfällt und versucht, wieder aufzustehen... beschließt du genau in dem Moment, ihm zu helfen: Come on David, I'll help you.

# FUTURE FORMS

Schauen wir uns weitere Beispiele an:

SARAH: Where is John?

CONCY: I'll (Kurzform von I will) tell you (sie hat in diesem Moment be-schlossen, meinen guten Ruf zu ruinieren) where he is! He's with his stupid friends in a stupid pub saying stupid things.

SARAH: Wow, you used two present continuous in diesem Moment in a single phrase! Being with John helps your English a lot.

CONCY: I'll tell you something else (sie macht mich weiter fertig; ich bin ja nicht da, um mich zu verteidigen): English is the only good thing John has ever given me.

(John mit seinen Freunden im Pub)

JOHN: I'll have a pint of beer, please.

BARMAN: What a surprise!

JOHN: Listen, sarcasm is only for people with no imagination.

BARMAN: I'll remember that precious advice, John.

JOHN: YOU'RE BEING SARCASTIC AGAIN!

BARMAN: OH NO! I'll call the police.

JOHN: Just give me the beer.

BOSS: I need you to book a hotel for 6 people for Friday night.
SECRETARY: I'll call the hotel immediately.

Die Kurzform von will ('ll) verwendet man nicht nur, damit es schneller geht, sondern auch, um den Satz beiläufiger zu gestalten. Die Langform will wiegt schwer, sie ist bedeutsam, ein Versprechen: Du verwendest sie für eine wichtige Verpflichtung; es ist in diesem Fall egal, wann du den Entschluss gefasst hast.

## ÜBERSETZEN WIR!

Okay, stell dir mal Folgendes vor: Sanfte Violinenmusik, das Meer, das gegen die Klippen brandet und eine Frau, die leise vor sich hinweint.

### WORDS YOU WILL NEED

| | |
|---|---|
| brechen | to break |
| kennen | to know |
| Herz | heart |
| wehtun | to hurt |
| heiraten | to marry |
| Kirche | church |
| hassen | to hate |

## DIE GESCHICHTE VON WILL

ROSE: Du hast mir das Herz gebrochen, Roger.

ROGER: Ich weiß, und es tut mir leid, Rose; ich werde dir nie wieder wehtun.

ROSE: Hast du gerade beschlossen, mir nie wieder wehzutun, jetzt (in diesem Moment), hier?

ROGER: Nein, ich habe es gestern beschlossen, aber ich verwende "will", also ist es nicht wichtig, wann ich das beschlossen habe.

ROSE: Oh, Roger!

ROGER: Oh, was?

ROSE: Heiratest du mich heute Nacht?

ROGER: Bitte verwende "will" nicht in der Frageform; John hat das noch nicht behandelt (do), und außerdem ist die Kirche heute Nacht geschlossen.

ROSE: Warum verwendest du "will" in der dritten Person? John hat das noch nicht behandelt (do).

ROGER: Ja, ja, entschuldige.

ROSE: Ja, ja?? Ich hasse dich, ich hasse dich, ich hasse dich! Und ich werde dich immer hassen.

ROGER: Du hast die Kurzform verwendet, das heißt, du hast gerade jetzt beschlossen, mich für immer zu hassen...

ROSE: Auf Wiedersehen.

ROGER: ROOOSE!! NEIIIIIN!!

(Stell dir jetzt ein Violinencrescendo und einen einsamen Mann vor, dem der Wind durch die Haare bläst...)

# FUTURE FORMS

## B. FRAGEsatz

WILL + Subjekt + Verb + Objekt

Verwendet man will als Fragewort, dann fordert man eigentlich von seinem Gesprächspartner eine Entscheidung. Wir Engländer sind höflich – deshalb lassen wir ihm die Wahl.

Will you pass me the salt, please?
Das ist so, also ob dein Gegenüber entscheiden könne, ob er dir das Salz reicht oder nicht.

## C. SHORT ANSWER

Wiederhole bitte das Hilfsverb, NICHT DAS VERB.

Will she play football?
No, she won't (Will not = won't).

## D. FRAGEsatz

Subjekt + WILL + NOT + Verb + Objekt

They won't come to the cinema.
Auch das ist eine Meinungsäußerung!

Und wenn du über einen Dritten sprichst, dann handelt es sich um eine Überzeugung bzw. eine Meinung, wie im Deutschen:

Louis: Sara kommt heute Abend. (Feststellung).
Louis: Sara will come tonight (opinion).

# 2. **SHALL**

Eine Frage, die mir oft gestellt wird, ist, ob man will durch shall ersetzen kann oder nicht, wenn man eine Absicht in der Zukunft ausdrückt. Die Antwort lautet ja – allerdings nur wenn du wie Prinz Charles reden möchtest!

Grammatikalisch ist das korrekt, aber in der Umgangssprache redet kein Mensch so.

Und wenn du die Absicht hast, nach Amerika zu gehen, dann vergiss shall am besten völlig! Dort ersetzt man es mit anderen Formen, wie zum Beispiel "Will...", "Let's...", oder auch "Would you like...?"...

Shall gebraucht man üblicherweise für Vorschläge, Angebote oder wenn man um einen Ratschlag bittet. Es steht dann für gewöhnlich in der ersten Person Singular oder Plural:

Shall I turn off the TV?
Soll ich den Fernseher ausschalten?

Shall we have pasta for dinner tonight?
Sollen wir heute Abend Nudeln essen?

Shall I put ketchup on your pasta, too?
Soll ich über deine Nudeln auch Ketchup geben?

# 3. **GOING TO**

**A.** DAS GOING TO DER ABSICHT

Will gebrauchst du in dem Moment, in dem du eine Entscheidung triffst. Ist die Entscheidung getroffen und steht dein Plan fest, dann verwendest du will nicht mehr. Stattdessen nimmst du GOING TO, weil du jetzt die Absicht hast, die Handlung auszuführen.

GOING TO + Verb

I love the Greek Islands, I'm going to visit them for my holiday next year.
Ich liebe die Griechischen Inseln, ich werde meinen Urlaub nächstes Jahr dort verbringen.
Ich habe bereits beschlossen, auf die Griechischen Inseln zu reisen, aber ich weiß noch nicht genau wann.

He's going to marry his girlfriend.
Er hat sie schon gefragt, ob sie ihn heiraten möchte, aber der Termin steht noch nicht fest.

**B.** GOING TO **um etwas auszudrücken, was unmittelbar bevorsteht**

Diese Form verwendet man auch, um zu sagen, dass man etwas "gleich" tun wird.

I'm going to drink this!
Ich trinke das gleich!

He is going to cry.
Er weint gleich!

Are we going to fall?!!
Stürzen wir etwa ab?!!

In diesen Fällen kannst du auch ABOUT TO verwenden – mit derselben Bedeutung:

I'm about to drink this!
Ich trinke das gleich!

He is about to cry.
Er weint gleich.

Are we about to fall?!!
Stürzen wir etwa ab?!!

Important: Going to GO

Grammatikalisch ist I am going to go (ich habe die Absicht zu gehen) korrekt, aber es klingt ein wenig merkwürdig. Deshalb sagen wir in diesem Fall einfach I'm going to – und fertig.

# 4. PRESENT CONTINUOUS FOR FUTURE

Das present continuous kann man für genau geplante Handlungen verwenden: Wenn du genau weißt, WO, WIE, WAS, WANN und MIT WEM, dann kannst du eine unmittelbar bevorstehende Handlung in der Zukunft mit dieser Präsensform ausdrücken.

I am rehearsing tonight with Derek.
Ich habe mit Derek bereits die Proben organisiert, und wir wissen die Uhrzeit, den Ort – einfach alles!

I love the Greek islands, I'm visiting them next month. I've booked the flights, the hotel, everything!
Ich fliege next month nach Griechenland. Flug und Hotel – alles ist bereits gebucht!

He's getting married on the 15th of August.
Kirche gebucht, Torte bestellt, alles fertig!

I'm looking forward to watching *Midsomer Murders*.
Ich freue mich darauf, *Inspektor Barnaby* anzuschauen.

Fassen wir also zusammen!

- In dem Moment, in dem du etwas beschließt: WILL (oder versprichst)

- Wenn der Beschluss gefasst, aber noch nichts organisiert ist: GOING TO

- Wenn du geplant hast: PRESENT CONTINUOUS for FUTURE

Okay, mit der Wiederholung sind wir vorerst fertig... Du hast dir ein Tässchen Kaffee verdient... Ich warte hier auf dich!

# 5. FUTURE CONTINUOUS

Damit ich dir das future continuous so gut wie möglich erklären kann, müssen wir "zwei alte Freunde" hervorholen. Die haben mit dieser neuen Zeit gemeinsam, dass etwas in einem bestimmten Moment geschieht.

| PRESENT CONTINUOUS | PAST CONTINUOUS | FUTURE CONTINUOUS |
|---|---|---|
| I am | I was | I will be |
| I am eating a pizza. | I was eating a pizza. | I will be eating a pizza. |
| Genau in dem Moment, in dem gesprochen wird, im Präsens (normalerweise am Telefon). | Genau in dem Moment, in der Vergangenheit. | Genau in dem Moment, in der Zukunft. |

Present continuous (future) oder future continuous?

Wie ich schon oft gesagt habe, ist das present continuous for future für eine Handlung bestimmt, die genau geplant ist. Worin liegt also der Unterschied zwischen dem present continuous und dem future continuous?

Schau dir diese Beispiele an:

1.  TOM: What are you doing tonight?
    TIM: At 10.00 I am playing tennis with John.
    (das Match beginnt um 22 Uhr)

2.  TOM: Can I call you at 10.30?
    TIM: No, I will be playing tennis.
    (um 22.30 werde ich nämlich schon Tennis spielen)

Kurz gesagt: Das present continuous for future betrifft den Beginn einer geplanten Handlung, während das future continuous sich auf einen bestimmten Zeitpunkt bezieht, zu dem die zukünftige Handlung bereits ablaufen wird.

A.  Der **BEJAHTE** Satz

Subjekt + will be + Verb -ing

Tonight at 7, I'll be watching the match.
Heute Abend um 19 Uhr werde ich das Spiel anschauen.

Tonight at 11, I will be packing my bags.
Heute Abend um 23 Uhr werde ich meine Koffer packen.

B.  **FRAGE**satz **(SHORT ANSWER)**

will + Subjekt + be + Verb -ing

JOHN: Will you be cooking dinner, if I return at 6 o'clock?
Wirst du gerade Abendessen kochen, wenn ich um 18 Uhr komme?
CONCY: No, I won't.

JOHN: Will you be waiting for me with a smile when I get home?
Wirst du mich mit einem Lächeln erwarten, wenn ich nach Hause komme?
CONCY: Yes, I will. (Na hoffentlich!)

**C.** Der **VERNEINTE** Satz

Subjekt + will + not + be + Verb -ing

If you arrive at 5 p.m., I won't be working.
Wenn du um 17 Uhr kommst, werde ich nicht arbeiten.

At 7 I'll be watching the match, so I won't be available to go out.
Um 19 Uhr werde ich das Spiel anschauen, also kann ich nicht ausgehen.

## Magic word: SO

Dieses Wort ist im Englischen wirklich allgegenwärtig!

1. **NA (UND)?**

DANY: I'm going to the gym. (Ich gehe jetzt ins Fitnessstudio.)
SARA: So? (Na und?)
DANY: Nothing, I'm just telling you. (Nichts, ich sage es dir nur.)

JULIAN: You went to Roger's house last night. (Du bist gestern Abend zu Roger gegangen.)
JULIA: So? (Na und?)

JAKE: So, are we ready? (Na, seid ihr bereit?)
ALLE: Neiiiin!

2. **SO (DERART, SO SEHR)**

   It is so cold outside. (Es ist so kalt draußen.)

   Why are you so stupid? (Warum bist du so dumm?)

   It's so expensive in London! (London ist derart teuer!)

3. **SO (ES IST WAHR, ES STIMMT)**

   Tell me it isn't so! (Sag mir, dass das nicht wahr ist!)

   It is always so. (Es ist immer so.)

   Does he like me? I don't think so. (Gefalle ich ihm? Ich glaube nicht, dass das der Fall ist.)

4. **ALSO (FOLGLICH)**

   She said I'm not a man, so I told my mummy.
   (Sie hat gesagt, ich sei kein Mann, also habe ich es meiner Mama gesagt.)

   I didn't have any money, so I stayed at home.
   (Ich hatte kein Geld, also bin ich zuhause geblieben.)

   I couldn't find my keys, so I slept in the garden.
   (Ich konnte meine Schlüssel nicht finden, also habe ich im Garten geschlafen.)

5. **DAMIT, UM ZU (SO THAT)**

   I put in a password so that Concy can't look at my facebook.
   (Ich habe ein Passwort eingerichtet, damit Concy sich meine Facebook-Seite nicht anschauen kann.)

   I went to the restaurant so that I could eat well.
   (Ich ging ins Restaurant, um gut zu essen.)

   Speak English so that I can understand you.
   (Sprich Englisch, damit ich dich verstehen kann.)

# FUTURE FORMS

## EXERCISE n. 9

So, jetzt bist du an der Reihe herauszufinden, wo du so benötigst.

### WORDS YOU WILL NEED

es reicht!            that's enough!

HARRY: Du verlässt mich also? Sag mir, dass das nicht wahr ist. ........................................

........................................

DEBS: Das stimmt nicht. Ich gehe in Urlaub, um zu erkennen, was ich vom Leben will.

........................................

HARRY: Du bist so geheimnisvoll... ........................................

........................................

DEBS: Warum sagst du das?........................................

........................................

HARRY: Ich weiß nie, wann du gehst und wann du wiederkommst. ........................................

........................................

DEBS: ... ........................................

........................................

HARRY: Debs? ........................................

........................................

DEBS: ... ........................................

........................................

HARRY: Das reicht jetzt! ........................................

........................................

Die andere Anwendungsmöglichkeit für das future continuous ist, wenn etwas in der unmittelbaren Zukunft stattfindet. In diesem Fall kann man es auch anstelle des present continuous for future verwenden, da es den Beginn einer bevorstehenden Handlung bezeichnet. Ein paar Beispiele:

The train will be leaving at 10.
The train is leaving at 10.

The match will be starting one hour late.
The match is starting one hour late.

The cook will be serving chicken at 7.
The cook is serving chicken at 7.

# FUTURE FORMS

## EXERCISE n. 10

An dieser Stelle ist es wieder einmal an der Zeit zu testen, ob du alles verstanden hast. Dazu habe ich diese kleine Geschichte für dich.

### WORDS YOU WILL NEED

| | |
|---|---|
| Aufführung | play |
| Muskel- | muscular |

TOM: Die Aufführung heute Abend beginnt um 21 Uhr. ............................................

.........................................................................................................................

SARA: Wer spielt (perform) in der Aufführung mit? ...............................................

TOM: Ich. ........................................................................................................

SARA: Das kannst du nicht! ..............................................................................

TOM: Warum? ..................................................................................................

SARA: Weil du mich um 21.15 ins Fitnessstudio bringen musst. ............................

.........................................................................................................................

Tᴏᴍ:  Ruf mich nicht an, weil ich spielen werde, du wirst also nicht ins Studio gehen, du wirst kommen, um mich bei der Aufführung zu sehen. .....................................

.............................................................................................................................................

Sᴀʀᴀ: Ich kann um 21 Uhr nicht kommen, weil ich im Bad sein werde, um mich fürs Studio zu richten. (prepare) ........................................................................

.............................................................................................................................................

Tᴏᴍ: Hör mal, die Aufführung ist um 23 Uhr zu Ende; ich hole dich vom Fitnessstudio ab, okay (gerade beschlossen)? ..........................................................

.............................................................................................................................................

Sᴀʀᴀ: Nein, komm nicht, weil ich mit Richard nach Hause gehen werde. ........................

.............................................................................................................................................

Tᴏᴍ: Wer ist Richard? ....................................................................................................

.............................................................................................................................................

Sᴀʀᴀ: Der Muskelmann, der mich nach Hause bringt, weil du nicht da sein wirst! ........

.............................................................................................................................................

.............................................................................................................................................

# The Perfect Mix        1.2.4

Bist du bereit? Wir erledigen jetzt nämlich sämtliche perfect-Zeiten, die wir noch nicht behandelt haben, auf einen Schlag:

Future perfect, past perfect, future perfect continuous und past perfect continuous.

Das Geheimnis liegt darin, zuerst das present perfect und das present perfect continuous richtig zu verstehen. Die anderen Zeiten sind dann ein Kinderspiel, glaub mir! Betrachte das Ganze also als ein Spiel und entspanne dich: Im Grunde genommen, geht es auch ohne diese perfect-Zeiten. Wenn du sie kennst, verleihen sie aber deinem Englisch Flügel. 🙂

Du und ich, wir beide haben einen großen Vorteil, hast du das gemerkt? Ich kann Englisch und du kannst Deutsch – wir brauchen also keine langen und komplizierten Tabellen... Nein, nein, wir machen etwas ganz Anderes, schau:

| PAST PERFECT | PRESENT PERFECT | FUTURE PERFECT |
|---|---|---|
| I had eaten a hamburger. | I have eaten a hamburger. | I will have eaten a hamburger. |
| Ich hatte einen Hamburger gegessen. Ich war also satt und bin nicht ins Schwimmbad gegangen. | Ich habe einen Hamburger gegessen, und jetzt geht es mir gut. | Ich werde einen Hamburger essen, bevor ich ankomme. Es wird mir also gut gehen, und ich werde nicht kochen müssen. |

Hast du das gesehen? Eigentlich haben wir nur das present perfect ins Futur und dann in die Vergangenheit gesetzt.

- Beim future perfect sprechen wir von einer Handlung, die in dem Moment, um den es geht, schon abgeschlossen ist (wenn ich komme).
- Auch beim past pefect beziehen wir uns auf eine Handlung, die bereits in dem Moment abgeschlossen ist, um den es geht – in der Vergangenheit.

In all diesen Fällen bezieht man sich auf ein Ereignis, das in einem bestimmten Augenblick stattgefunden hat, und auf dessen Folgen!

"Ich habe" wird zu "ich werde haben" oder "ich hatte": easy!

Was ändert sich also im Satz?
Lediglich das Hilfsverb! (der Verkehrspolizist)

Um das Futur zu bilden, haben wir WILL hinzugefügt.
Um das past perfect zu bilden, haben wir lediglich HAVE durch HAD ersetzt!

Gebildet werden das present perfect continuous und das past perfect continuous ebenfalls GENAU wie das present perfect! Schau dir das bitte an:

A. **Present perfect continuous**

> I **have** been working there for two years.
> Ich arbeite seit zwei Jahren dort.

B. **Future perfect continuous**

> I will have been working there for two years.
> Ich werde seit zwei Jahren dort gearbeitet haben.

# THE PERFECT MIX

### C. Past perfect continuous

I **had** been working there for two years.
Ich hatte seit zwei Jahren dort gearbeitet.

Was ändert sich also im Satz? Lediglich das Hilfsverb! (der Verkehrspolizist)

Wenn dir das nicht klar ist, schau dir nochmals die Erklärung für das present perfect continuous an. Du wirst sehen, dass du lediglich die Aussage ins Futur oder in die Vergangenheit verschoben hast – die Regel bleibt dieselbe.

I have been working here for two years. (Ich arbeite seit zwei Jahren hier.)

In December, I will have been working here for three years. (Im Dezember werde ich (seit) drei Jahre(n) hier gearbeitet haben.)

Before I came here, I had been working in an English publishing house for one year. Bevor ich hierher kam, hatte ich ein Jahr lang bei einem englischen Verlag gearbeitet.

## Magic word: NEVER & EVER

In Verbindung mit dem present perfect und dem past perfect verwenden wir Engländer sehr häufig NEVER und EVER (niemals).

1. **EVER**

    verwendet man in Fragesätzen und verneinten Sätzen wie diesen:

    Have you ever been to Sicily? (Warst du jemals in Sizilien?)
    I hadn't ever seen a shark before. (Ich hatte niemals zuvor einen Hai gesehen.)

2. **NEVER**

    bedeutet "niemals zuvor", also eigentlich not... ever:

    I had never eaten English food, before, but now I know it's great. (Ich hatte nie zuvor englisches Essen gegessen, aber jetzt weiß ich, dass es großartig schmeckt.)
    I have never worn a watch. (Ich habe noch nie eine Uhr getragen.)

    Achtung: NEVER und EVER stehen immer vor dem Hauptverb.

My friend, mach dir doch jetzt bitte ein Tässchen Tee oder Kaffee – was dir lieber ist...
Entspanne dich, lass dir das Gelernte nochmals durch den Kopf gehen und dann... stürze dich auf diese Übung!

# THE PERFECT MIX

Jetzt kommt eine Geschichte mit allen perfect verbs für dich...

## ÜBERSETZEN WIR!

### WORDS YOU WILL NEED

| | | | |
|---|---|---|---|
| den Koffer packen | to pack (bags) | bemerken | notice |
| verabschieden | to say goodbye | Animateur | animator |

### ÄGYPTEN

JAKE: Ich gehe nach Ägypten.
HANNAH: Ich war schon in Ägypten; es ist schön.
JAKE: Ich war dreimal dort, und mir gefällt es nicht.
HANNAH: Na warum gehst du dann dorthin?
JAKE: Weil ich arbeiten muss.
HANNAH: Was machst du?
JAKE: Animateur. Ich bin seit fünf Jahren Animateur. Ich reise morgen ab.
HANNAH: Heute Abend um 21 Uhr komme ich, um mich zu verabschieden.
JAKE: 22 Uhr ist besser; um 21 Uhr muss ich meinen Koffer packen.
HANNAH: Nein, um 22 Uhr esse ich mit meiner Mutter... Ich verabschiede mich jetzt von dir.
JAKE: Okay.
HANNAH: Aber zuerst muss ich dir etwas sagen. Erinnerst du dich, wie ich zum ersten Mal in der Kneipe mit dir sprach?
JAKE: Ja.
HANNAH: Es war nicht das erste Mal, dass ich dich gesehen hatte.
JAKE: Wirklich? Ich hatte dich nicht bemerkt.
HANNAH: Ja, und jetzt, wo ich endlich eine Chance habe mit dir zu reden, reist du ab... Aber trotzdem sollst du wissen, dass ich dich liebe und, dass ich dich, als ich dich sah, von der ersten Sekunde an geliebt habe.
JAKE: Ich bin schwul.
HANNAH: Ich auch! (Hannah nimmt die blonde Perücke ab und senkt die Stimme.)
JAKE: Seit wann bist du ein Mann?
HANNAH: Ich wurde als Mann geboren! Und bevor du gehst, sollst du wissen, dass ich dich liebe.
JAKE: Ich reise doch nicht ab! Küss mich!

# Magic word: NOTICE

1. **BEMERKEN**

   Did you notice the way she walks?
   The bar had closed, but I didn't even notice!
   If you drink too much, she will notice.

2. **PLAKAT/HINWEIS**

   The notice says "No Smoking".
   The notice says "Danger".
   You can't swim here! Read the notice!

3. **(VOR)WARNUNG/VORANKÜNDIGUNG**

   We weren't ready for the attack; there was no notice.
   If you leave the company, you must give 2 weeks' notice.
   In the event of a nuclear attack, we will be given 4 minutes' notice.

## ÜBERSETZEN WIR!

### WORDS YOU WILL NEED

| | |
|---|---|
| Erfahrungen | experience (unzählbar) |
| meinen | to mean |
| von vorne beginnen | to begin again |
| feuern, rausschmeißen | to sack (USA: to sack/to fire) |
| qualifiziert | qualified |
| scheinen | to seem |
| außereheliche Beziehung | extra-marital affair |

### VORSTELLUNGSGESPRÄCH

Boss: Erzählen Sie mir von Ihren Erfahrungen.
Ian: Ich hatte als Student viele Frauen.
Boss: Nein! Ich meine Ihre Berufserfahrungen.
Ian: Warum, sind Frauen keine Arbeit?
Boss: Beginnen wir von vorne, ja?
Ian: Ja.

Boss: Erzählen Sie mir von Ihrer Berufserfahrung.
Ian: Ich habe gerade aufgehört, für die Telekom zu arbeiten. Nachdem ich vier Jahre dort arbeitete, haben sie mich gefeuert.
Boss: Warum?
Ian: Immer Probleme mit Frauen.
Boss: Okay.
Ian: Vor der Telekom habe ich drei Jahre lang bei Microshift gearbeitet, ich war also schon qualifiziert.
Boss: Sie wirken müde.
Ian: Ich hatte einen schweren Tag.
Boss: Was haben Sie heute gemacht?
Ian: Ich bin seit heute Morgen auf Jobsuche.
Boss: Wo haben sie bisher gesucht?
Ian: Überall.
Boss: Warum wurden Sie bei der Telekom gefeuert?
Ian: Ich hatte eine außereheliche Beziehung am Arbeitsplatz, aber dann hat ihr Mann das herausgefunden.
Boss: Und wurde sie auch gefeuert?
Ian: Nein, sie war mein Chef, sie ist diejenige, die mich gefeuert hat!
Boss: Mann, was für schöne Augen Sie haben.
Ian: Nein, bitte nicht, liebe Frau, ich habe aus der Erfahrung gelernt!

# THE PERFECT MIX

## ÜBERSETZEN WIR!

### WORDS YOU WILL NEED

| | |
|---|---|
| Krieg | war |
| verpassen | to miss |
| Ruhm | glory |
| ruhmreich | glorious |
| Sieg | victory |
| hoffen | to hope |

### LEKTIONEN DES LEBENS

GRANDAD: Dieses Jahr an Weihnachten werden es 70 Jahre, seit der Krieg zu Ende ist.
GRANDSON: Wow.
GRANDAD: Ja, der Krieg begann 1940.
GRANDSON: Begann er nicht 1939?
GRANDAD: Ja, aber ich habe das Schiff nach Frankreich verpasst, deshalb begann er für mich 1940.
GRANDSON: Was?
GRANDAD: Ich dachte, ich müsse die Fahrkarte kaufen... stattdessen haben sie uns kostenlos hingebracht.
GRANDSON: Okay, aber der Krieg begann 1939.
GRANDAD: Ja, aber wir erwarteten ihn seit 1933... seit es Hitler gab...
GRANDSON: Opa, du redest seit gestern vom Krieg... ist alles okay?
GRANDAD: Ich rede seit gestern vom Krieg, aber ich denke an ihn, seit er zu Ende ist.
GRANDSON: Aber du redest vom Ruhm des Sieges!
GRANDSON: Junge, es gibt niemals Ruhm oder Sieg, wenn Brüder, Väter und Söhne, Brüder, Väter und Söhne töten. Da gibt es nur Schande. Für jeden. Wenn das Ruhm ist, dann hoffe ich, dass du niemals ruhmreich sein wirst.

## ÜBERSETZEN WIR!

### WORDS YOU WILL NEED

| | |
|---|---|
| aushalten | to put up with (phrasal verb) |
| fehlen | to miss |
| was fehlt? | what's missing |

### PERFEKT

BILL: Was fehlt in diesem perfect mix quiz?

BOB: Das future perfect continuous... aber das ist sehr selten.

BILL: Okay, nächstes Jahr werde ich es zehn Jahre mit dir ausgehalten haben.

BOB: War es nötig, dass du mich beleidigst?

BILL: Ja.

BOB: Wie viel Bier hast du heute getrunken?

BILL: Ich habe drei getrunken, aber bis Mitternacht werde ich sechs getrunken haben, und dann werde ich dir sagen, was ich wirklich denke; du bist gewarnt worden.

# STEP 3

# More Question Words Master

Und noch mehr Fragen... **WER, WAS, WO, WIE, WANN, WARUM?** In *Instant English* haben wir viel über question words geredet, und ich bin mir sicher, du beherrschst sie im Schlaf. Da sie aber so wichtig sind, möchte ich sie auf die Schnelle wiederholen.

WHO? WER?
Who is Clive?
Wer ist Clive?

WHOM?
Wurde in der Vergangenheit viel verwendet, mit derselben Bedeutung wie WHO, aber als Objekt. Heute sagt das keiner mehr, also... "bleib bei who – das ist besser!".

WHAT? WAS?
What are you doing?
Was tust du da?

WHERE? WO?
Where do you come from?
Woher kommst du?

HOW? WIE?
How are you?
Wie geht's?

WHEN? WANN?
When did you move to Berlin?
Wann bist du nach Berlin gezogen?

WHICH? WELCHE/R/S
Which car do you prefer?
Welches Auto ist dir lieber?

Gut, machen wir also weiter und schauen uns die wichtigsten question words an. Dann "füttere" ich dich mit Übungsmaterial, damit du trainieren kannst. Nur wenn du die question words anwendest, lernst du sie auch.

# 1. **HOW** (WIE?)

### How + adjective (wie + Adjektiv)

In *Instant English* haben wir Fragen mit HOW behandelt. Dieses Fragewort steht oft in Verbindung mit einem Adjektiv. Du bittest damit jemanden, etwas in Zahlen auszudrücken.

Mit How old? und How much? kennst du das schon; hier findest du weitere Beispiele:

How tall is the Empire State Building?
Wie hoch ist das Empire State Building?

How far is Venice?
Wie weit entfernt ist Venedig?

How long is the River Nile?
Wie lang ist der Nil?

How high is the highest mountain in England?
Wie hoch ist der höchste Berg Englands?

How deep is the Atlantic Ocean?
Wie tief ist der Atlantik?

How big is your house?
Wie groß ist dein Haus?

How early do you get to work?
Wörtlich: Wie früh kommst du zur Arbeit?
Frei übersetzt: Um wie viel Uhr kommst du zur Arbeit?

How late do Spanish people eat?
Wörtlich: Wie spät essen die Spanier?
Frei übersetzt: Um wie viel Uhr essen die Spanier?

Und so weiter... Du kannst ein beliebiges Adjektiv nehmen und neue Fragen bilden –
und zwar nicht nur mit Adjektiven, sondern auch mit Adverbien.

**How + adverb (wie + Adverb)**

How often does your sister go to the cinema?
Wie oft geht deine Schwester ins Kino?

How fast can you run?
Wie schnell kannst du rennen?

How deeply do you sleep?
Wie tief schläfst du?

How loudly does your husband snore?
Wie laut schnarcht dein Mann?

How well does your son play the violin?
Wie gut spielt dein Sohn Violine?

# 2. **WHO & WHOSE** (WER? & WESSEN?)

WHOSE verwendet man, um zu fragen, wem etwas gehört. Übersetzt wird es mit
**"wessen?"**. Auf whose folgt in solch einer Frage in der Regel ein Verb oder ein Substantiv.

Whose is that jumper?
Wessen Pullover ist das?

oder

Whose jumper is this?
Wessen Pullover ist das?

Whose are these sweets?
Wessen Bonbons sind das?

oder

Whose sweets are these?

**WHOSE or WHO'S?** Auch uns Engländern unterlaufen bei diesen beiden Wörtern Fehler – das soll aber nicht als Ausrede für dich dienen! ☺

Das Problem besteht darin, dass die Aussprache von whose und who's identisch ist. So kann es passieren, dass du dich für die falsche Schreibweise entscheidest. Aber Vorsicht: Die Bedeutung ist nicht dieselbe.

WHOSE zeigt einen Besitz an und bedeutet **"von jemandem"**.

WHO'S ist die Kurzform von WHO IS (wer ist?) oder von WHO HAS (wer hat?):

Whose is that jacket? (NICHT: Who's is that jacket?)
Wessen Jacke ist das?

## DESSEN/DEREN

Dann gibt es da noch unser **"dessen/deren"** – das ist etwas komplizierter. Die gute Nachricht: Du hast die Wahl zwischen zwei Möglichkeiten – du musst es also nicht gleich anwenden... Nimm zum Beispiel diesen Satz:

Das ist Sara, deren Tochter mit mir zusammenarbeitet.

Auf Englisch hieße dieser Satz so:

1. That is Sara, WHOSE daughter works with me.

   (**deren** Tochter – also Saras Tochter – mit mir zusammenarbeitet)

Man könnte aber auch sagen:

2. That is Sara. Her daughter works with me.

Worin besteht der Unterschied? Schauen wir uns das im Deutschen an:

1. Das ist Sara, **deren** Tochter mit mir zusammenarbeitet. (whose)

2. Das ist Sara. **Ihre** Tochter arbeitet mit mir zusammen. (her)

That is Suzie, whose sister walks like a drunk duck. (Nicht jeder ist in der Lage, auf High Heels zu gehen!)
Das ist Suzie, **deren** (whose) Schwester wie eine betrunkene Ente geht (Suzies Schwester, besitzanzeigend).

OR

That is Suzie. Her sister walks like a drunk duck.

Konzentrieren wir uns jetzt aber noch einmal auf WHOSE.

He is with the man whose pub never closes. (Ein echter Heiliger!)
Er ist bei dem Mann, dessen Kneipe nie schließt! (die Kneipe befindet sich im Besitz dieses "heiligen" Mannes).

Who's seen the new film with Michael Fassbender? (Who has seen)
Wer hat den neuen Film mit Michael Fassbender gesehen?

## MORE QUESTION WORDS MASTER

Who's there? (Who is)
Wer ist da?
That is Paul, whose shop sells shoes.
Hier ist Paul, in **dessen** Laden Schuhe verkauft werden.

Hast du den Unterschied verstanden? Schauen wir mal...

### EXERCISE n. 11

Übersetze jetzt bitte die folgenden Sätze und verwende dabei WHOSE oder WHO'S.

| WORDS YOU WILL NEED | |
| --- | --- |
| Chef | boss |
| Schuld | fault |
| Geburtstag | birthday |
| Spieler (Fußball) | footballer (USA: soccer player) |
| Füße | feet (Einzahl: foot) |
| Auto | auto, car |
| liegenbleiben (Auto) | to break down |
| Gitarre | guitar |

1. Das ist Mark, der der Chef ist. .............................................................

2. Wessen Schuld ist es? .............................................................

3. Wer hat meinen Apfel gegessen? .............................................................

4. Das ist Molly, deren Geburtstag gestern war. .............................................................

5. Du bist derjenige, der nie gearbeitet hat. .............................................................

6. Wer ist der Spieler, der immer fällt? .............................................................

7. Wessen Füße sind das? (besser man schläft alleine) .............................................................

8. Ich bin der Mann, dessen Auto immer liegenbleibt. .............................................................

9. Wer ist glücklich? .............................................................

10. Wer hat meine Gitarre? .............................................................

# 3. **WHY** (WARUM?)

Kommen wir zur nächsten Frage: WHY?

Mit why geht man einer Sache auf den Grund. Ich persönlich brauche dieses Wort häufig, seit ich in Italien lebe...

Why is it so hot?
Warum ist es so heiß?

Why does everyone in Europe drive on the wrong side of the road?
Warum fahren in Europa alle auf der falschen Straßenseite?

Why are they clapping the pilot?
Warum applaudieren sie dem Piloten?

Why don't the cars stop when I wait at the zebra crossing? (USA: cross walk)
Warum halten die Autos nicht an, wenn ich am Zebrastreifen warte?

Why does it take so long to get served in the post office?
Warum dauert es so lange, bis man in der Post/im Postamt bedient wird?

Wie das deutsche "warum", verwendest du im Englischen why, um eine Ursache zu erklären. In diesem Fall ist der Satz zwar keine Frage, aber du leitest ihn dennoch mit why ein:

That's the reason WHY I was running so fast.
Das ist der Grund, warum ich so schnell lief.

## EXERCISE n. 12

Verwende bitte die Fragewörter: How? (Wie?) Why? (Warum?) When? (Wann?) What? (Was?) Who? (Wer?) Where? (Wo?).

**WORDS YOU WILL NEED**

| | |
|---|---|
| Arbeit (in diesem Kontext) | job |
| Stelle (in diesem Kontext) | job |
| Kuchen | cake/s or pie/s (beides sehr lecker!) |

1. Wie geht's deiner Mutter?.................................................................................
2. Wie war diese Arbeit?.....................................................................................
3. Wie wird die neue Stelle sein?.........................................................................
4. Mit wem warst du gestern zusammen?.............................................................
5. Wer wird morgen mit ihr zusammen sein?..........................................................
6. Wessen Jacke ist das?....................................................................................
7. Warum warst du gestern nicht mit mir zusammen?.............................................
8. Warum bist du zuhause?.................................................................................
9. Warum bist du morgen nicht da?......................................................................
10. Warum bin ich hier?.......................................................................................
11. Was hast du gesagt?......................................................................................
12. Was wollten sie?............................................................................................
13. Was machen wir morgen?...............................................................................
14. Was willst du?!..............................................................................................
15. Wann bist du gekommen?...............................................................................
16. Wann sind wir da und wohin gehen wir?...........................................................
17. Wo bist du?..................................................................................................
18. Wo warst du gestern?....................................................................................
19. Wo wirst du morgen sein?...............................................................................
20. Wo bist du, wann gehst du in die Kneipe und mit wem?......................................
................................................................................................................
21. Wer war der große und dumme Mann?.............................................................
................................................................................................................
22. Wo war Stevens Fahrrad?...............................................................................
23. Wer benutzt Garys Auto?................................................................................
................................................................................................................
24. Wie sind Omas Kuchen?.................................................................................
25. Wo wirst du im September sein?......................................................................

# 4. **WHAT & WHICH** (WAS? & WELCHE/R/S?)

Diese beiden sind sowohl Relativ- als auch Interrogativpronomen. Werden sie in einer Frage verwendet, unterscheiden sie sich dadurch, dass WHAT für eine unbegrenzte Auswahl steht, während WHICH sich auf eine begrenzte Auswahl an Dingen oder Personen bezieht.

Which car is yours? (Es sind vier Autos da.)

What car do you drive? (Es gibt Tausende von Autotypen... dein Auto ist eines aus dieser unbestimmten Menge.)

Which one is your name? (Es stehen zwei Namen da.)

What is your name? (Es gibt unendlich viele Namen.)

Warum? Welcher? Was? Wer? Wann? Schau dir bitte dieses Beispiel an...

ME: What happened?
CONCY: (buuuh) You touched another woman!
ME: Who?
CONCY: The blonde woman in the bar!
ME: When?
CONCY: At 10:15 this morning in a bar!
ME: What? I was helping her get up! She fell down.
CONCY: You were not helping her, you were molesting her!
ME: Why don't you believe me?
CONCY: Because you are a man! And I know you love her.
ME: I love who?
CONCY: The woman in the bar! Your secret lover!
ME: What secret lover?
CONCY: I can't say her name.
ME: Why?
CONCY: Because it's a secret!!

Das ist nicht nur irgendeine Geschichte. Concy ist wirklich so verrückt! Ich weiß, du hälst es nicht mehr länger aus und kannst es kaum erwarten... zu übersetzen! Jaaaa...

## ÜBERSETZEN WIR!

Hier kommt sie – eine Geschichte ganz für dich allein.

### WORDS YOU WILL NEED

anheben                                 to lift (up)

### DIALOG ZWISCHEN EINEM POLIZISTEN UND EINEM VERDÄCHTIGEN

Der Verdächtige ist ein betrunkener Schotte (BS), dem vorgeworfen wird, seinen Schottenrock angehoben und sein Hinterteil gezeigt zu haben. Er wird von einem Polizisten (P) befragt.

**ACHTUNG:** Du musst wissen, dass die Engländer und die Schotten sich gerne gegenseitig auf die Schippe nehmen, ohne dass sie das böse meinen.

P: Wo waren Sie heute Abend?
BS: In einer Kneipe.
P: Welche Kneipe?
BS: Die mit dem vielen Whiskey.
P: Warum diese Kneipe?
BS: Weil es dort viel Whiskey gab.
P: Mit wem waren Sie dort?
BS: Mit einem Freund.
P: Wann sind Sie gegangen?
BS: Ich weiß nicht... wann haben sie geschlossen?
P: Was haben Sie nach dem Pub gemacht?
BS: Ich habe meinen Kilt vor 3 Frauen angehoben!

Und der schlaue Polizist hat den armen Schotten vor den Richter gebracht....
Dort sitzt er nun mit seinen Fragen, die du übersetzen darfst:
Warum bin ich hier? Wo kann ich meinen Kilt anheben?
Was macht ihr mit mir? In welcher Kneipe kann ich ihn anheben und wann?
Wer möchte mich in Aktion sehen?

# IF Sentences 1.3.2

In *Instant English* hast du ja viel über IF gelernt, erinnerst du dich? Das ist ja nur ein kleines Wörtchen, aber es kann dich ganz schön in die Irre führen!

Wiederholen wir also die vier IF-Formen kurz und sehen uns bei der Gelegenheit ein paar neue Situationen an. Und dann... gibt es Übungen, damit du das Gelernte anwenden kannst!! Du weißt ja sicher noch, dass IF im Deutschen "**WENN**" bedeutet – es leitet also ein Element der Unsicherheit ein. Bei den ersten beiden Anwendungsmöglichkeiten ist lediglich die Wahrscheinlichkeit ausschlaggebend, und damit hat es sich schon!

## 1. **FIRST USE** (REALE MÖGLICHKEIT)

In diesem Fall steht IF für eine reale Möglichkeit. Das heißt, es ist möglich, dass ein bestimmtes Ereignis eintritt, aber sicher ist das nicht. Denk daran, dass im IF-Satz (reale Möglichkeit) das present simple (NICHT das Futur!) steht:

> IF* + PRESENT SIMPLE + WILL

> If I go to Berlin, I will visit the Berlin Wall.
> Wenn ich nach Berlin gehe, besichtige ich die Mauer.

> Will my friends eat snails if we cook them?
> Werden meine Freunde Schnecken essen, wenn wir welche kochen?

> If she doesn't call, I will stay at home.
> Wenn sie nicht anruft, bleibe ich zuhause.

### * UNLESS/IN CASE

Wie du auch im Deutschen nicht immer "WENN" sagst, sagen wir Engländer nicht nur IF... Manchmal ersetzen wir es durch "es sei denn, dass" (UNLESS) oder "falls" (IN CASE).

> UNLESS = IF + NOT (wenn nicht, es sei denn, dass...)

I'll come next week, unless the weather gets worse.
Ich komme nächste Woche, wenn das Wetter nicht schlechter wird/es sei denn, das Wetter wird schlechter.

**IN CASE** = BECAUSE OF THE POSSIBILITY (wenn die Möglichkeit besteht/ falls...)

I'll buy lots of wine in case Joe comes for dinner.
Ich kaufe viel Wein, falls Joe zum Abendessen kommt.

# 2. **SECOND USE** (REINE HYPOTHESE)

In diesem Fall leitet IF eine reine Hypothese ein: Man verwendet es, wenn es sehr unwahrscheinlich oder gar unmöglich ist, dass ein bestimmtes Ereignis eintritt. Denk daran, dass im IF-Satz (reine Hypothese) das past simple (NICHT das Futur oder das Präsens!) steht:

**IF** + PAST SIMPLE + WOULD

If I had money, I'd (I would) buy a car.
Wenn ich Geld hätte, würde ich ein Auto kaufen.

Would you buy me a car if you won the lottery?
Würdest du mir ein Auto kaufen, wenn du im Lotto gewännest.
(es ist unwahrscheinlich, dass du im Lotto gewinnst!)

If you liked me, you would go out with me.
Wenn ich dir gefiele, würdest du mit mir ausgehen.

# 3. **THIRD USE** (IF IN DER VERGANGENHEIT)

Das dritte IF bezieht sich auf etwas, das in der Vergangenheit hätte geschehen können, aber nicht eingetreten ist. Diese Form ist ein bisschen kompliziert, aber wenn wir sie Schritt für Schritt unter die Lupe nehmen, dann wird es ganz einfach... Außerdem wird dieses IF am seltensten von allen gebraucht... so, relax!

**IF** + PAST PERFECT + WOULD + PRESENT PERFECT

If I had listened to my mother, I wouldn't have moved to Italy.
Wenn ich auf meine Mutter gehört hätte, wäre ich nicht nach Italien gezogen.

Would you have eaten that dish if you had known there were frogs in it?
Hättest du dieses Gericht gegessen, wenn du gewusst hättest, dass es Frösche enthält?

He wouldn't have met his wife if he hadn't gone to the cinema.
Er hätte seine Frau nicht getroffen, wenn er nicht ins Kino gegangen wäre.

# 4. **CONDITIONAL 0** (OHNE) **IF** & **WHEN**

Beim letzten IF geht es im Prinzip um eine allgemeine Wahrheit. Hier beziehen wir uns nicht auf die Zukunft oder die Vergangenheit, sondern machen eine allgemein-gültige Aussage.

**IF/WHEN** + PRESENT SIMPLE + PRESENT SIMPLE

If it rains, you get wet.
Wenn es regnet, wird man nass.

When it rains, I take my umbrella.
Wenn es regnet, nehme ich meinen Schirm.

If you don't eat vegetables, you don't get your vitamins.
Wenn du kein Gemüse isst, nimmst du keine Vitamine zu dir.

When you drink wine, you say stupid things.
Wenn du Wein trinkst, redest du dummes Zeug.

When the fridge is empty, I go to the supermarket.
Wenn der Kühlschrank leer ist, gehe ich zum Supermarkt.

**Ein paar Beispiele für IF1 und IF2:**

JOHANNES: IF I **go** to the party, I **will** take my friend. (**IF 1**)
Wenn ich zu der Party gehe, dann nehme ich meinen Freund mit.
Bei diesem Satz besteht eine reale Möglichkeit, dass Johannes zur Party geht.

TOMMY: If I **went** to the party, I **would** take my friend. (**IF 2**)
Wenn ich zur Party ginge, würde ich meinen Freund mitnehmen.
Hier ist klar, dass Tommy nicht die Absicht hat, zur Party zu gehen. Er möchte lediglich sagen, dass er im Falle eines Falles einen Freund mitbringen würde.

**IF 1 & IF 2:** Hast du bemerkt, dass der Satz gleichbleibt? Es ändert sich lediglich das Hauptverb. Steht das Verb im Präsens, dann besteht die reale Möglichkeit, steht es in der Vergangenheit (+ Konditional), handelt es sich um eine reine Hypothese.

JOHANNES: If I find a ticket, I will go to Allianz Arena this evening. (**IF 1**)
Wenn ich eine Karte auftreibe, gehe ich heute Abend in die Allianz Arena.

FLORIAN: Wenn ich eine Karte hätte, käme ich mit dir (**IF 2** reine Hypothese, er hat keine Karte.)

CAROL: If you help me, I will finish this cake.
Carol: Wenn du mir hilfst, werde ich mit diesem Kuchen fertig (für sie besteht die Möglichkeit, dass Mike ihr hilft.)

MIKE: If I helped you, I would vomit!
Wenn ich dir helfen würde, müsste ich mich übergeben (Mike hat nicht die Absicht, ihr zu helfen, weil es ihm sonst übel würde.)

Ein paar Beispiele für **IF3**:

JENNY: If I **had had** the opportunity, I **would have married** him. (**IF 3**)
Wenn ich die Möglichkeit gehabt hätte, hätte ich ihn geheiratet.
In diesem Fall besteht die Möglichkeit ganz offensichtlich nicht mehr. Der Zug ist abgefahren, und Jenny hat ihn verpasst.

# IF SENTENCES

Das dritte IF (Vergangenheit) betrifft ein Ereignis in der Vergangenheit, das sich nicht mehr ändern lässt. Es drückt aus, was du gemacht hättest – oder wie du das getan hättest, wenn du noch einmal zurück könntest. So ein Satz ist komplizierter zu bilden:

Wenn ich gewusst hätte, dass du dort bist, wäre ich geblieben.
If I **had known** (past participle von to know: know-knew-known) you were there, I would have stayed (past participle again).

Fassen wir noch einmal zusammen: Der englische Zuhörer achtet, wenn er ein IF hört, sehr genau auf das Tempus des Hauptverbs. So erkennt er, ob das Gehörte Realität ist oder nicht... und wenn er HAD hört, dann reist sein Gehirn in die Vergangenheit.

Und wenn ein **IF 3** - Satz HAD als Vergangenheitsform von haben enthält? Schau dir dieses Beispiel an:

Wenn ich Geld gehabt hätte, wäre ich gekommen.
If I had had money, I would have come.

## ÜBERSETZEN WIR!

### WORDS YOU WILL NEED

| | |
|---|---|
| Bauernhof | farm |
| schlimmer | worse |
| einkaufen | to go shopping |
| nutzen | to use |
| erschrecken | to scare |

**John (J) und Concy (C)**

C: Wenn du mich liebst, komm jetzt mit mir einkaufen.
J: Wenn du mich liebst, frag mich nicht wieder.
C: Wenn du kommst, rede ich einen Monat lang nichts mehr.
J: Gehen wir!

**Die Landwirte Hans und Franz**

H: Wenn dieser Winter kalt ist, wechsle ich den Job.
F: Wenn du den Job wechselst, verkaufst du mir deinen Hof?
H: Nein, weil ich den Hof für Rave-Parties nutzen werde.
F: Wenn du Rave-Parties gibst, erschreckst du die Tiere.
H: Und wenn du den Hof kaufst, ist es schlimmer!

Damit das Ganze etwas lustiger wird, brauchst du in den nächsten IF2 -
Beispielen anstatt WILL COULD (können) und WOULD (Konditional von
wollen).

**Hänsel (H) und Gretel (G)**

H: Wenn du ein neues Auto kaufen würdest, könntest du den Wald meiden.
G: Wenn du ein echter Mann wärst, bräuchte ich das nicht!

**John (J) und Anna (A)**

J: Wenn ich Zeit hätte, würde ich dich ausführen.
A: Wenn ich verzweifelt wäre, würde ich mit dir ausgehen!

## EXERCISE n. 13

Zu guter Letzt:

### WORDS YOU WILL NEED

| | |
|---|---|
| alles geben | give one's all |
| spät | late |
| niemand | no one/nobody |
| alles | everything |
| etwas | something |
| nichts | not anything/nothing |
| rennen | to run |
| schlafen | to sleep |
| regnen | to rain |
| ausgehen | to go out |
| geben | to give |
| zurückkehren | to come back |
| lieben | to love |
| werden | to become |

1. Wenn ich einen Hund sehe, renne ich.
2. Wenn ich schlafe, rede ich.
3. Wenn es regnet, gehe ich aus.
4. Wenn ich liebe, gebe ich alles.
5. Wenn wir ausgehen, kommen wir spät zurück.
6. Wenn keiner in die Kneipe gehen will, bleibe ich zuhause.
7. Wenn ich etwas gegen dich hätte, würde ich nicht mit dir ausgehen.
8. Ich habe nichts im Haus.
9. Wenn ich besser Poker gespielt hätte, wäre ich reich geworden, aber stattdessen habe ich alles verloren!
10. Wenn ich sie sehe, bin ich zufrieden.

## ÜBERSETZEN WIR!

Endlich wieder eine schöne Geschichte zum Übersetzen…

### EIN MANN AM TELEFON

**John:**
Baby, ich weiß nicht, ob du mir vergibst, aber bitte lass mich erklären. Gestern habe ich ein anderes Mädchen geküsst. Es hätte nicht passieren dürfen, aber es ist auch dein Fehler, denn wenn du dort gewesen wärst, hätte ich sie nicht geküsst. Wenn ich die Zeit zurückdrehen könnte, würde ich es tun, aber ich kann nicht. Wenn ich die Zeit zurückdrehen könnte, hätte ich sie nicht geküsst, sondern ich hätte stolz gesagt, dass ich dich liebe.
Meine Mutter hat mir immer gesagt, ich solle keinen Whiskey trinken, wenn viele Frauen um mich herum sind; und wenn ich auf sie gehört hätte, wäre ich nicht wieder allein.
Wenn du willst, kannst du hierher kommen und mir in die Augen schauen, und wenn du mir in die Augen schaust, siehst du, dass das, was ich sage, wahr ist.
Wenn ich ein Auto hätte, würde ich dich weit weg von hier bringen, weißt du das, meine Liebe?
Ich möchte an dein schönes Gesicht denken, aber wenn ich an dich denke, weine ich. Hör zu, ich habe jetzt nichts mehr zu verlieren.
Ich werde dir einen letzten Vorschlag machen:
Wenn du heute Abend zu mir kommst, bringe ich dich auf meinem Pferd fort. Wenn du kommst, baue ich mit meinen eigenen Händen ein Haus nur für uns beide, mitten im Wald.
Wenn du kommst, bleibe ich die ganze Nacht im Wald wach, um dich vor den Wölfen zu schützen, und wenn es regnet, bedecke ich dich mit meinem Körper.
Aber ich weiß, dass du nicht kommst.
Wenn du aber kämest, würde ich dir so schöne Blumenketten machen, dass sie wie Juwelen aussähen.
Ich würde dir mit meinen eigenen Händen Wasser vom Fluss bringen, während du, wie eine Prinzessin, in der Sonne schläfst.

All das, weil ich dich liebe, und wenn du nicht hier bist, bleibt nichts. Würdest du also kommen?
**Mann am Telefon:**
Ich glaube, sie haben sich verwählt, mein Freund.

**John:**
Entschuldigung!

## EXERCISE n.14

JOHN: Wenn du mich nicht geheiratet hättest, wen hättest du geheiratet?
CONCY: Deinen Bruder.
JOHN: Der Ärmste!

CONCY: Was??!
JOHN: Der Ärmste... (denkt schnell nach) der Ärmste, weil er nicht derjenige war, der dich geheiratet hat.

CONCY: Und du? Wenn du mich nicht geheiratet hättest, wen hättest du geheiratet?
JOHN: Niemanden!
CONCY: Was?
JOHN: Weil niemand mit dir zu vergleichen ist.

CONCY: Wenn dich jemand fragt, ob du glücklich bist mit mir, was antwortest du?
JOHN: Ich lache.
CONCY: Warum?!
JOHN: Weil es offensichtlich ist, oder?
CONCY: Wenn ich gedacht hätte, dass es offensichtlich ist, hätte ich dich nicht gefragt...

# Reported Speech          1.3.3

Manchmal erzählt dir jemand etwas und du erzählst das, was du gehört hast, später weiter.

Das ist die **indirekte Rede**.

Die zur Einleitung der indirekten Rede (reported speech) am häufigsten verwendeten Verben sind:

- TO SAY

    She said that she wants to go back to school.

- TO TELL

    My brother told me that our mother is ill.

Natürlich stehen diese Verben in der Vergangenheit!

Es gibt aber eine Reihe von weiteren Verben, wie zum Beispiel:

- TO EXPLAIN (erklären)

    My mechanic explained why the bill was so high.

- TO INSIST (bestehen)

    She insisted that I come with her.

- TO COMPLAIN (sich beschweren)

    She complained that her tea was cold.

# REPORTED SPEECH

* TO WARN (warnen)

  They warned him not to go in that room.

Main statement: I come from Manchester.
Reported statement: He said he came from Manchester.

Ganz einfach, oder? Schauen wir uns weitere Beispiele an:

I'm having a shower.
She said she was having a shower.
Sie sagte, sie dusche gerade.

We lost the match.
They said they had lost the match.
Sie sagten, sie hätten das Spiel verloren.

I've never been to South Africa.
He told me he had never been to South Africa.
Er sagte mir, er sei nie in Südafrika gewesen.

I can play the piano.
She said she could play the piano.
Sie sagte, sie könne Klavier spielen.

I'll see you tomorrow.
She said she would see me tomorrow.
Sie sagte, sie werde mich morgen sehen.

# Passive

# 1.3.4

Es ist an der Zeit, dass wir uns jetzt dem Passiv widmen! Viele meiner Leser haben mich, nachdem sie mit *Instant English* gelernt haben, gefragt, warum ich dem Passiv nicht mehr Platz eingeräumt habe. Die Antwort darauf ist ganz einfach: Ich mag es nicht.

Mir ist das "aktive" Englisch lieber als das "passive", und ich rate ab von Sätzen wie The meeting has been held. Besser du verwendest aktive Sätze wie I held a meeting.

Aber ich will ja nicht so sein – schauen wir uns zusammen das Passiv an!

## 1. **STRUCTURE AND USE**

Das Passiv ist für dich nichts Neues – du kennst es aus dem Deutschen. Anstelle von

Shakespeare schrieb *Hamlet* zwischen 1599 und 1601. (Aktiv)
Shakespeare wrote *Hamlet* between 1599 and 1601.

könntest du auch sagen:

*Hamlet* wurde zwischen 1599 und 1601 geschrieben. (Passiv)
*Hamlet* was written between 1599 and 1601.

Das Objekt des Aktivsatzes wird zum Subjekt des Passivsatzes – im Prinzip also nichts Neues für dich. Das Problem ist nicht das Passiv an sich, sondern wie man es bildet – das wirst du gleich sehen... Widmen wir uns aber zuerst der Theorie.

**WENN** du das Aktiv verwendest, drückst du damit aus, dass das Subjekt des Satzes handelt. Manchmal möchtest du aber vielleicht etwas Anderes betonen, den Schwerpunkt auf das legen, was mit dem Subjekt passiert... Das geschieht zum Beispiel, wenn du das Passiv verwendest.

Im vorherigen Beispiel verwendest du das Passiv, weil in diesem Moment für uns nicht die Tatsache, dass Shakespeare Hamlet geschrieben hat, wichtig ist. Was zählt ist "wann" das Werk geschrieben wurde. Wenn du erwähnen möchtest, wer der Urheber der Handlung ist, dann lautet der Satz so:

*Hamlet* was written between 1599 and 1601 by* Shakespeare.
Hamlet wurde zwischen 1599 und 1601 von Shakespeare geschrieben.

* Um einen Fehler, der vielen unterläuft, zu vermeiden (na, gib's ruhig zu!)…, möchte ich dich daran erinnern, dass "von" in diesem Fall mit BY und nicht mit FROM wiedergegeben wird.

**Bildung der PASSIVFORM:**

to be + Partizip der Vergangenheit

Bis hierher ganz einfach, oder? Aber du weißt ja schon, dass überall eine Falle lauert… Und hier ist sie: Abgesehen davon, dass to be (außer im Futur) nicht im Infinitiv steht, müssen wir es in die passende Zeitform setzen. Deshalb schauen wir uns jetzt das Passiv in allen Zeiten an.

# 2. WITH THE PRESENT TENSES

Wie immer beginnen wir mit dem Einfachsten, dem Präsens.

**A.** PRESENT SIMPLE

Every week, Helen cleans the bathroom.
Helen putzt jede Woche das Bad.

The bathroom is cleaned every week.
Das Bad wird jede Woche geputzt (wenn nötig, kannst du das durch by Helen ergänzen).

Is the bathroom cleaned every week?
Wird das Bad jede Woche geputzt?

Wie diese Beispiele zeigen, wird im Passivsatz the bathroom zum Subjekt. Um das Verb ins Passiv zu setzen, brauchen wir in diesem Fall is (dritte Person Singular von to be, weil das Subjekt in der dritten Person Singular steht) + das past participle. Okay, gehen wir noch schnell die übrigen Zeiten durch – ich weiß, dass du es nicht erwarten kannst, endlich zu üben!

**B.** PRESENT CONTINUOUS

Owen is riding a bike.
Owen fährt mit dem Fahrrad.

Hier musst du aufpassen, denn im present continuous verwendest du to be bereits als Hilfsverb. Du musst also das Hilfsverb aus dem Aktivsatz – in diesem Fall is – beibehalten und das Gerundium von to be hinzufügen.

The bike is being ridden by Owen.
Das Fahrrad wird von Owen gefahren (in diesem Augenblick).

The bike isn't being ridden by Owen.
Das Fahrrad wird nicht von Owen gefahren (ebenfalls in diesem Augenblick).

Is the bike being ridden by Owen?
Wird das Fahrrad von Owen gefahren? (idem)

# 3. **WITH THE PAST TENSES**

Steigern wir nach dem Präsens ein wenig den Schwierigkeitsgrad...

**C.** PAST SIMPLE

George made a cup of tea.
George hat eine Tasse Tee zubereitet.

# PASSIVE

The cup of tea was made by George.
Die Tasse Tee wurde von George zubereitet.

The cup of tea wasn't made by George, it was made by Helen.
Die Tasse Tee wurde nicht von George, sondern von Helen zubereitet.

Was the cup of tea made by George? Yes, it was. (remember, always repeat the auxiliary in the short answer, not the verb, it's the same for passives, too!)
Wurde die Tasse Tee von George zubereitet? Ja. (Weißt du noch – in einer short answer wiederholst du nur das Hilfsverb, nicht das Verb. Dasselbe gilt für das Passiv!)

## D. PAST CONTINUOUS

The shop assistant was consulting with the customer when the roof collapsed.
Die Verkäuferin beriet gerade einen Kunden, als das Dach einbrach.

The customer was being consulted with by the shop assistant when the roof collapsed.
Der Kunde wurde gerade von der Verkäuferin beraten, als das Dach einbrach.

The customer wasn't being consulted with by the shop assistant when the roof collapsed.
Was the customer being consulted with by the shop assistant when the roof collapsed?

## E. PRESENT PERFECT

Somebody has broken the plate.
Jemand hat den Teller zerbrochen.
Hier wird der Passivsatz mit dem Partizip von to be in der Vergangenheit, also been, eingeleitet...

The plate has been broken.
Der Teller wurde zerbrochen.

The plate hasn't been broken.
Der Teller wurde nicht zerbrochen.

Has the plate been broken?
Wurde der Teller zerbrochen?

## F. PAST PERFECT

John had taught many students before he wrote a book.
John hatte viele Schüler unterrichtet, bevor er ein Buch schrieb.

Many students had been taught by John before he wrote a book.
Viele Schüler waren von John unterrichtet worden, bevor er ein Buch schrieb.

Many students hadn't been taught by John before he wrote a book.
Viele Schüler waren nicht von John unterrichtet worden, bevor er ein Buch schrieb.

Had many students been taught by John before he wrote a book?
Waren viele Schüler von John unterrichtet worden, bevor er ein Buch schrieb?

# 4. WITH THE FUTURE TENSES

Präsens, Vergangenheit und nun? Genau! Das Futur...

## G. FUTURE SIMPLE

- WILL

  I'll finish the chapter by 8 p.m.
  Ich werde das Kapitel bis 20 Uhr abschließen.

  The chapter will be finished by 8 p.m.
  Das Kapitel wird bis 20 Uhr abgeschlossen sein.

# PASSIVE

The chapter won't be finished by 8 p.m.
Das Kapitel wird nicht bis 20 Uhr abgeschlossen sein.

Will the chapter be finished by 8 p.m.?
Wird das Kapitel bis 20 Uhr abgeschlossen sein?

- GOING TO

Ron is going to make a Sunday lunch, today.
Ron kocht heute (hat die Absicht) ein Sonntagsessen.

A Sunday lunch is going to be made by Ron, today.
Heute wird ein Sonntagsessen von Ron gekocht.

A Sunday lunch isn't going to be made by Ron, today.
Heute wird kein Sonntagsessen von Ron gekocht.

Is a Sunday lunch going to be made by Ron, today?
Wird heute ein Sonntagsessen von Ron gekocht?

## H. FUTURE PERFECT SIMPLE

They will have completed the report by the deadline.
Sie werden den Bericht fristgerecht fertiggestellt haben.

The report will have been completed by the deadline.
Der Bericht wird fristgerecht fertiggestellt sein.

The report won't have been completed by the deadline.
Der Bericht wird nicht fristgerecht fertiggestellt sein.

Will the report have been completed by the deadline?
Wird der Bericht fristgerecht fertiggestellt sein?

# 5. **WITH THE INFINITIVE**

School students have to take an exam every year.
Schüler müssen jedes Jahr eine Prüfung ablegen.

An exam has to be taken every year.
Eine Prüfung muss jedes Jahr abgelegt werden.

An exam doesn't have to be taken every year.
Eine Prüfung muss nicht jedes Jahr abgelegt werden.

Does an exam have to be taken every year?
Muss jedes Jahr eine Prüfung abgelegt werden?

Okay, genug, genug!!! Ich weiß, dass die folgende Liste ziemlich langweilig ist, aber wenn du sie aufmerksam lernst, wirst du keine Probleme mit dem Passiv mehr haben. Und wir sind noch nicht fertig: Mit den oben genannten Verben bin ich mehr ins Detail gegangen, weil es um die vermutlich am häufigsten gebrauchten Zeiten ging. Jetzt fasse ich einige andere Zeiten kurz zusammen:

| TENSE | AKTIV | PASSIV |
| --- | --- | --- |
| Present perfect continuous | My mum has been doing the housework. | The housework has been being done by my mum. |
| Past perfect continuous | Derek had been writing technical reports for two years before he got sacked. | Technical reports had been being written for two years by Derek before he got sacked. |
| Future continuous | At 8:00 p.m. tonight, I will be watching a film. | At 8:00 p.m. tonight, a film will be being watched. |

Vielleicht ist es aber tatsächlich besser, all diese Zeiten zu vermeiden, weil sie sehr unbeholfen klingen und auch schwer auszusprechen sind. Auch wir Engländer vermeiden sie, wenn es geht.

Soweit zum Passiv also. Wie ich bereits gesagt hatte, ist das überhaupt nicht kompliziert. Es gibt keinerlei Schwierigkeiten und der Satz ist genau wie im Deutschen aufgebaut... Die einzige Schwierigkeit liegt in der Formulierung – deshalb haben wir uns die Passivformen nacheinander genauer angeschaut. Lies sie gut durch und teste mit diesen Übungen dein Wissen.

Aber zuvor noch eine letzte Sache... ein persönlicher Rat von mir: Wenn du die Wahl zwischen passive und active hast, DANN ENTSCHEIDE DICH IMMER FÜR DIE ACTIVE VERBS!

## EXERCISE n. 15

Du darfst nun die folgenden Sätze vom Aktiv ins Passiv umformen – good luck!

### WORDS YOU WILL NEED

| | |
|---|---|
| Erdbeere | strawberry |
| Pudding | pudding |
| Adler | eagle |
| Eis | ice-cream (USA: ice cream) |

1. Nicole is eating my strawberry pudding. ................................................................
   ................................................................

2. They haven't tasted a muffin, yet. ................................................................
   ................................................................

3. Concy will have bought a new dress by tomorrow. ................................................
   ................................................................

4. Nobody has seen an eagle there. ................................................................
   ................................................................

5. Andrea is driving a van full of ice-creams. ................................................
   ................................................................

## EXERCISE n. 16

Und damit das Ganze nicht zu einfach ist, darfst du jetzt dein Können mit dieser Übersetzung auf die Probe stellen!

### WORDS YOU WILL NEED

| | |
|---|---|
| bringen (in diesem Kontext) | to take to |
| Krankenhaus | hospital |
| Lektor | editor |
| Gemälde | painting |
| Schulfreund | school/class mate |
| Frist | deadline |
| gießen | to water |
| Mal | time (im Sinne von Häufigkeit) |

1. Susan wurde ins Krankenhaus gebracht, aber jetzt ist sie okay.........................

.........................

2. Dieses Eis wird mit italienischer Milch hergestellt. ...................................

.........................

3. Dein Buch wird gerade vom Lektor gelesen..............................................

.........................

4. Dieses Gemälde wird bei Sotheby's für mindestens zwei Millionen Pfund

verkauft werden.............................................................................

.........................

5. Seine Kreditkartennummer wurde letztes Jahr in London gestohlen. ...............

.........................

6. Der Haushalt wird nicht innerhalb der Frist aufgestellt sein. .........................

.........................

7. Das Team wird bis 20 Uhr morgen Abend kontaktiert werden. .......................

.........................

8. Die Pflanzen müssen mindestens zweimal täglich gegossen werden. .................

.........................

# MORE**INSTANT**ENGLISH

# MORE VERBS

# ANGLO SAXON VERBS

# To get

Hier ist das erste Verb der Anglo-Saxon family, die, wie du sicher weißt, für die Engländer eine Gruppe grundlegender Verben ist.

**TO GET**      unregelmäßig⟶      to get-got-got

In *Instant English* hast du gelernt, dass TO GET vor allem den Wechsel eines Zustandes bezeichnet – also den Übergang von einer Situation zu einer anderen.

to get washed          (schmutzig sein und stinken und dann sauber werden)

to get into trouble    (alles ist in Ordnung und dann gerätst du in Schwierigkeiten)

to get busy            (nichts zu tun haben und danach beschäftigt sein)

Dieses Verb hat eine ganze Reihe weiterer Bedeutungen, die wir uns einmal anschauen.


**A.** TO GET im Sinne von **ERREICHEN**

Da es sich hier um eine Bewegung handelt, ist die Präposition to unverzichtbar.

If I can get to her heart, I can make her happy.
Wenn ich ihr Herz erreiche, kann ich sie glücklich machen.

Birmingham City have got to the final of the Champions League again!
Birmingham City hat erneut das Finale der Champions League erreicht!

Taxi driver: Where do you want to get to?
Taxifahrer: Wohin möchten Sie fahren?


**B.** TO GET im Sinne von **SICH ETWAS EINFANGEN**
Ich weiß, dass "sich etwas einfangen" nicht gerade gutes Deutsch ist, aber es ist nun mal die genaue Übersetzung von to get in diesem Kontext; man könnte auch sagen "etwas unfreiwillig nehmen oder bekommen".

# ANGLO SAXON VERBS

He didn't put on his jacket, and now he has got a cough.
Er hat seine Jacke nicht angezogen, und jetzt hat er Husten.

She got me in the pub!
Sie hat mich im Pub erwischt.

He got arrested in January, and yesterday he got 5 years in prison.
Er wurde im Januar verhaftet, und gestern hat man ihm 5 Jahre Gefängnis aufge-
brummt.

**C.** TO GET im Sinne von **ERHALTEN/BEKOMMEN/ERZIELEN**

If you get the manager's job, you'll get 5,000 euro a month!
Wenn du den Managerposten bekommst, verdienst du 5.000 Euro im Monat!

What do you think you'll get for Christmas?
Was wirst du deiner Meinung nach zu Weihnachten bekommen?

He always got what he wanted.
Er bekam immer was er wollte.

**D.** TO GET um eine **VERÄNDERUNG** bei einer **PERSON oder
einer SACHE** zu bezeichnen

Dieser Fall ist ein bisschen komplizierter als die anderen.
To get in der Bedeutung "von einem Zustand in den anderen" funktioniert so:

Verben:

to borrow
(aus)leihen
to borrow-borrowed-borrowed

to lend
(ver)leihen
to lend-lent-lent

Auf Deutsch:

JOHANNES  Kann ich mir dein Auto leihen?
TOM: Okay, aber mach's nicht schmutzig.

Auf Englisch:

JOHANNES Can I borrow your car?
TOM: Ok, but don't GET IT DIRTY.

More...

If you get her drunk, she'll dance with you.
Wenn du sie betrunken machst (vom nüchternen in den betrunkenen Zustand bringst), wird sie mit dir tanzen.

Get the baby to bed, then get the car washed!
Leg das Baby schlafen und wasch dann das Auto!

Get it sorted out!
Bring es in Ordnung!

**E.** TO GET im Sinne von **VERSTEHEN**

Der einzige Unterschied zwischen understand und get besteht darin, dass das erste mehr auf die Sprache bezogen ist.

I don't understand Russian.
Ich verstehe kein Russisch (die russische Sprache).

To get bezieht sich auf das Verstehen eines Gedankens. Du verwendest es, wenn du zwar die Worte verstehst, aber nicht den Gedanken, die Motivation, die dahintersteckt...

She wants to marry Jake. She always said she hated him. I don't get it. Did he get rich?
Sie möchte Jake heiraten. Sie hat immer gesagt, sie hasse ihn. Ich verstehe das nicht. Ist er reich geworden?

I explained why she shouldn't take that job, but she took it anyway. I don't get it.
Ich habe erklärt, warum sie diese Stelle nicht annehmen sollte, aber sie nahm sie trotzdem. Ich verstehe das nicht.

You only love me when I'm asleep? I don't get what you mean.
Du liebst mich nur, wenn ich schlafe? Ich verstehe nicht, was du meinst.

## Magic word: MEAN

1. **MEAN** im Sinne von **meinen**

   **TO MEAN**    **meinen** ⟶      to mean-meant-meant

   What do you mean?
   Was meinst du?

Do you mean I can come?
Meinst du, ich kann kommen?

I don't get what you mean.
Ich verstehe nicht, was du meinst.

### 2.  MEAN im Sinne von **ernst meinen**

I truly love you Barbara, I mean it.
Ich liebe dich wirklich, Barbara, ich meine es ernst.

When I said I would never leave you, I meant it.
Als ich sagte, ich würde dich niemals verlassen, meinte ich es ernst.

### 3.  MEAN **(Adjektiv)**im Sinne von **geizig/knausrig** (USA: stingy)

He is rich, but he pays very little; he's so mean.
Er ist reich, aber er zahlt sehr wenig; er ist so knausrig.

People from Scotland are not mean; they have no money to be mean with!
Die Schotten sind nicht geizig; sie haben kein Geld, um geizig zu sein!

Give me a sweet, come on! Don't be so mean.
Gib mir ein Bonbon, komm schon! Sei nicht so knausrig!

Schau dir jetzt bitte diese Beispiele an, übersetze sie und versuche zu sagen, in welchem Sinne GET in den Übungssätzen verwendet wird.

He couldn't get the job. (Antwort: GET im Sinne von ERHALTEN/BEKOMMEN)
The baby is getting tired. (Antwort: GET als VERÄNDERUNG)

## EXERCISE n. 17

1.  Wir werden den Bahnhof zu Fuß erreichen. ................................................
    ................................................

2.  Wir werden die Bank betreten, sie ausrauben, mit deinem Auto flüchten,
    uns dann im Wald verstecken... kannst du mir folgen? ..............................
    ................................................

3.  Jimmy wird heute nicht mehr zurückkommen; er hat sich beim Fußballspielen
    im Regen eine Grippe eingefangen. ................................................
    ................................................

4.  Du bist reich geworden, aber nicht hübscher. ................................................
    ................................................

5.  Mach ihn nicht wütend, du wirst es bedauern. ................................................
    ................................................

6.  Vergiss nicht, Trevor zu heiraten, die Hochzeit ist am Sonntag! ..................
    ................................................

7.  Er hat zwei Stunden lang geredet, aber ich habe nichts von dem, was er
    gesagt hat, verstanden. ................................................
    ................................................

8.  Löse das Problem mit dem Auto, bevor ich nach Hause komme! ................
    ................................................

9.  Bekomme ich einen Kuss, wenn ich dir helfe? ................................................
    ................................................

10. Wir haben die Bank um 12 Uhr erreicht, aber sie war geschlossen. ............
    ................................................

# To set

# 2.1.2

Hier nun das zweite Verb, das wir uns zusammen anschauen:

**TO SET**         unregelmäßig $\longrightarrow$         to set-set-set

Wie du bereits in *Instant English* gelernt hast, bezeichnet TO SET hauptsächlich etwas, das eingestellt oder befestigt wird. Dieses Verb hat jedoch ganz viele Bedeutungen, die bei einem Gespräch sehr nützlich sind:

**A.** TO SET im Sinne von **AUFSTELLEN**

Dieses Verb gibt insbesondere an, wenn etwas in eine besondere bzw. die geeignetste Position gebracht wird.

He set the trap to catch the rat.
Er hat die Rattenfalle aufgestellt.

He set the ladder against the wall, so that he could clean the window.
Er hat die Leiter gegen die Wand gelehnt, damit er das Fenster putzen konnte.

**B.** TO SET im Sinne von **(EIN-)RICHTEN, IN ORDNUNG BRINGEN**

The doctor set the bone in my arm, after I broke it.
Der Arzt hat den Knochen in meinem Arm gerichtet, nachdem ich ihn gebrochen hatte.

**C.** TO SET im Sinne von **FESTLEGEN, FESTSETZEN**

We have set the price of our house at £230,000.
Wir haben den Preis für unser Haus auf £230.000 festgesetzt.

Have Karl and Jane set a date for their wedding yet?
Haben Karl und Jane schon einen Termin für ihre Hochzeit festgelegt?

The interview has been set for 10 a.m. tomorrow.
Das Interview ist für morgen Vormittag um 10 Uhr angesetzt.

**D.** TO SET im Sinne von **(EIN-)STELLEN**

Diese Bedeutung bezieht sich auf das Einstellen der richtigen Zeit an einer Uhr oder dem Wecker, der manchmal einfach nicht klingeln will. Auch andere Elektronikgeräte wie der PC, der Ofen, ein Timer, die Alarmanlage... werden eingestellt.

The power is back on, can you set the time on the clock, please?
Der Strom ist wieder da, kannst du bitte die Uhr stellen?

What time are you setting the alarm for?
Auf wie viel Uhr stellst du den Wecker?

Remember to set the alarm in the car!
Denk daran, die Alarmanlage im Auto einzuschalten.


**E.** TO SET im Sinne von **UNTERGEHEN**

The sun always sets in the west.
Die Sonne geht immer im Westen unter.

## ÜBERSETZEN WIR!

Hier habe ich eine nette Übung für dich, in der du unter Beweis stellen kannst, dass du die Verben to get und to set verstanden hast.

### WORDS YOU WILL NEED

| | |
|---|---|
| deine Meinung ändern | to change your mind |
| zu verkaufen | for sale |
| etwas schaffen (in diesem Kontext) | to manage |
| ★★★★★ | ★★★★★ |

### URLAUB IN TUNESIEN

Als ich mit Concy (C) durch die Wüste lief, hielt uns ein Bauer (B) an.

B: Hey!
J: Was?
B: Ich gebe dir zehn camels für deine Frau.
J: Ich rauche nicht.
B: Nein, zehn echte Kamele!
J: Das scheint mir zu viel. Gib mir drei.
B: Okay, drei!
J: Nein, ich will sie nicht.
C: Hey... Ich wollte dir gerade etwas Furchtbares sagen.
B: Warum hast du deine Meinung geändert?
J: Wie soll ich es schaffen, sie nach Hause zu bringen?
B: Okay, richtig... Dann werde ich dir etwas Magisches geben, lass uns eine Verabredung treffen... Komm morgen wieder, wenn die Sonne untergeht.
C: Endlich ein "set"!
(bei Sonnenuntergang)
J: Und nun?
B: Bist du alleine?
J: Ja, Concy sagte mir, du wärest verrückt.
B: Ich bin es immer noch!
(Der Bauer zeigt ihm die Uhr)
J: Was ist das?

B: Es ist eine magische Uhr... Du kannst die Uhrzeit einstellen, und sie weckt dich, wenn du den magischen Alarm einstellst.

J: Das ist nicht magisch!

B: Dann erfinde du etwas!

J: Okay, reg dich nicht auf!

B: Was muss ich bezahlen, um Concy zu bekommen?

J: Nichts.

B: Gut, wir haben einen Preis festgelegt!

J: Nichts, denn sie ist nicht zu verkaufen. Ich bin nur gekommen, um dir zu sagen, dass du verrückt bist, Mann. Concy gehört mir und ich würde sie um keinen Preis verkaufen.

B: Geh fort!

(John geht)

(Concy kommt hinter einem Vorhang vor)

C: Also? Für wie viel hat dieser ***** mich verkauft? Nichts.

C: Nichts?!!... Ich bringe ihn um!

B: Heh heh heh...

C: Geh weg!!

B: Aber das ist mein Haus.

C: Wen interessiert das? Geh weg!

(Der Bauer geht weg)

# To let

# 2.1.3

Hier nun das dritte, ebenfalls unregelmäßige Verb, das ich nochmals aufgreife.

**TO LET**        **unregelmäßig** ⟶        to let-let-let

TO LET verwendet man oft, um "jemandem eine Erlaubnis für etwas zu erteilen" – aber nicht nur hierfür. Schauen wir es an:

**A.** TO LET im Sinne von **ERLAUBEN, JEMANDEN ETWAS TUN LASSEN**

Dieses Verb bedeutet eigentlich, jemandem etwas zu erlauben, to allow someone to do something.

My mum used to let me play with my friends until late.
Meine Mutter ließ mich bis spät mit meinen Freunden spielen.

The teacher said that if we behave, he'll let us use our cell phones during the last hour.
Der Lehrer sagte, wenn wir uns gut benähmen, würde er uns in der letzten Stunde unsere Handys benutzen lassen.

The policeman let the man go.
Der Polizist ließ den Mann gehen.

**B.** TO LET  im Sinne von **LASSEN/LASS MICH/LASS UNS...**

Let us know when you arrive.
Lass uns wissen, wann du ankommst.

Let me in!
Lass mich rein!

Let me into your heart.
Lass mich in dein Herz hinein.

# ANGLO SAXON VERBS

Let me see your new watch.
Lass mich deine neue Uhr (an-)sehen.

## C. TO LET im Sinne von **VERMIETEN**

TO LET sagst du, wenn du dein Haus an jemanden vermietest, when you are renting your house to someone.

When I came to Italy, I let my house in England to a friend.
Als ich nach Italien kam, habe ich mein Haus in England an einen Freund vermietet.

## D. TO LET als **AUFFORDERUNG**

Let's go to the cinema.
Gehen wir ins Kino.

Let's stay in a hotel for tonight.
Lass uns heute Nacht in einem Hotel verbringen/bleiben.

Let's go to sleep early tonight because tomorrow it's going to rain.
Lass uns heute Nacht früh ins Bett gehen, weil es morgen regnen wird.

# To keep

Und hier das vierte unregelmäßige Verb, das du bereits aus *Instant English* kennst und das wir nun wiederholen:

**TO KEEP**  **unregelmäßig** ⟶  to keep-kept-kept

Wie TO LET hat auch TO KEEP eine Reihe von Bedeutungen, die in der Regel dazu dienen, eine Vorstellung auszudrücken. In diesem Fall ist es die Vorstellung, etwas zu schützen, oder etwas aufzubewahren. Du kannst dieses Verb in unterschiedlichem Kontext gebrauchen – zum Beispiel in Verbindung mit Speisen, Versprechen, Gegenständen, Geld, Daten und Informationen.

**A.** TO KEEP im Sinne von **AUFBEWAHREN, SICH HALTEN (LEBENSMITTEL)**

Put the ham in the fridge, it will keep better in there.
Leg den Schinken in den Kühlschrank, dort hält er sich besser.

We kept the bread in the freezer; it can keep forever in there.
Wir bewahrten das Brot im Gefrierschrank auf; dort hält es sich ewig.

The steak won't keep in the garden under the sun!
Das Steak wird sich im Garten in der Sonne nicht halten!

**B.** TO KEEP in Verbindung mit **PROMISES AND SECRETS (VERSPRECHEN UND GEHEIMNISSE) HALTEN, FÜR SICH BEHALTEN**

You should never trust a drunk man; he will never keep his promises, and he's sure to break your heart.
Du solltest niemals einem betrunkenen Mann vertrauen; er wird seine Versprechen nie halten, und er wird dir mit Sicherheit das Herz brechen.

Can you keep a secret?
Kannst du ein Geheimnis für dich behalten?

Never make promises you can't keep!
Versprich nie etwas, das du nicht halten kannst!

## ANGLO SAXON VERBS

**C.** TO KEEP im Sinne von (BE-)HALTEN **OBJECTS AND ANIMALS (GEGENSTÄN-DE UND TIERE)**

Even though these new shoes have a mark on them, I think I'll keep them.
Ich denke, ich werde diese neuen Schuhe behalten, auch wenn sie einen Kratzer haben.

Even though my new puppy is eating my house, I think I'll keep her.
Ich denke, ich werde meinen neuen Welpen behalten, auch wenn er mein ganzes Haus anknabbert.
... wait a minute... das sind die Beispiele für Gegenstände und Tiere, und damit ist es gut! ☺

I keep a photo of Concy in my wallet. It reminds me to stay out.
Ich habe ein Foto von Concy in meiner Brieftasche. Es erinnert mich daran, wegzubleiben.

**D.** TO KEEP im Sinne von **MONEY** (GELD) **AUFBEWAHREN, BEHALTEN**

You shouldn't spend all your money at once, you should keep some for a rainy day.
Du solltest nicht dein ganzes Geld auf einmal ausgeben, du solltest etwas für schlechte Zeiten zurücklegen.

I keep my money in a sock under the bed.
Ich bewahre mein Geld in einem Strumpf unter dem Bett auf.

Shopkeeper: That will be £18, Sir.
Ladenbesitzer: Das macht £ 18.

Customer: Here's £20, keep the change!
Kunde: Hier sind £ 20, behalten Sie den Rest!

**E.** TO KEEP im Sinne von **FÜHREN/AUFBEWAHREN RECORDS/FILES (VERMER-KE/DOKUMENTENARCHIVE)**

I always try to keep a record of what my wife spends.
Ich versuche immer, über die Ausgaben meiner Frau Buch zu führen.

Keep your agenda handy.
Halte deine Tagesordnung griffbereit.

I kept all the records of my last company.
Ich habe alle Aufzeichnungen meiner letzten Firma aufgehoben.

**F.** TO KEEP im Sinne von **HALTEN TEMPERATURE (RAUMTEMPERATUR)**

It's hard to keep the house warm in the winter.
Es ist schwierig, das Haus im Winter warmzuhalten.

With medicine we can keep his temperature down.
Mit Medikamenten können wir seine Temperatur niedrig halten.

You must keep the fridge at 10 degrees.
Du musst die Kühlschranktemperatur konstant auf 10 Grad halten.

**G.** TO KEEP im Sinne von **VERSORGEN, UNTERHALTEN**

I have to work hard to keep my family.
Ich muss hart arbeiten, um meine Familie zu ernähren.

I have to work hard to keep my new puppy.
Ich muss für den Unterhalt meiner neuen Welpe hart arbeiten.

Sam is so lazy, he doesn't even keep his feet clean.
Sam ist so faul, dass er nicht einmal seine Füße sauberhält.

**H.** TO KEEP im Sinne von **TIERE HALTEN, ZÜCHTEN**

They keep many animals on their farm.
Sie halten viele Tiere auf ihrem Bauernhof.

The room is too small to keep chickens.
Der Platz ist zu klein, um Hühner zu halten.

She keeps bees.
Sie züchtet Bienen.

**I.** TO KEEP im Sinne von **ETWAS WEITERHIN TUN**

In diesem Fall folgt das Gerundium auf keep:

to keep + VERB -ING

Despite a terrible cramp, he kept running to the end.
Trotz eines fürchterlichen Krampfes, lief er bis zum Schluss weiter.

Even after she left him, he kept calling her every night.
Selbst nachdem sie ihn verlassen hatte, rief er sie weiterhin jeden Abend an.

Grandpa keeps on jumping on the bed.
Opa hüpft weiterhin auf dem Bett.

## ÜBERSETZEN WIR!

Jetzt bist du an der Reihe...

### WORDS YOU WILL NEED

| | |
|---|---|
| Tiger | tiger |
| färben | to dye |
| Rathaus | town hall |
| Grad | degrees |

## IM RATHAUS IN TÜBINGEN

Paul (P) begibt sich ins Rathaus und beginnt ein Gespräch mit dem Typen hinter dem Tresen (THT):

P: Guten Tag.
THT: Guten Tag.
P: Ich möchte gerne Tiger in meinem Garten halten.
THT: Ich kann Ihnen nicht erlauben, Tiger in Ihrem Garten zu halten.
P: Warum?
THT: Weil dann jeder in seinem Garten Tiger halten möchte, wenn ich Ihnen das erlaube.
P: Also?
THT: Nein!
P: Nun kommen Sie... es wäre unser kleines Geheimnis.
THT: Ich kann kein Geheimnis für mich behalten.
P: Ach nein? Wo bewahren Sie ihr Geld auf?
THT: Unter dem Bett... Oh neeein!!!
P: Okay, Sie lassen mich also meine Tiger halten, oder ich werde allen sagen, wo Sie Ihr Geld aufbewahren.
THT: Aber glauben Sie (wirklich), dass es niemand bemerken würde, wenn ich Sie Tiger halten ließe?
P: Ja..., denn ich werde sie schwarz färben... so werden die Leute denken, es seien nur riesige Katzen.
THT: Könnten Sie mich bitte in Ruhe arbeiten lassen?

P: Nein, ich werde Sie so lange fragen, bis Sie ja sagen... kann ich Tiger halten?

THT: Ich weiß nicht... was werden Sie dazu brauchen?

P: Ich werde große Lampen installieren müssen, um die Temperatur auf 40 Grad zu halten... es sind Indische Tiger.

THT: Wo sind sie jetzt?

P: Im Auto, hier vor dem Rathaus... aber keine Sorge – ich habe die Heizung eingeschaltet.

THT: Was? Aber Sie sind ein Verrückter! Sie können auf gar keinen Fall hier vor dem Haus parken!

# To put

Jetzt wiederholen wir das fünfte Verb, das ebenfalls unregelmäßig ist:

**TO PUT**          **unregelmäßig** ⟶      to put-put-put

Wie TO LET und TO KEEP drückt auch TO PUT eine klassische Vorstellung aus: Eine Sache wird in eine bestimmte Position gebracht oder in etwas Anderes eingefügt. Wie die vorherigen Verben hat auch TO PUT eine ganze Reihe weiterer Bedeutungen:

**A.** TO PUT im Sinne von **STELLEN, LEGEN, ANBRINGEN**

George put his spoon down.
George hat seinen Löffel abgelegt.

They put the picture on the wall above the TV.
Sie haben das Bild an der Wand über dem Fernseher angebracht.

I put ketchup on my tortellini with porcini mushroom sauce.
Ich gebe Ketchup über meine Tortellini mit Steinpilzsoße.

Wie im Deutschen kann put auch **setzen, stellen** im übertragenen Sinne bedeuten:

You should put your family first.
Du solltest deine Familie an die erste Stelle setzen.

**B.** TO PUT im Sinne von **(EIN-)STECKEN, EINWERFEN**

The little boy put all the lizards into a suitcase.
Der kleine Junge hat alle Eidechsen in einen Koffer gesteckt.

The postman put the letter into the post box.
Der Postbote steckte den Brief in den Briefkasten.

I put my key into the lock, then the clothes into the washer.
Ich habe den Schlüssel ins Schloss, und dann die Kleider in die Waschmaschine gesteckt.

**C.** TO PUT im Sinne von **UNTERZIEHEN, AUSÜBEN**

The doctors put his hip through many tests before they could understand what was wrong.
Die Ärzte haben seine Hüfte vielen Untersuchungen unterzogen, bevor sie verstanden, was nicht in Ordnung war.

My boss puts me under a lot of pressure.
Mein Chef übt viel Druck auf mich aus.

**D.** TO PUT im Sinne von **(GELD) SETZEN AUF**

He put 1,000 euro on that horse, and it fell over.
Er hat 1.000 Euro auf das Pferd gesetzt, und es ist gestürzt.

# Anglo Saxon Family Phrasal Verbs

Beginnen wir mit einer Frage: Was ist ein phrasal verb?

Ganz einfach – **ein Verb, auf das eine Präposition folgt**.

Bei einem phrasal verb ist die Präposition Bestandteil des Verbs, denn sie verleiht ihm eine neue, eigene Bedeutung.

Ein Beispiel:

to fall-fell-fallen bedeutet **fallen**
OUT bedeutet **draußen**
kombiniert man die beiden Wörter jedoch, dann ergibt das TO FALL OUT, und das bedeutet **sich mit jemandem (zer-)streiten!**

Ich möchte noch zwei wichtige Punkte hinzufügen:

1. **Folgt** dem phrasal verb **ein weiteres Verb**, so muss dieses im **Gerundium** (-ING) stehen.
   phrasal verb: used to (gewohnt sein)

   I am used to seeing him there.
   Ich bin es gewohnt, ihn dort zu sehen.

2. Manchmal steht das **Objekt zwischen dem Verb und der Präposition.**
   phrasal verb: close down (endgültig schließen)

   The shop will **close down** if this recession continues.
   We will **close** the shop **down** if this recession continues.

Das kommt jedoch nur sporadisch vor. In den meisten Fällen ist es nicht nötig, das Verb von seiner Präposition zu trennen, und die meisten phrasal verbs können überhaupt nicht getrennt werden. Aber... keine Regel ohne Ausnahme!

# ANGLO SAXON VERBS

## TO GET

**A.** TO GET ON im Sinne von **SICH MIT JEMANDEM VERSTEHEN**

I get on with my boss.
Ich verstehe mich gut mit meinem Chef.

Do you get on with your father?
Verstehst du dich mit deinem Vater?

We don't get on.
Wir kommen nicht miteinander aus.

We got on well when we worked together.
Wir haben uns gut verstanden, als wir zusammenarbeiteten.


**B.** TO GET ACROSS im Sinne von **SICH VERSTÄNDLICH MACHEN, ETWAS "RÜBERBRINGEN"**

Did I get across?
Hast du mich verstanden? Ist das bei dir angekommen?

When you do a presentation, it is important to get across TO* the audience.
Wenn man eine Präsentation hält, ist es wichtig das Publikum zu erreichen.

Am I getting across?
Ist das angekommen?

If I get across TO* her she will understand.
Wenn ich ihr das rüberbringe, wird sie mich verstehen.

*Denk daran, dass du nach to get across die Präposition TO benötigst, um die Person zu bezeichnen, die deinen Ausführungen folgen soll. Es handelt sich ja schließlich um eine Bewegung, oder? Der Gedanke muss von dir auf deinen Zuhörer überspringen...

**C.** TO GET AWAY im Sinne von **ENTWISCHEN, FLÜCHTEN, WEGKOMMEN**

I have to get away from the office by five.
Ich muss heute spätestens um fünf das Büro verlassen.

The prisoner got away by car.
Der Häftling flüchtete mit dem Auto.

I will get away from Munich this summer.
Diesen Sommer werde ich aus München flüchten.

I wanted to get away before she came.
Ich wollte entwischen, bevor sie kommt.

## ÜBERSETZEN WIR!

### DER FANTASTISCHE TIM

Hier kommt wieder eine kleine Übersetzung für dich – mal sehen, ob du alles verstanden hast.

TIM: Kommst du mit deinem Chef gut aus?
SALLY: Ja, aber ich kann ihm meine Ideen nicht rüberbringen!
TIM: Das stresst dich, oder?
SALLY: Ja, manchmal möchte ich einfach aus dem Büro flüchten.
TIM: Versuche weiterhin, dich verständlich zu machen, lass es nicht zu, dass er deine schönen Ideen ignoriert.
SALLY: Du hast recht! Ich werde einen Termin mit ihm vereinbaren, ich kann nicht alles immer für mich behalten.
TIM: Gutes Mädchen!
SALLY: Danke Tim, du bist ein echter Freund.
TIM: Meinst du das wirklich?
SALLY: Ja, ich finde, du bist fantastisch.

# ANGLO SAXON VERBS

## TO SET

**D.** TO SET UP im Sinne von **AUFSCHLAGEN, ERRICHTEN, ORGANISIEREN**

They set up a lot of camps for the refugees.
Sie haben viele Camps für die Flüchtlinge aufgeschlagen.

We are setting up the tents.
Wir schlagen die Zelte auf.

I don't like the way we are set up in this company.
Mir gefällt es nicht, wie wir in dieser Firma organisiert sind.

I'll set up a meeting with our new colleagues.
Ich werde ein Treffen mit unseren neuen Kollegen organisieren.

I'll set you up with that gorgeous blonde, if you want.
Ich werde dir eine Verabredung mit der fabelhaften Blondine organisieren, wenn du willst.

**E.** TO SET ASIDE im Sinne von **BEISEITELEGEN, AUSSER ACHT LASSEN**

I set aside some money for the holiday.
Ich habe etwas Geld für den Urlaub beiseitegelegt.

You should set aside your work problems when you are with me at home.
Du solltest deine beruflichen Probleme außen vor lassen, wenn du bei mir zu Hause bist.

I have set aside my plan to visit the Crimea; it's not the right moment.
Ich habe meinen Plan, die Krim zu besuchen, beiseitegelegt; es ist nicht der richtige Augenblick.

We must set aside our differences, now that we are working together.
Wir müssen unsere Differenzen beseitigen, jetzt, da wir zusammen-arbeiten.

I set aside 5,000 euro so we could set up a party for Jane!
Ich habe 5.000 Euro auf die Seite gelegt, wir könnten also eine Party für Jane organisieren!

## TO LET

**F.** TO LET DOWN im Sinne von **ENTTÄUSCHEN, IM STICH LASSEN**

Dies ist einer der Fälle, in dem das Verb von der Präposition getrennt stehen kann…
und das Objekt dazwischen.

I promised to take her dancing, but I let her down.
Ich hatte ihr versprochen, mit ihr tanzen zu gehen, aber ich habe sie enttäuscht.

Please help me get away from here; don't let me down.
Hilf mir bitte, von hier wegzukommen; lass mich nicht im Stich!

You have let your country down!
Du hast dein Land im Stich gelassen!

I won't let you down again, baby!
Ich werde dich nicht wieder enttäuschen, Kleines!

# ANGLO SAXON VERBS

**G.** TO LET OFF im Sinne von **JEMANDEM VERZEIHEN, JEMANDEN LAUFEN LASSEN**

Auch hier steht das Verb getrennt von der Präposition.

Ok, I made a mistake, but will you let me off this time?
Okay, ich habe einen Fehler gemacht, aber wirst du mir dieses Mal verzeihen?

The judge let him off because he was from Birmingham.
Der Richter ließ ihn laufen, weil er aus Birmingham kam.

I'm not letting you off again! I'll let you off, if you clean my room.
Ich lass dich nicht wieder laufen! Ich werde dir verzeihen, wenn du mein Zimmer putzt.

My wife found a note from another woman. She said I let her down, but she will let me off just this once.
Meine Frau hat eine Nachricht von einer anderen Frau gefunden. Sie sagte, ich enttäusche sie, aber sie werde es mir dieses eine Mal verzeihen.

## TO KEEP

**H.** TO KEEP AROUND im Sinne von **GRIFFBEREIT, IN REICHWEITE HABEN**

In diesem Fall kann das Verb von der Präposition getrennt stehen.

I smoke, so I always keep my lighter around.
Ich rauche, deshalb habe ich mein Feuerzeug immer griffbereit.

You are vulnerable; you should always keep me around.
Du bist sehr verletzlich; du solltest mich immer um dich haben.

She is always afraid, so she always keeps her dog around.
Sie hat immer Angst, deshalb hat sie immer ihren Hund bei sich.

He was very sick, so he always kept his medicine around.
Er war sehr krank, deshalb hatte er seine Arznei immer in Reichweite.

# Magic word: THEN

Ein weiteres, echtes Zauberwort im Englischen ist THEN. Damit du lernst, wie man THEN anwendet, habe ich hier eine kleine Geschichte für dich. Du weißt ja – Übung macht den Meister.

CONCY: Warum warst du gestern bei Sarah?
JOHN: Das war ich nicht.
CONCY: Wer war sie denn dann?

CONCY: Why were you with Sarah yesterday?
JOHN: I wasn't.
CONCY: So, who was she, then?!

JOHN: Kommst du denn zu der Party?
CONCY: Wie ist bitte das Verhältnis Frauen-Männer?
JOHN: 20 Männer, 22 Frauen.
CONCI: Dann komme ich!

JOHN: Are you coming to the party, then?
CONCY: Ratio women-men, please?
JOHN: 20 men, 22 women.
CONCI: Then I'm coming!

# CHIMERE VERBS

# Verben in Verbindung mit Präpositionen

2.2.1

Ein Rätsel:

Was passiert, wenn du ein englisches "Monsterverb" mit einer "schrecklichen" Präposition verbindest?

Es entsteht eine neue Spezies eines gentechnisch veränderten Monsters, das wir Chimäre nennen werden, damit es nicht – ganz banal – phrasal verb heißt.

Dieses Monster sieht vielleicht ein bisschen hässlich aus, und wenn es dir über den Weg läuft, kann es dich in Verlegenheit bringen, falls du nicht weißt, wie du mit ihm umzugehen hast. Aber wenn du es erst einmal kennst und weißt, wie es "tickt", wird es dir ein guter Freund sein, der dir in vielen Alltagssituationen hilft.

VERB + PREPOSITION = CHIMÄRE

# CHIMERE VERBS

Hier findest du eine Liste der am meisten gebrauchten CHIMÄREN. Wenn du ihnen begegnest, kannst du diese Monster also zähmen: 😊

## A

### AGREE ON

sich auf etw einigen

John and the camel trader agreed on a fee for Concy.
John und der Kamelhändler haben sich auf einen Preis für Concy geeinigt.

Birmingham City and Manchester United agreed on a fee for Wayne Rooney.
Birmingham City und Manchester United haben sich auf eine Ablösesumme für Wayne Rooney geeinigt.

### AGREE WITH

einverstanden sein mit/jdm zustimmen

I agree with you, it's too hot to work today.
Ich stimme dir zu, es ist heute zu heiß zum Arbeiten.

If you agree with me, we can start.
Wenn du einverstanden bist, können wir anfangen.

### APPLY FOR

sich bewerben/ etw. beantragen

Are you going to apply for that job?
Wirst du dich um die Stelle bewerben?

He is applying for British citizenship.
Er beantragt die britische Staatsbürgerschaft.

# B

### BELIEVE IN
glauben an

Do you believe in life after death?
Glaubst du an ein Leben nach dem Tod?

Do you believe in love after love?
Glaubst du an die Liebe nach der Liebe?

I still believe in Santa Claus, even though I'm 65 years old.
Ich glaube immer noch an den Weihnachtsmann, obwohl ich schon 65 bin.

### BELONG TO
jdm gehören

This house belongs to my dad.
Dieses Haus gehört meinem Papa.

I belong to you, you belong to me.
Ich gehöre zu dir, du gehörst zu mir.

# C

### COMPLAIN TO
sich beschweren

I think you should complain to the manager.
Ich denke, du solltest dich beim Geschäftsführer beschweren.

We should complain to the hotel for the bad room service.
Wir sollten uns beim Hotel wegen des schlechten Zimmerservices beschweren.

# CHIMERE VERBS

### COMPLY WITH

befolgen, erfüllen, entsprechen

The pollution levels in Milan do not comply with European legislation.
Die Abgaswerte in Mailand entsprechen nicht der Europäischen Gesetzgebung.

If you don't comply with the law, they will arrest you.
Wenn du dich nicht an die Gesetze hältst, werden sie dich verhaften.

### CONSIST OF

bestehen aus

Come to my office and I'll explain what the job consists of.
Komm in mein Büro, und ich werde dir erklären, worin die Arbeit besteht.

Water consists of hydrogen and oxygen.
Wasser besteht aus Wasserstoff und Sauerstoff.

## ÜBERSETZEN WIR!

Und hier kommt endlich eine schöne Übersetzungsübung ganz für dich alleine!

### WORDS YOU WILL NEED

| | |
|---|---|
| wenigstens | at least |
| zu nichts nütze | useless |
| Sklavin | slave |

### DER STREIT

JIM: Warum willst du gehen?

JANET: Weil wir nicht miteinander auskommen.

JIM: Gut, dann sind wir uns wenigstens über etwas einig!

JANET: Du bist zu nichts nütze! Du lebst schon ein ganzes Jahr in diesem Haus, und du hast nie gearbeitet! (Das wird eine echte perfect-Bombe!)

JIM: Ich bewerbe mich jetzt um eine Stelle in der Kneipe.

JANET: Wenn du in dieser Kneipe arbeitest, werde ich mich beim Chef beschweren... Ich möchte nicht, dass du auch noch die Kneipe ruinierst! Ich gehe jetzt!

JIM: Du kannst nicht gehen... du gehörst zu mir!

JANET: Was? Ich bin nicht deine Sklavin, Jim.

JIM: Aber ich glaube noch an uns.

JANET: Nun, dann hättest du dich an das Versprechen halten müssen, das du mir bei unserer Hochzeit in der Kirche gegeben hast... Tschüss!

# CHIMERE VERBS

## D

### DEPEND ON

sich verlassen auf/abhängen von

What do you want to do? I don't know, it depends on you.
Was möchtest du tun? Ich weiß nicht, das hängt von dir ab.

You can depend on me for anything.
Du kannst dich bei allem auf mich verlassen.

### DREAM ABOUT

von etw oder jdm träumen

I dreamt about you last night.
Ich habe letzte Nacht von dir geträumt.

I am dreaming about your face.
Ich träume von deinem Gesicht.

## H

### HAPPEN TO

(zufällig) geschehen, passieren

What happened to you? You look terrible.
Was ist mit dir passiert? Du siehst fürchterlich aus.

If something happens to you, I won't be responsible.
Wenn dir etwas zustößt, bin ich nicht verantwortlich.

I just happened to see this pair of shoes in the store window.
Ich habe zufällig dieses Paar Schuhe im Schaufenster gesehen.

### HEAR ABOUT

von etw hören

Did you hear about what happened to Jim?
Hast du gehört, was Jim passiert ist?

I heard about your problems at work, I'm sorry.
Ich habe von deinen Problemen bei der Arbeit gehört, tut mir leid.

### HEAR FROM

von jdm hören

I look forward to hearing from you.
Ich freu mich darauf, von dir zu hören.

Have you heard from Charlie? He still owes me 5 euro.
Has du etwas von Charlie gehört? Er schuldet mir noch 5 Euro.

**ÜBERSETZEN WIR!**

Hast du es schon geahnt? Du bist dran...

### WORDS YOU WILL NEED

| | |
|---|---|
| Brand | fire |
| Dschungel | jungle |

### TARZANS PROBLEME

JANE: Dein Gesicht ist schwarz, was ist mit dir passiert?

TARZAN: Hast du von dem Brand gestern im Dschungel gehört?

JANE: Nein, aber ich habe davon geträumt!

TARZAN: Sämtliche Bananenpflanzen sind verbrannt... und mein Leben war von diesen Bananen abhängig.

JANE: Warum?

TARZAN: Weil Bananen viele Vitamine enthalten.

JANE: Stimmt!

# L

### LAUGH AT
über etw/jdn lachen

Why are you always laughing at me?
Warum lachst du immer über mich?

When I dance, people laugh at me.
Wenn ich tanze, lachen die Leute über mich.

### LEAVE FOR
abreisen nach

Tomorrow morning I'm leaving for Brazil.
Morgen Vormittag reise ich nach Brasilien ab.

The train is leaving for London.
Der Zug fährt nach London.

### LISTEN TO
zuhören/anhören

Can you please be quiet? I'm listening to the football results.
Kannst du bitte still sein? Ich höre mir gerade die Fußballergebnisse an.

Please listen to me, it's important!
Bitte hör mir zu, es ist wichtig!

I listen carefully to the announcements in the train station, but I can't understand a thing.
Ich höre mir die Ansagen im Bahnhof genau an, aber ich verstehe nichts.

# CHIMERE VERBS

### LOOK AT

etw oder jdn anschauen

Stop looking at my spot! (USA: pimple)
Hör auf, meinen Pickel anzuschauen!

Look at that man with the purple beard.
Schau dir diesen Mann mit dem lila Bart an.

### LOOK FOR

suchen

I've lost my car keys, can you help me look for them, please?
Ich habe meine Autoschlüssel verloren. Kannst du mir bitte suchen helfen?

I am looking for a job.
Ich suche eine Arbeit.

## ÜBERSETZEN WIR!

### WORDS YOU WILL NEED

| | |
|---|---|
| wenn | by the time |
| Witz | joke |

### DER LETZTE BRIEF

Lieber Bob,
wenn du diesen Brief liest, werde ich nicht mehr in England sein. Ich gehe
mit José nach Brasilien, und du wirst nie wieder von mir hören. Es ist zweck-
los nach mir zu suchen, weil du mich nicht finden wirst. José ist der Mann,
nach dem ich gesucht habe. Er hört mir zu, er lacht über meine Witze und
er schaut mich an. Er schaut mich immer an und schätzt mich. Ich hoffe, ich
habe dich mit diesem Brief nicht umgebracht.

Anna

# P

## PAY FOR

(für etw) bezahlen

I'll pay for this dinner, you paid for the drinks.
Ich zahle dieses Abendessen, du hast die Getränke bezahlt.

I need a loan, I can't pay for my house.
Ich brauche ein Darlehen, ich kann mein Haus nicht bezahlen.

# S

## SUFFER FROM

an etw leiden

She suffers from migraines.
Sie leidet an Migräne.

She suffers from asthma, so she can't run much.
Sie leidet an Asthma, deshalb kann sie nicht viel laufen.

# T

## TALK TO

mit jdm reden

Who were you talking to on the phone?
Mit wem hast du telefoniert?

I need to talk to someone.
Ich muss mit jemandem reden.

# CHIMERE VERBS

### THINK ABOUT

an jdn/etw denken, nachdenken

We are thinking about going to France for our holiday.
Wir überlegen, ob wir nach Frankreich in den Urlaub fahren.

All you think about is yourself!
Du denkst nur an dich!

## W

### WAIT FOR

auf jdn oder etw warten

How long have you been waiting for an answer?
Wie lange hast du auf eine Antwort gewartet?

Where are you? I am waiting for you!
Wo bist du? Ich warte auf dich!

I've been waiting for this moment for all of my life!
Ich habe mein ganzes Leben lang auf diesen Augenblick gewartet!

### WRITE TO

jdm schreiben

I should write to my friend in prison.
Ich sollte meinem Freund im Gefängnis schreiben.

Don't forget to write to me.
Vergiss nicht, mir zu schreiben.

I write to companies not just with complaints, but also with compliments.
Ich schreibe an Firmen nicht nur, um mich zu beschweren, sondern auch, um sie zu loben.

## ÜBERSETZEN WIR!

Weil ich ja weiß, dass du gerne übersetzt... noch eine Geschichte.

### WORDS YOU WILL NEED

| | |
|---|---|
| müssen | to need to |
| mitnehmen | to give a lift |
| tanken | to do petrol (USA: to get gas) |
| Heimweh | homesickness |
| Bescheid sagen | to let know |

### HEIMWEH

Ein betagter Engländer (BE) und sein deutscher Freund (DF) in München.

BE: Frank, ich muss mit dir reden. Ich denke darüber nach, wieder nach Hause zu gehen.

DF: Ich nehme dich mit, komm.

BE: Danke, also das wäre dann die King's Road in Birmingham.

DF: Was?

BE: Ich möchte zurück nach Hause, also nach England.

DF: Na dann tanke ich besser.

BE: Hör zu! Ich bin jetzt alt und leide an Heimweh.

DF: Okay, aber du bezahlst das Benzin, ja?

BE: Sicher, na dann, auf was wartest du?

DF: Ich muss meiner Frau Bescheid geben.

BE: Beeile dich, Gott wartet auf mich.

DF: Gott?

BE: Ja, ich habe nicht viel Zeit, verstanden?

DF: Ich gehe schon, ich gehe schon!

BE: Nein, ich meine... Ich bin bereit, in den Himmel zu gehen.

DF: Entscheide dich Albert! Entweder nimmst du das Flugzeug, oder ich bringe dich hin!

BE: Bring du mich hin.

**ASK SOMEONE FOR**

jdn um etw bitten

I asked my boss for a raise, but it was a waste of time.
Ich habe meinen Chef um eine Gehaltserhöhung gebeten, aber das war Zeitverschwendung.

## BLAME SOMEONE FOR
jdn beschuldigen/jdm die Schuld an etw geben

Don't blame her for that mess! She has nothing **to do with it***.
Gib ihr nicht die Schuld an diesem Chaos! Sie hat nichts damit zu tun.

He blamed me for the loss in sales this year!
Er hat mich für den Umsatzrückgang in diesem Jahr verantwortlich gemacht!

**\* to do with it**
Erinnerst du dich an Tina Turners Hit What's (what has) love got to do with it?

What + have/has/had + Subjekt + got to do with it

## BORROW SOMETHING FROM
etw von jdm leihen

Did you borrow that hair gel from Gomez?
Hast du dieses Haargel von Gomez geliehen?

Did Otto borrow a few jokes from you?
Hat sich Otto bei dir ein paar Witze geliehen?

## PROTECT + SUBJEKT + FROM
schützen vor

Good quality sunglasses protect your eyes from UV rays.
Eine Qualitäts-Sonnenbrille schützt deine Augen vor UV-Strahlen.

I am protecting you from yourself.
Ich schütze dich vor dir selbst.

# CHIMERE VERBS

### LEND SOMETHING TO (LEND-LENT-LENT)
etw verleihen

I lent my glasses to a friend and he still hasn't given them back, is it you?!
Ich habe meine Brille einem Freund geliehen, und er hat sie mir noch nicht zurückge-
geben. Warst du das?!

Would you lend me your house for the weekend?
Würdest du mir übers Wochenende dein Haus leihen?

The library lends books to me; I borrow them from the library.
Die Bibliothek verleiht Bücher an mich; ich leihe sie bei der Bibliothek.


### REMIND SOMEONE ABOUT
jdn an etw erinnern

Why didn't you remind* me about my wife's birthday? Now it's too late.
Warum hast du mich nicht an den Geburtstag meiner Frau erinnert?
Jetzt ist es zu spät.

You asked me to remind you about tonight's match.
Du hast mich gebeten, dich an das Spiel heute Abend zu erinnern.

Just remind me what your name is, will you?
Kannst du mir bitte deinen Namen nochmals sagen?


### * REMIND OR REMEMBER?
Der wichtigste Unterschied zwischen diesen beiden Verben liegt im Subjekt der
Handlung:

* wenn die Person, die sich erinnert, identisch ist mit der, die daran
  erinnert, dann gebrauchst du remember, also "sich erinnern"

- wenn aber eine andere Person dich an etw oder jmd erinnert, dann verwendest du remind, also "jdn an etw erinnern".

Wenn "ich" mich an jemanden erinnere, dann bin ich sowohl Subjekt der Handlung, als auch derjenige, der sich erinnert. Deshalb sage ich im Englischen: I REMEMBER a person.

Wenn ich aber sage, dass "etwas" mich an jemanden erinnert, dann bin nicht ich derjenige, der sich aktiv erinnert – etwas Anderes veranlasst mich dazu, mich zu erinnern. Deshalb sage ich: Something REMINDS me of a person.

This beach reminds me of our honeymoon, do you remember our honeymoon?
Remind me to pay you back for the dinner; if you don't, I won't remember.
Did you remember to remind him of his dentist's appointment?

## ÜBERSETZEN WIR!

Du bist wieder dran. Nur Mut... Let's go!

### WORDS YOU WILL NEED

Ehe            marriage

### FAMILIENANGELEGENHEIT

JOHN: Ich muss meiner Mutter schreiben, um sie an meinen Besuch zu erinnern. Kann ich mir deinen Koffer leihen? Ich habe meinen jemandem geliehen.

TOM: Ich weiß, du hast ihn mir geliehen!

JOHN: Ich gehe zurück, um meiner Schwester zu helfen, ein Problem zu lösen. Sie braucht mich, aber sie wird mich nicht um Hilfe bitten.

TOM: Was ist geschehen?

JOHN: Ihre Ehe ist am Ende und ihr Mann macht sie für alles verantwortlich. Ich möchte sie vor ihm schützen.

# CHIMERE VERBS

### SPEND SOMETHING ON
etw ausgeben für

What did you spend all that money on? That was our holiday money!
Wofür hast du das ganze Geld ausgegeben? Das war unser Urlaubsgeld!

I spent some time spending money with her.
Ich habe einige Zeit damit verbracht, mit ihr zusammen Geld auszugeben.


### SUPPLY SOMEONE/SOMETHING WITH
jdm etw beschaffen/jdn beliefern

Plants and trees supply us with vital oxygen and we are destroying them! How clever are we?
Pflanzen und Bäume versorgen uns mit lebenswichtigem Sauerstoff, und wir zerstören sie! Wie schlau sind wir (eigentlich)?

That supplier only supplies us with a part of the material.
Dieser Lieferant liefert uns nur einen Teil des Materials.

You bring the potato chips and I'll supply (us with) the beer.
Du bringst die Kartoffelchips und ich beschaffe uns das Bier dazu.

### THANK SOMEONE FOR
jdm für etw danken/sich bedanken

We thanked them for the lovely meal, but it was actually terrible.
Wir bedankten uns bei ihnen für das herrliche Essen, aber eigentlich war es schrecklich.

I want to thank you for being you.
Ich möchte dir dafür danken, dass du bist, wie du bist.

Thanks for the beautiful memories!
Danke für die schönen Erinnerungen!

## Magic verb: **TO SPEND** (spend-spent-spent)

### 1. to spend MONEY **(Geld)**

I spent all my money on comic books.
Ich habe mein ganzes Geld für Comics ausgegeben.

How would you spend 1 billion euro?
Wie würdest du 1 Milliarde Euro ausgeben?

We should spend all our prize money on chocolate!
Wir sollten unser gesamtes Preisgeld für Schokolade ausgeben!

### 2. to spend TIME **(Zeit)**

You should spend more time with your children.
Du solltest mehr Zeit mit deinen Kindern verbringen.

We spent a fantastic day together.
Wir haben einen fantastischen Tag miteinander verbracht.

How many years did I spend loving you?
Wie viele Jahre habe ich damit verbracht, dich zu lieben?

## ÜBERSETZEN WIR!

Hast du es erraten? Genau – denk nochmals über die letzten Chimären nach. Und übersetze dann bitte:

### WORDS YOU WILL NEED

| | |
|---|---|
| kostenlos | free/free-of-charge |
| Einladung | invitation |

### SPONSOR GESUCHT

JASON: Wir brauchen einen Sponsor, der uns für die Party bei mir zuhause kostenlos Bier liefert.
SIMON: Sei nicht dumm! Wir werden zu zehnt sein. Wer sollte da Sponsor sein? Warum kaufst nicht du das Bier?
JASON: Ich habe mein ganzes Geld beim Spielen im Kasino ausgegeben. Kommst du zur Party?
SIMON: Danke für die Einladung, aber ich gehe nicht zu einer Party ohne Bier.
JASON: Ich habe dir ja gesagt, ich werde einen Sponsor auftreiben.

# The Most Famous Phrasal Verbs

## 2.2.13

## A

**ASK SOMEONE OUT**

jdn ausführen

If you like her so much, why don't you ask her out?

**ASK AROUND**

herumfragen

If you ask around, you'll find a home for those kittens (Kätzchen).

## B

**BLOW UP**

aufblasen, (in die Luft) sprengen

I blew up 100 balloons (Luftballons) for my daughter's birthday.
They blew up the bridge because it wasn't safe (sicher) anymore.

**BREAK DOWN**

nicht mehr funktionieren/in Tränen ausbrechen

If the lift (Aufzug) breaks down, stay calm.
She broke down in tears (Tränen) when she discovered that her son was an Aston Villa fan.

**BREAK UP**

sich trennen/eine Beziehung beenden

I broke down when I heard that Pink (rosa, ha ha!) Floyd were breaking up.

### BRING SOMEONE DOWN
jdn gering schätzen, niedermachen

He tells her that she's useless and has no future. I don't know why he's always bringing her down, maybe he's afraid to lose (verlieren) her.

### BRING SOMEONE UP
erziehen, großziehen (Kinder)

I bring up my children to believe in love, charity (Nächstenliebe) and The Simpsons.

# C

### CALL SOMEONE BACK
zurückrufen

Why didn't you call me back? You're so touchy (empfindlich)!

### COME ACROSS SOMETHING
auf etw stoßen

She was cleaning his room when she came across a gun (Gewehr).

### COME ACROSS SOMETHING/SOMEONE
als jemand/etw rüberkommen

You wanted to come across as confident, but you came across as arrogant.

### COUNT ON SOMEONE/SOMETHING
auf etw oder jdn zählen

I can count on my car, but I can't count on you.

# CHIMERE VERBS

Dachtest du wirklich, es gäbe keine Übersetzungsübung?!

### WORDS YOU WILL NEED

| | | | |
|---|---|---|---|
| noch nicht | not yet | untreu | unfaithful |
| unfähig | incapable | jede Menge | a whole bunch of |
| Wahrheit | truth | | |

### EIN EXPLOSIVES TELEFONGESPRÄCH

JASON: Hast du Susy schon gefragt, ob du sie ausführen darfst oder nicht?

SIMON: Nein, noch nicht.

JASON: Du bist einfach unfähig (im Umgang) mit Frauen.

SIMON: Aber warum musst du mich niedermachen?

JASON: Weil du darauf zählen kannst, dass ich dir die Wahrheit sage.

SIMON: Du kommst nicht wie ein Freund rüber, wenn du dich so verhältst. Seit es zwischen Maria und mir aus ist, ist es hart für mich.

JASON: Warum ist es zwischen euch beiden aus?

SIMON: Weil ich auf Beweise gestoßen bin, dass sie untreu war.

JASON: Ich glaube dir nicht.

SIMON: Jeder weiß das, frag nur herum. Lass uns aber nicht mehr über Maria reden, sonst breche ich in Tränen aus.

JASON: Würdest du weinen, weil du sie vermisst?

SIMON: Nein, weil sie mir jede Menge Geld schuldet.

JASON: Und wenn sie es dir nicht zurückgibt?

SIMON: Ich werde nichts sagen, ich werde ihr Haus in die Luft sprengen, und das war's dann.

JASON: Aber sie zieht deine Kinder groß.

SIMON: Das weiß ich. Ich werde das Haus in die Luft sprengen, wenn sie in der Schule sind. Ich bin kein Unmensch, das weißt du!

JASON: Ich rufe dich später zurück...

# D

### DRESS UP
sich fein machen/herausputzen

(Diese Inschrift ist tatsächlich auf einem Grabstein in England zu lesen.)
Here lies Leonard Brown, atheist.
All dressed up, but no party to go to.
Hier ruht Leonard Brown, Atheist.
Schick angezogen, aber keine Party, zu der er gehen kann.

### DROP BY
bei jdm vorbeischauen

Do you mind if I drop by tomorrow?

# F

### FILL SOMETHING IN/OUT
ausfüllen

You need to fill in/out the space asking for your full name on the application form (Formular).

# G

### GET AWAY WITH SOMETHING
ungestraft davonkommen

I stole £500 and I got away with it.

# CHIMERE VERBS

**GET OVER**

über etw hinwegkommen

Don't ask her out, she's still trying to get over her last boyfriend.


**GET TOGHETER**

sich treffen

Why don't we get together tomorrow night?


**GIVE UP**

aufgeben

I can't play the harp (Harfe), I give up.


**GO OUT WITH** SOMEONE

mit jdm ausgehen

She's going out with a baker (Bäcker).


**GROW UP**

erwachsen werden

He's 45 and he still plays with toy soldiers (Spielzeugsoldaten), he really should grow up!

## ÜBERSETZEN WIR!

Und noch eine Geschichte, damit du siehst, was du gelernt hast.

### WORDS YOU WILL NEED

| | |
|---|---|
| Diebstahl | theft |
| Dieb | thief |
| zeigen | to show |
| sich in Schale werfen | to dress up to the nines |

### ZU FRÜH

JENNY: Warum hast du dich so in Schale geworfen?
CHANTAL: Weil heute der Polizist vorbeikommt.
JENNY: Ja, aber er möchte nur, dass du das Formular wegen des Autodiebstahls ausfüllst.
[der Polizist tritt ein (P)]
P: Guten Abend.
CHANTAL: Haben Sie den Dieb verhaftet?
P: Nein, wir geben auf. Er ist leider ungestraft davongekommen.
CHANTAL: Oh nein, wie soll ich darüber hinwegkommen?
P: Wie sieht es morgen aus – wir könnten uns treffen und einen Film anschauen, wenn Sie nicht schon mit jemandem ausgehen.
CHANTAL: Super Idee, es läuft gerade *Despicable Me*.
P: Ich komme wieder, wenn Sie erwachsen geworden sind!
CHANTAL: Neiiiiiin....

# CHIMERE VERBS

## H

### HANG OUT

sich herumtreiben, rumhängen, Zeit in Gesellschaft verbringen

Let's get together tomorrow and hang out.

### HANG UP

(den Hörer) auflegen

Mum, I have to hang up sorry, my dinner's ready.

### HOLD SOMEONE/SOMETHING BACK

jdn aufhalten/etw zurückhalten

If my daughter wants to be a singer, I won't hold her back.

### HOLD ON

kurz warten

Hold on a minute, I am almost (so gut wie) ready.

## L

### LOOK SOMETHING UP

etw nachschlagen

Hi, Jane, do you remember me? I looked up your number in the telephone directory (Telefonbuch).

# M

**MAKE** SOMETHING **UP**
etw erfinden/sich ausdenken

She makes up many stories to avoid (vermeiden) working.

## ÜBERSETZEN WIR!

### WORDS YOU WILL NEED

| | |
|---|---|
| Stripteasetänzerin | exotic dancer |
| falsch | wrong |

### GESTÄNDNISSE

[Vater (V) und Tocher (T) am Telefon]

V: Ich möchte mit Julie sprechen.
T: Wie hast du mich gefunden, Papa?
V: Ich habe deine Telefonnummer im Internet nachgeschlagen. Warum hast du mir nicht gesagt, dass du Stripteasetänzerin geworden bist?
T: Weil du mich zurückgehalten hättest.
V: Ich wusste es, du hast dich immer mit der falschen Sorte Leute herumgetrieben... Warte einen Moment.
(der Vater berät sich mit der Mutter)
T: Ist alles okay?
V: Deine Mutter hat mich gefragt, mit wem ich rede, aber ich habe ihr nicht gesagt, dass du es bist. Ich habe mir etwas ausgedacht und jetzt muss ich gehen.
T: Nein, leg nicht auf.

(tut tut tut tut) du du du (USA: beep beep beep)

# CHIMERE VERBS

## P

**PASS AWAY**
entschlafen, sterben

She hasn't eaten since her husband (Ehemann) passed away.

**PASS OUT**
in Ohnmacht fallen

Heino looked at her and she passed out.

**PAY** SOMEONE **BACK**
zurückzahlen

If you pay me back what you owe (to owe: schulden) me, I'll buy you a beer.

**PUT** SOMETHING **OFF**
verschieben

We put off the wedding (Hochzeit) until she finds a job.

## PUT UP WITH SOMEONE/SOMETHING
sich mit jdm/etw abfinden

I don't know how she puts up with him.

## PUT SOMETHING ON
etw anziehen

Put something on, the curtains (Vorhänge) are open.

---

## ÜBERSETZEN WIR!

### WORDS YOU WILL NEED

| | |
|---|---|
| Hausangestellte | maid |
| Pflegerin | carer (USA: caretaker, caregiver) |

### PETERS BEERDIGUNG

JOE: Wann ist er gestorben?
KEVIN: Am Samstag. Wir schauten gerade das Spiel an, als seine Hausangestellte/Pflegerin nackt das Zimmer betrat. Zuerst wurde er ohnmächtig. Während sie sich etwas anzog, starb er dann.
JOE: Was für eine traurige Geschichte.
KEVIN: Ich weiß, sie hätte ja auch nackt bleiben können.
JOE: Nein – weil er mir das Geld, das ich ihm geliehen hatte, noch nicht zurückgezahlt hat. Ich habe mich nur deshalb damit abgefunden, weil ich dachte, er würde es mir zurückzahlen.

# CHIMERE VERBS

## R

**RUN OVER** SOMEONE/SOMETHING
jdn/etw überfahren

She ran over a cat on a motorbike. (Why was a cat on a motorbike?)

## S

**SEND** SOMETHING **BACK**
etw zurückschicken

The shoes were too big, so I sent them back.

**SHOP AROUND**
Preise vergleichen

If you shop around, you can find that jacket for only £50.

**STICK TO** SOMETHING
an etw dranbleiben, etw treu bleiben

You paid £100 to join the gym, so stick to it!

## T

**TAKE** SOMETHING **OFF**
etw ausziehen

Take your hat off, it's not raining!

## TURN ON/OFF
ein-/ausschalten

Turn off the light, it's midnight!


## TURN UP/DOWN
lauter/leiser stellen

Turn up the radio, I can't hear it.


## ÜBERSETZEN WIR!

### WORDS YOU WILL NEED

| | |
|---|---|
| Traktor | tractor |
| Motor | engine (USA: engine/motor) |
| Thema | subject |
| Schottenrock | kilt |

### 2012: DIE INVASION DER SCHOTTEN

(Gespräch zwischen zwei Bauern aus York, die sehen, dass die Schotten mit Schwertern anrücken)

BAUER 1: Ich weiß, wie man sie zurückschickt. Ich hole jetzt meinen Traktor, schalte den Motor ein und überfahre sie alle! Zieh deine Jacke aus und komm mit mir.
BAUER 2: Du bist verrückt. Diese Jacke hat £200 gekostet, ich ziehe sie nicht aus.
BAUER 1: Wenn du die Preise besser verglichen hättest, hättest du sie für £80 bekommen.
BAUER 2: Komm nicht vom Thema ab: Die Schotten sind beinahe hier, man sieht schon ihre Schottenröcke...

# VERB PATTERNS

Verb- was? Lass dich durch diese Bezeichnung nicht irritieren. In diesem Abschnitt geht es um **Verben, denen ein weiteres Verb folgt**, beziehungsweise um die Form dieses **zweiten Verbs**.

Im Deutschen steht das zweite Verb in der Regel im Infinitiv, aber wir Engländer müssen natürlich nerven und aaaaalles anders machen... Sonst wären wir ja keine Engländer!

Schau hier:

Ich wollte ins Kino gehen, aber es war nicht möglich.
Mir gefällt es überhaupt nicht,, an der Uferpromenade zu spazieren, ich gehe lieber an den Strand.
Meine Mutter hat mir gesagt, dass ich heute Nachmittag Tennis spielen kann.

Die Verben **gehen, spazieren** und **spielen** bleiben immer im Infinitiv. Willst du die gleichen Sätze auf Englisch sagen, dann kannst du nicht immer den Infinitiv verwenden:

I wanted **to go** to the cinema, but it wasn't possible.
I don't enjoy **walking** along the promenade, I prefer **going** to the beach.
My mum told me I can **play** tennis this afternoon.

In diesen Beispielen brauchst du die folgenden Formen:

to + Infinitiv

Verb + -ing

Infinitiv ohne ~~to~~

Wenn du im Englischen zwei Verben hast, gilt es darauf zu achten, welche Form das zweite Verb einnimmt.

Die Form des zweiten Verbs hängt immer vom ersten Verb ab.

# The Most Important Verbs

**TO WANT** Nach dem Verb **to want** steht immer **to + Infinitiv:**

I wanted to go...

**TO ENJOY** Nach dem Verb **to enjoy** steht immer **Verb + -ing.**

I don't enjoy walking...

**TO PREFER** Nach dem Verb **to prefer** kann sowohl **to + Infinitiv** als auch **Verb + -ing stehen:**

I prefer going...
or
I prefer to go...

**CAN** Nach dem Verb **can** wird der **Infinitiv immer ohne** ~~to~~ angeschlossen:

I can play...

Im Folgenden findest du eine Liste der wichtigsten Verben, der du entnehmen kannst, wie sie das nachfolgende Verb beeinflussen: Ich habe das Verb **to travel** als Muster für die Beispiele genommen. Du wirst sehen, wie es sich – je nach vorhergehendem Verb – verändert.

# To + Infinitiv

| VERBS | VERBEN | TO + INFINITIV |
|-------|--------|----------------|
| choose | sich entscheiden | |
| decide | beschließen | |
| forget | vergessen | |
| promise | versprechen | |
| agree | einverstanden sein | |
| ask | fragen, bitten | |
| manage | leiten | |
| need | benötigen | |
| help | helfen | **to travel** |
| prepare | vorbereiten | |
| learn | lernen | |
| hope | hoffen | |
| expect | erwarten | |
| fail | scheitern | |
| want | wollen | |
| would like | wünschen | |
| ought | müssen (das einzige Modalverb, das ein to erfordert) | |

I choose to travel by bus.
Ich entscheide mich, mit dem Bus zu reisen.

They decided to travel in the morning.
Sie haben beschlossen, morgens zu reisen.

I forget to travel and so I am always here!
Ich vergesse zu reisen, und deshalb bin ich immer hier!

# Verb + -ing

| VERBS | VERBEN | -ING |
|---|---|---|
| avoid | vermeiden | |
| finish | beenden, aufhören | |
| enjoy | genießen/sich amüsieren | |
| adore | über alles lieben | **travelling** |
| consider | überlegen, erwägen | |
| can't stand | nicht ausstehen können | |
| dislike | nicht mögen | |
| suggest | vorschlagen | |
| give up | aufgeben | |

I avoid travelling on planes. I am afraid of them.
Ich vermeide es, mit Flugzeugen zu reisen. Ich habe Angst vor ihnen.

When I finish travelling, I'll call you.
Wenn ich von der Reise zurückkomme, rufe ich dich an.

I don't enjoy travelling.
Ich reise nicht gerne.

Yesterday I considered playing football, but it was raining, so I decided not to.
Gestern überlegte ich Fußball zu spielen, aber es hat geregnet, deshalb habe ich mich dagegen entschieden.

I adore travelling during the off season.
Ich liebe es, in der Nebensaison zu verreisen.

I can't stand travelling with organized groups.
Ich hasse es, mit einer Gruppe zu verreisen.

# Infinitiv ohne ~~to~~     2.3.4

| VERBS | VERBEN | INFINITIV OHNE ~~TO~~ |
|---|---|---|
| can (could) | können | |
| may (might) | Erlaubnis/Wahrschein-lichkeit | |
| shall/will (should) | Zukunft/Befehl | |
| do | emphatic | **travel** |
| must | Pflicht/Gewissheit | |
| let + ..... | Erlaubnis | |
| dare | wagen | |
| need not | nicht nötig | |
| had better | müssen | |

I can travel for months, without problems.
Ich kann problemlos monatelang verreisen.

I need not travel, because I watch documentaries.
Ich muss nicht reisen, weil ich mir Dokumentarfilme ansehe.

This time I let her travel with me.
Dieses Mal ließ ich sie mit mir verreisen.

I must travel a lot for my job.
Ich muss beruflich viel reisen.

I might travel to Birmingham, if it doesn't rain.
Vielleicht reise ich nach Birmingham, wenn es nicht regnet.

I could travel this summer, if he lets me (travel).
Ich könnte diesen Sommer verreisen, wenn er mich lässt.

## **EXERCISE** n. 19

Jetzt darfst du wieder zeigen, was du gelernt hast. Üüüüüübersetze bitte.

### **WORDS YOU WILL NEED**

| | |
|---|---|
| Ski fahren | to ski |
| essen | to eat |
| lesen | to read |
| lernen | to learn |
| tanzen | to dance |
| sich fertig machen für | ready oneself to... + INFINITIV; ready ... for + GERUNDIUM oder SUBSTANTIV |
| helfen | to help (jdm, etw zu tun) |
| über etw nachdenken | to consider + GERUNDIUM oder SUBSTANTIV to think about + GERUNDIUM oder SUBSTANTIV |

1. Ich liebe es, Ski zu fahren. ...................................................................
................................................................................................................

2. Ich muss essen. ......................................................................................
................................................................................................................

3. Ich schlage vor, dass wir laufen. .........................................................
................................................................................................................

4. Ich lese nicht gerne. ..............................................................................
................................................................................................................

5. Ich hoffe, dass ich es lerne. ..................................................................
................................................................................................................

6. Ich will tanzen. ..................................................................................................................
.......................................................................................................................................

7. Machen wir uns zum Essen fertig. ....................................................................................
.......................................................................................................................................

8. Ich kann Spazierengehen nicht ausstehen. .....................................................................
.......................................................................................................................................

9. Ich helfe ihm bei der Arbeit. .............................................................................................
.......................................................................................................................................

10. Ich denke darüber nach, ihm in der Schule zu helfen. .....................................................
.......................................................................................................................................

# MODAL VERBS

Okay – in *Instant English* haben wir uns ziemlich lange mit den Modalverben be-schäftigt. Dort haben wir uns insbesondere diese hier näher angeschaut:

Can/Could/Be able to

Could/Could have

Would/Would have

Should/Should have

Might (May)/Might have

Must/Have to

Wenn du dich jetzt fragst, wovon ich zum Teufel rede, dann hast du offensichtlich nicht genug Zeit damit verbracht, die Modalverben zu lernen. Nimm also nochmals dein *Instant English* in die Hand und blättere zur Seite 168 – dort findest du sie! Wenn dir aber klar ist, wovon ich rede, dann teste dein Wissen doch gleich mit einer Übung...

## EXERCISE n. 20

### WORDS YOU WILL NEED

| | |
|---|---|
| Erlaubnis | permission |
| Brille | (na komm..., das weißt du doch. Also gut... glasses) |
| fahren | to drive (ein Auto) |
| singen | (auch das kennst du bereits. Aber ich habe heute meinen großzügigen Tag: to sing) |

1. Ich kann kommen, meine Mutter hat mir die Erlaubnis gegeben. ..........................
   ............................................................................................................................

2. Du solltest kommen, es wird schön werden! ...................................................
   ............................................................................................................................

3. Ich würde kommen, wenn ich könnte, aber ich kann nicht..............................
   ............................................................................................................................

4. Ich kann mit dieser Brille nicht sehen. ............................................................
   ............................................................................................................................

5. Ich kann nicht Auto fahren. ..............................................................................
   ............................................................................................................................

6. Du hättest mit uns kommen können..................................................................
   ............................................................................................................................

7. Du hättest mit uns kommen sollen....................................................................
   ............................................................................................................................

8. Ich hätte dir etwas zu trinken angeboten. .......................................................
   ............................................................................................................................

9. Du hättest Karaoke singen sollen......................................................................
   ............................................................................................................................

10. Ich würde kommen, wenn ich könnte, und ich sollte das tun, aber ich kann nicht. ...................................................................................................................
    ............................................................................................................................

# Must vs Have to

Hast du das geschafft? Kein Problem? Gut. Dann schauen wir uns Must und Have to einmal genauer an. Danach kommen wir zu einem Paar neuer Modalverben, von denen du vielleicht noch nie gehört hast!

Sowohl must als auch have to bedeuten **MÜSSEN**, aber sie werden in unterschiedlichen Situationen gebraucht.

Must verwendet man eher, wenn die Anordnung, etwas zu tun, vom Sprecher selbst kommt. Have to verwendet man, wenn die Anordnung von einer höheren Stelle kommt, oder wenn es sich um eine Regel handelt.

Tatsächlich sind diese beiden Modalverben ihrer Bedeutung nach so ähnlich, dass must und have to oft gegeneinander austauschbar sind, ohne dass das Verwirrung schafft oder sich die Bedeutung des Satzes ändert.

Das eigentliche Problem beginnt, wenn du sie **in verneinten Sätzen** verwendest.

Deshalb möchte ich dir einen Fehler aufzeigen, der häufig gemacht wird: Du findest hier einen deutschen Satz mit seiner korrekten englischen Übersetzung und – oh weh – den häufigsten Übersetzungsfehler in diesem Zusammenhang.

Du sollst nicht mit vollem Mund reden.

You **mustn't speak** with your mouth full.

NICHT: ~~You **don't have to speak** with your mouth full.~~

Die Erklärung ist einfach:

You don't have to speak with your mouth full heißt, dass du nicht gezwungen bist, mit vollem Mund zu reden. Das ist aber etwas völlig Anderes.


Schau dir diese Beispiele an:

CAROL: I'm going to the beach!
JAKE: I'll give you a lift.

CAROL: Thanks, but you don't have to, if you don't want to, the beach is very close.
JAKE: No, don't worry, it's an opportunity for me to leave the house for an hour... it's no problem.

In der verneinten  Form unterscheiden sich diese beiden Modalverben sehr voneinander. PASS ALSO AUF, dass du sie nicht verwechselst:
MUSTN'T = ein sehr starker, negativer Zwang (genau wie im positiven Sinn, aber eben negativ).

DON'T HAVE TO = Es besteht kein Zwang... Es ist nicht nötig, aber du kannst es tun, wenn du möchtest.

# Ought to & Ought to Have

Dieses Verb verwendet man, wenn es um angemessenes Verhalten, ein vorherseh-bares Ereignis oder eine Empfehlung geht:

**should** bezieht sich eher auf einen Vorschlag,
während **ought to** eine Pflicht bezeichnet.

Ought unterscheidet sich von den anderen Modalverben, denn es braucht ein to. Deshalb musst du bei der Bildung seiner Formen besonders aufpassen.

BEJAHT

You ought to be more careful with other people's things.
Du solltest mit anderer Leute Dinge vorsichtiger umgehen.

He ought to be here soon.
Er müsste bald hier sein (vorhersehbares Ereignis).

FRAGE

What time are we ought to arrive.
What time ought we to arrive?
NICHT: ~~What time do we ought to arrive?~~
Wann müssten wir ankommen?

VERNEINT

We oughtn't go too early, or we'll be the first people there (Empfehlung).
Wir sollten nicht zu früh losgehen, sonst werden wir die Ersten dort sein.

Ich muss dir gestehen, dass ich ought to **NIE** verwende. Ich nehme immer should und rate dir, es mir gleichzutun. Solltest du jemals einem Lord begegnen, der diese Form verwendet, dann weißt du wenigstens, wovon er redet. 🙂

# Had better
# (besser daran tun)

Wir kommen zu einer weiteren Besonderheit im Englischen, die dich vielleicht dazu veranlasst, mir ein "WARUM?" entgegenzuschleudern...
Es handelt sich um eine Vergangenheitsform, mit der wir eine zukünftige Verpflichtung ausdrücken. Ach du meine Güte – das klingt noch nicht einmal gut, wenn ich es schreibe. Aber hör zu: In diesem Fall darfst du dir had nicht als Vergangenheitsform des Verbs to have vorstellen. Betrachte es einfach als eigenständiges Wort. Ich weiß, dass das nicht leicht ist, aber versuche es bitte trotzdem.

Had better verwendet man für eine nachdrückliche Empfehlung, oder um jemandem (einschließlich dir selbst) zu sagen, was er tun soll. Werfen wir einen kurzen Blick auf die unterschiedlichen Formen – in diesem Fall auf den Infinitiv ohne to:

BEJAHT

You'd* better get home before your father does, or you are in trouble.
Du tätest besser daran, vor deinem Vater nach Hause zu kommen, sonst bekommst du Ärger.

FRAGE

Hadn't we better leave?
Sollten wir nicht besser gehen?

VERNEINT

You'd* better not play football in your best trousers (USA: pants).
NICHT: ~~You hadn't better play football in your best trousers.~~
Du tätest besser daran, nicht in deiner besten Hose Fußball zu spielen.

*Beachte die Kurzform: In der bejahten und in der verneinten Form wird had häufig verkürzt.

# IF1 & IF2
# + Modalverben

Wir müssen jetzt ein paar Dinge – oder auch die Karten – mischen, um die Sätze ein bisschen zu variieren.

Bei den IF-Sätzen habe ich immer die modalen Hilfsverben will und would verwendet, um dir das Üben zu erleichtern. Will und would drücken aber eine Gewissheit aus – und die gibt es nicht immer!

I will.
Ich werde es tun (mit Sicherheit).
I would.
Ich würde es tun (mit Sicherheit, wenn die entsprechenden Bedingungen vorhanden wären).

Selbstverständlich ändert sich die Gewissheit je nach verwendetem Modalverb. Um das ein wenig verständlicher zu machen, findest du hier für einige Modalverben eine Prozentzahl, die deren Gewissheit angeben.

| | | |
|---|---|---|
| I will go. | (100%) | sicher |
| I could go. | (70%) | gut möglich |
| I may/might go. | (50%) | man weiß es nicht |

Ich greife hier ein paar "alte" Beispiele auf, um deinem Gedächtnis auf die Sprünge zu helfen.

1.
If I go to Egypt, I will visit the pyramids.
Wenn ich nach Ägypten fahre, besuche ich die Pyramiden.
Es ist unsicher, ob ich nach Ägypten fahre oder nicht, aber WENN ich fahre, dann besuche ich mit Sicherheit die Pyramiden.

2.
If I go to Egypt, I could visit the pyramids.
Wenn ich nach Ägypten fahre, könnte ich die Pyramiden besuchen.
Hier sind zwei Dinge ungewiss: Ob ich überhaupt nach Ägypten fahre und – falls ich dorthin reise – ob ich dann die Pyramiden besuche.

3.
If I go to Egypt, I might visit the pyramids.
Wenn ich nach Ägypten fahre, ist es möglich, dass ich die Pyramiden besuche.

# MODAL VERBS

Hier ist noch alles offen: Es ist ungewiss, ob ich nach Ägypten fahre, aber wenn ich dorthin fahre, ist es möglich (50 %), dass ich die Pyramiden besuche.

Selbstverständlich gibt es dann auch noch Modalverben, denen man keine Prozentzahl zuordnen kann:

If I go to Egypt, I must visit the pyramids.
Wenn ich nach Ägypten fahre, MUSS ich die Pyramiden besuchen.

If I go to Egypt, I should visit the pyramids.
Wenn ich nach Ägypten fahre, sollte ich die Pyramiden besuchen (es wäre richtig, das zu tun).

If I go to Egypt, I have to visit the pyramids.
Wenn ich nach Ägypten fahre, muss ich die Pyramiden besuchen (ein Außenstehender zwingt mich dazu).

Versuche jetzt bitte, ein paar Beispielsätze mit IF zu übersetzen. Verwende hierbei die Modalverben CAN, MIGHT, MUST, WILL und SHOULD.

## EXERCISE n. 21

### WORDS YOU WILL NEED

| | |
|---|---|
| trinken | to drink |
| warten | to wait |
| Stadion | stadium |
| Statue | Statue (... denk daran, dass das englische Wort mit einem Großbuchstaben beginnt – es handelt sich um ein proper noun!) |
| Freiheit | Liberty (dito) |
| rauchen | to smoke |
| wütend sein/ werden | to be/get angry |
| anrufen | to call |
| schlafen | was du nie tun solltest, wenn du Englisch lernst... to sleep |
| küssen | (wenn du dieses Wort nicht kennst, dann kannst du es wirklich vergessen...) |

1. Wenn du dorthin gehst, musst du deine Mutter mitnehmen.
   ................................................................................................................

2. Wenn du mir hilfst, kann ich mit dir kommen..........................................................
   ................................................................................................................

3. Wenn du mir hilfst, komme ich mit dir. ..................................................................
   ................................................................................................................

4. Wenn das Pub geöffnet ist, trinke ich vielleicht etwas...........................................
   ................................................................................................................

5. Wenn du eine Stunde wartest, kann ich dir helfen..................................................
   ................................................................................................................

6. Wenn du jetzt nach Hause gehst, solltest du das dem Chef sagen. ....................
   ................................................................................................................

# MODAL VERBS

7.  Wenn du mir fünfzig Euro gibst, kann ich ins Stadion gehen. ...............................................

8.  Wenn du mit mir tanzst, gebe ich dir vielleicht einen Kuss. ...............................................

9.  Wenn du nach New York gehst, musst du dir die Freiheitsstatue ansehen. ...........

10. Wenn ich kann, rufe ich dich an. ...................................................................................

11. Wenn sie dir helfen kann, dann sollte sie das tun. .....................................................

12. Wenn du rauchen musst, solltest du das Fenster öffnen. .........................................

13. Wenn ich kann, esse ich. ..............................................................................................

14. Wenn du singst, lächelt er vielleicht. ..........................................................................

15. Wenn du die Arbeit machst, sollte er glücklich sein. .................................................

16. Wenn du spät kommst, wird er wütend sein. .............................................................

17. Wenn du kannst, musst du mich anrufen. ...................................................................

18. Wenn ich schlafen kann, ist es vielleicht besser. ......................................................

19. Wenn du mich nach Afrika mitnimmst, küsse ich dich. ..............................................

20. Wenn sie arbeiten können, sind wir bis heute Abend fertig. .....................................

Damit du dein Wissen jetzt auch testen kannst, habe ich eine Übersetzungsübung mit IF 2 (reine Hypothese) für dich. Bei diesen Sätzen musst du das Hauptverb in der Vergangenheit und WOULD und COULD einsetzen.

## EXERCISE n. 22

### WORDS YOU WILL NEED

| | | | |
|---|---|---|---|
| fernsehen | to watch TV | fragen | to ask |
| respektieren | to respect (Go, Aretha! R-E-S-P-E-C-T, find out what it means to me!) | Medizin | medicine |

1. Wenn ich arbeiten könnte, würde ich das Haus bezahlen.....................

2. Wenn du mich mitnehmen würdest, wäre ich glücklich......................

3. Wenn sie dich sähe, könnte sie dich küssen..........................

4. Wenn ich gehen könnte, würde ich in die Schule gehen.....................

5. Wenn ich singen könnte, würde ich zu X Factor gehen.....................

6. Wenn du nicht die ganze Zeit reden würdest, könnte ich in Ruhe fernsehen....

7. Wenn er mich respektieren würde, könnte ich ihm helfen.....................

8. Wenn er mich fragen würde, ob ich ihn heirate, könnte ich es tun..................

9. Wenn er dorthin ginge, wäre das schön. .....................

10. Wenn sie ihre Medizin nähme, hätte sie nicht diese Probleme....................

# MORE IDIOMS

Wenn du einmal auch nur fünf Minuten lang zwei Engländern bei einem Gespräch zuhörst, fällt dir auf, dass wir unsere idioms lieben.

Zum Glück gehört der Abschnitt über die idioms zu den beliebtesten Teilen meines ersten Buches. Deshalb findest du im aktuellen Band all jene idioms, die ich (aus Platzgründen) im ersten Band von *Instant English* nicht unterbringen konnte.

## A

### (TO HAVE) AN ACE UP YOUR SLEEVE
### EIN ASS IM ÄRMEL HABEN

Ein Ass im Ärmel oder einen Trumpf in der Hand haben. Ein Trumpf in der Hand bedeutet beim Pokerspiel, dass man etwas Wertvolles in Reserve hat. Auch im Leben braucht es manchmal einen Trumpf in der Hand, den man im richtigen Augenblick hervorholen kann, wenn alles andere schiefläuft.

She still doesn't want to go out with me, but I have an ace up my sleeve: two tickets for Elton John live at Royal Albert Hall.
Sie möchte immer noch nicht mit mir ausgehen, aber ich habe einen Trumpf in der Hand: Zwei Karten für Elton John live in der Royal Albert Hall.

We're in big trouble, I hope you've got an ace up your sleeve.
Wir sind in großen Schwierigkeiten; ich hoffe, du hast noch ein Ass im Ärmel.

The judge was going to let the killer go, but the prosecutor still had one ace up his sleeve that got the man incarcerated. A bloody knife!
Der Richter wollte den Mörder gerade gehen lassen, aber der Staatsanwalt hatte noch einen Trumpf in der Hand, der ihn hinter Gitter gebracht hat: ein blutverschmiertes Messer!

### ACT OF GOD
### EINE TAT GOTTES

Das ist "höhere Gewalt". Von dieser spricht man, wenn etwas durch eine Naturgewalt, ohne den Einfluss des Menschen, geschieht.

The insurance company didn't pay because they said that the storm was an Act of God.
Die Versicherung hat nicht bezahlt, weil es sich ihrer Meinung nach bei dem Sturm um höhere Gewalt handelte.

I didn't go to work today, thanks to an Act of God. The office was flooded.
Ich bin heute nicht arbeiten gegangen, dank höherer Gewalt. Das Büro stand unter Wasser.

The bad weather stopped the fighting. Surely an Act of God.
Das schlechte Wetter hat die Kämpfe gestoppt. Das ist wirklich höhere Gewalt.

## (TO) ADD FUEL TO THE FLAMES
### BENZIN IN DIE FLAMMEN GEBEN

Öl ins Feuer gießen: Wenn eine Situation bereits schlimm ist, dann möchte man kein Öl ins Feuer gießen, denn damit würde man sie noch verschlimmern.

She was angry that I came home late and when I told her that Julie brought me home I just added fuel to the flames.
Sie war wütend, weil ich spät nach Hause kam, und als ich ihr sagte, dass Julie mich nach Hause gebracht hatte, habe ich noch Öl ins Feuer gegossen.

Don't add fuel to the flames by telling him that he is wrong.
Gieß kein Öl ins Feuer, indem du ihm sagst, dass er im Unrecht ist.

The government added fuel to the flames by not answering the reporters' questions.
Die Regierung hat Öl ins Feuer gegossen, indem sie die Fragen der Reporter nicht beantwortet hat.

## AFTER THE FACT
### NACH DER TATSACHE

Nachträglich, im Nachhinein.

After the fact I realised I couldn't trust her.
Im Nachhinein habe ich erkannt, dass ich ihr nicht vertrauen konnte.

He betrayed her and saying sorry after the fact didn't help. It only added fuel to the flames.
Er hat sie betrogen, und seine nachträgliche Entschuldigung hat nicht geholfen. Damit hat er nur Öl ins Feuer gegossen.

It's easy to know how we were supposed to deal with the problem after the fact.
Im Nachhinein ist es leicht zu wissen, wie wir mit dem Problem hätten umgehen sollen.

## AGAINST THE CLOCK
### GEGEN DIE UHR

Gegen die Zeit arbeiten, ein Wettlauf gegen die Zeit.

We have been working against the clock all year, I'm exhausted.
Wir haben das ganze Jahr gegen die Zeit gearbeitet, ich bin erschöpft.

We're all working against the clock, not only you!
Wir alle arbeiten gegen die Zeit, nicht nur du!

I hope we can have your car ready for Monday as promised, Madam, but we're working against the clock.
Ich hoffe, dass wir Ihr Auto wie versprochen bis Montag fertig haben, aber es ist ein Wettlauf gegen die Zeit.

## ALL IN YOUR HEAD
### ALLES IN DEINEM KOPF

Alles nur Einbildung. Hat man dich je als verrückt bezeichnet? Mir passiert das ständig. Wir alle leiden doch ab und zu an einer gesunden Paranoia, oder? Manchmal sehen wir Probleme, wo keine sind – sie existieren nur in unserem Kopf.

He is sure that nobody likes him, but it's all in his head.
Er ist sich sicher, dass ihn keiner mag, aber das bildet er sich nur ein.

She doesn't flirt with other men, Jason, it's all in your head!
Sie flirtet nicht mit anderen Männern, Jason, das bildest du dir nur ein!

The police weren't looking for him, it was all in his head.
Die Polizei hat nicht nach ihm gesucht, das hat er sich nur eingebildet.

## ANTS IN YOUR PANTS
### AMEISEN IN DEINER UNTERHOSE

Stell dir vor, du hättest Hummeln im Hintern oder – wie wir Engländer sagen – Ameisen in der Unterhose. Du würdest einen Tanz aufführen, oder? Vielleicht wärst du ein bisschen unruhig. Dieses idiom bedeutet, dass eine Person keine Sekunde lang stillhalten kann, dass sie ständig in Bewegung ist.

I think he likes her, he has ants in his pants every time she enters the room.
Ich glaube, er mag sie. Jedes Mal, wenn sie den Raum betritt, wird er ganz unruhig.

Don't get ants in your pants! Everything is under control.
Kein Grund zur Unruhe: Es ist alles unter Kontrolle.

Jane gets ants in her pants when we work against the clock!
Jane wird immer ganz unruhig, wenn wir gegen die Zeit arbeiten!

## ÜBERSETZEN WIR!

Und jetzt habe ich mal wieder eine kleine Geschichte zum Übersetzen für dich. Achtung: Es kommen darin alle idioms vor, die du gerade gelernt hast.

### WORDS YOU WILL NEED

| | |
|---|---|
| Chaos | big mess / disaster |

### TIM UND TOM IM BÜRO

Tim und Tom stehen vor dem Büro ihres Chefs und bangen um ihre Zukunft.

TIM: Wir haben ein ziemliches Chaos angerichtet.
TOM: Hey, das stimmt nicht. DU hast das Chaos angerichtet.
TIM: Aber ich habe gegen die Zeit gearbeitet, um diese Arbeit zu beenden! Gieß bitte kein Öl ins Feuer, Tom.
TOM: Ich weiß nicht, warum du so unruhig bist... wir wissen alle, dass der Chef dich liebt.
TIM: Das bildest du dir nur ein; es ist überhaupt nicht so, Tom... Auf jeden Fall habe ich noch einen Trumpf in der Hand: Ich werde sagen, dass der Brand nicht zu vermeiden war, dass es höhere Gewalt war.
TOM: Nach allem, was geschehen ist, ist es zu spät für Ausreden.

(to be continued...)

# B

### (IN) BAD SHAPE
### SCHLECHT IN FORM

Ich bin in bad shape, weil ich nie Zeit habe, schwimmen zu gehen. Wenn jemand nicht in Form oder sehr krank ist, dann ist er in bad shape.

We need to do extra training, the new boys are in bad shape.
Wir müssen mehr trainieren, die neuen Jungs sind schlecht in Form.

We need help! A man has been shot and he's in really bad shape.
Wir brauchen Hilfe! Ein Mann wurde angeschossen, er ist in einem wirklich schlechten Zustand.

You were in great shape when I married you! Why are you in bad shape now?!
Du warst in Topform, als ich dich geheiratet habe! Warum bist du jetzt schlecht in Form?!

### (TO) BANG THE HEAD AGAINST A BRICK WALL
### DEN KOPF GEGEN EINE BACKSTEINMAUER SCHLAGEN

Auf Granit beißen oder gegen Windmühlen kämpfen. Wenn du deinen Kopf immer wieder gegen eine Mauer schlägst, ohne zu erreichen, was du möchtest, dann werden deine Schmerzen immer schlimmer... Manchmal ist es besser aufzuhören und aufzugeben.

You're banging your head against a brick wall, Tina, he'll never be faithful.
Du beißt auf Granit, Tina. Er wird niemals treu sein.

Stop banging your head against a brick wall. He will never understand!
Hör auf, gegen Windmühlen zu kämpfen. Er wird es nie verstehen!

I have explained a 1,000 times why I did it, but I'm just banging my head against a brick wall.
Ich habe 1.000 Mal erklärt, warum ich es getan habe, aber ich beiße auf Granit.

Asking for a raise is like banging my head against a brick wall.
Eine Gehaltserhöhung zu fordern ist wie auf Granit zu beißen.

## BARK IS WORSE THAN HIS BITE
### DAS BELLEN IST SCHLIMMER ALS SEIN BISS

Hunde, die bellen, beißen nicht.

Don't get ants in your pants, her bark is worse than her bite.
Sei nicht so unruhig ihretwegen – Hunde, die bellen, beißen nicht.

My father shouts when he's angry, but fortunately his bark is worse than his bite.
Mein Vater schreit, wenn er wütend ist, aber Hunde, die bellen, beißen zum Glück nicht.

Don't worry about Frank, he threatens us every day. His bark is worse than his bite.
Mach dir keine Sorgen wegen Frank, er droht uns täglich, aber Hunde, die bellen, beißen nicht.

## (TO) BARK UP THE WRONG TREE
### DEN FALSCHEN BAUM ANBELLEN

Auf dem Holzweg sein / an der falschen Adresse sein.

Dieses Bild finde ich witzig. Der Hund steht unter dem Baum und bellt wie verrückt nach oben, während die Katze auf einem anderen Baum sitzt und sich ins Fäustchen lacht. Auch wir tun das manchmal. Wir bellen unter dem falschen Baum, während das, was wir wollen, anderswo zu finden ist.

She is looking for a boyfriend at the "Pink Paradise Club", which is for gays! She's definitely barking up the wrong tree there!
Sie ist im "Pink Paradise", einem Schwulenclub, auf der Suche nach einem Freund. Hier ist sie definitiv an der falschen Adresse!

If you want to borrow money you're barking up the wrong tree, I haven't got any!
Wenn du dir Geld leihen willst, bist du bei mir an der falschen Adresse – ich habe keines!

If you want a tan you are barking up the wrong tree by going to Birmingham.
Wenn du braun werden möchtest, bist du auf dem Holzweg, wenn du nach Birmingham gehst.

You're barking up the wrong tree, we don't do photocopies.
Du bist hier an der falschen Adresse, wir machen keine Fotokopien.

### (TO) BEAT AROUND THE BUSH
**UM DEN BUSCH HERUM SCHLAGEN**

Um den heißen Brei herumreden.

I want you to stop beating around the bush, what do you want to say?!
Hör auf, um den heißen Brei herumzureden. Was willst du sagen?!

Listen, Paul, I'm not going to beat around the bush, I think you're an idiot.
Hör zu, Paul, ich möchte nicht um den heißen Brei herumreden, ich denke, dass du ein Idiot bist.

I spent 3 hours beating around the bush after the fact, but I still couldn't tell her!
Ich habe im Nachhinein drei Stunden lang um den heißen Brei herumgeredet, aber ich konnte es ihr einfach nicht sagen.

### (THE) BEE'S KNEES
**DIE KNIE DER BIENE**

Das Nonplusultra / das Größte / das Beste.

Die Knie der Biene? Welchen Sinn hat dieses idiom? Keinen – aber es wird häufig gebraucht und ist nett.

The new Birmingham City team is the bee's knees, we could beat Barcelona this year!
Die neue Mannschaft von Birmingham City ist die Beste. Wir könnten in diesem Jahr Barcelona schlagen!

My new TV is the bee's knees.
Mein neuer Fernseher ist das Nonplusultra.

What do you think of my new dress? I think it's the bee's knees!
Wie findest du mein neues Kleid? Ich denke, es ist das Nonplusultra!

### BEGGARS CAN'T BE CHOOSERS
**BETTLER HABEN KEINE WAHL**

In der Not frisst der Teufel Fliegen.

We were sleeping in his bathroom because we had no money for a hotel and beggars can't be choosers.
Wir haben in seinem Badezimmer geschlafen, weil wir kein Geld für ein Hotel hatten, und in der Not frisst der Teufel Fliegen.

I married Gertrude. She's loud, crass and she can't cook, but nobody else wanted me and beggars can't be choosers.
Ich habe Gertrude geheiratet. Sie ist laut, derb und sie kann nicht kochen, aber mich wollte sonst keine und in der Not frisst der Teufel Fliegen.

I got a job cleaning the toilets in Central Station. I took it because there just isn't any work around at the moment and beggars can't be choosers.
Ich habe einen Job bekommen, ich putze die Toiletten im Hauptbahnhof. Ich habe ihn angenommen, weil es im Moment keinen anderen Job gibt, und in der Not frisst der Teufel Fliegen.

**BEHIND CLOSED DOORS**
**HINTER VERSCHLOSSENEN TÜREN**

Etwas findet im Verborgenen statt, hinter verschlossenen Türen.

We all lost our jobs suddenly. I don't know why, everything was decided behind closed doors.
Wir haben alle plötzlich unsere Arbeit verloren. Ich weiß nicht, warum. Alles wurde hinter verschlossenen Türen beschlossen.

This is big news, we should talk about it later. Behind closed doors.
Das ist eine große Neuigkeit, wir sollten später darüber reden. Hinter verschlossenen Türen.
The whole war was fought behind closed doors.
Der gesamte Krieg fand hinter verschlossenen Türen statt.

### BETTER LATE THAN NEVER
### BESSER SPÄT ALS NIE

Thank you for the lovely present. My birthday was yesterday, but better late than never.
Danke für das schöne Geschenk. Mein Geburtstag war zwar gestern, aber besser spät als nie.

I said sorry a week after the fact, but, hey, better late than never.
Ich habe mich eine Woche im Nachhinein entschuldigt, aber, hey, besser spät als nie.

The match is almost finished, but if you run you can play in the second half. Come on! Better late than never.
Das Spiel ist beinahe vorbei, aber wenn du rennst, kannst du in der zweiten Halbzeit mitspielen. Komm! Besser spät als nie.

## ÜBERSETZEN WIR!

... selbstverständlich brauchst du alle idioms, die du gerade gelernt hast!

### WORDS YOU WILL NEED

| | |
|---|---|
| Arbeitsagentur | job center |
| sich anschließen | to join |
| Armee | army |
| Soldat | (komm schon.... das kennst du) |
| Büro | office |
| Zeit verschwenden | to waste time |
| putzen | to clean |
| Stiefel | boot |

### TIM BEI DER ARBEITSAGENTUR

THT: Typ hinter dem Tresen einer Einberufungsstelle der Bundeswehr

THT: Hallo.
TIM: Hallo. Ich möchte mich gerne der Armee anschließen. Ich bin 45 Jahre alt und gut in Form; ich möchte seit 20 Jahren Soldat sein. Für mich ist diese Arbeit das Nonplusultra. Besser spät als nie.
THT: Sie sind zu alt.
Tim: Sie reden nicht lange um den heißen Brei herum, oder?
THT: Sie sind auf dem Holzweg... warum arbeiten Sie nicht in einem Büro?
TIM: Das habe ich 20 Jahre lang getan, und sie haben mich heute entlassen. Ich sagte, es tue mir leid, aber ich habe auf Granit gebissen. Ich habe immer gegen die Zeit gearbeitet.
THT: Bleiben Sie bitte bei den Idioms, die mit einem "b" beginnen! Wir haben "gegen die Zeit" schon verwendet... oder sind Sie ein IDIOT?! (der übliche Soldatenschrei)
TIM: Okay, Entschuldigung, Entschuldigung!
THT: Keine Sorge... Hunde, die bellen, beißen nicht.
TIM: Haben Sie also keine Arbeit für mich?
THT: Sie können meine Stiefel putzen.
TIM: Okay, das nehme ich an, in der Not frisst der Teufel Fliegen.

# C

### (TO) CALL A SPADE A SPADE
### EIN PIK PIK NENNEN

Das Kind / die Sache beim Namen nennen.

Wenn du eine Pik-Karte hast und mich so täuschst, dass ich sie für eine Herz-Karte oder gar für einen König halte, dann sagst du mir nicht die Wahrheit. Wenn du eine Pik-Karte hast, möchte ich, dass du mir auch sagst, dass es eine Pik-Karte ist; ich möchte, dass du das Kind beim Namen nennst.

You get what you see with Tommy, he calls a spade a spade.
Bei Tommy bekommst du das, was du siehst, er nennt das Kind beim Namen.

Listen, just call a spade a spade and tell me what I have done wrong.
Hör zu, nenn die Sache beim Namen und sag mir, was ich falsch gemacht habe.

Stop beating around the bush, Hilary... just call a spade a spade.
Red nicht um den heißen Brei herum, Hilary... nenn das Kind beim Namen.

### (TO OPEN) A CAN OF WORMS
### EINE DOSE WÜRMER

Eine verzwickte Angelegenheit / ein heißes Eisen / in ein Wespennest stechen.

Hier handelt es sich nicht etwa um eine Zutat aus der englischen Küche. Ich weiß, du denkst, wir Engländer seien in der Lage, alles zu essen, aber eine Dose Würmer würde ich niemals anrühren (solange ich nüchtern bin)!

Stell dir aber mal das Chaos vor, das herrscht, wenn du eine Dose mit Würmern öffnest... Das ist schwer in den Griff zu bekommen. Es gibt Tabuthemen, die man innerhalb der Familie, unter Freunden oder bei der Arbeit meiden sollte, weil sonst das Chaos ausbricht – wie beim Öffnen einer Dose voller Würmer.

After the fact, I realised that I had opened a can of worms talking about her divorce.
Im Nachhinein habe ich erkannt, dass ich in ein Wespennest gestochen habe, als ich von ihrer Scheidung sprach.

Don't talk about atheism with Ratzinger, it's a can of worms.
Sprich mit Ratzinger nicht über Atheismus – das ist ein heißes Eisen.

You really opened a can of worms talking about the war with him, his father died in it.
Du hast wirklich in ein Wespennest gestochen, als du mit ihm über den Krieg gesprochen hast. Sein Vater starb im Krieg.


## CAP IN HAND
### MÜTZE IN DER HAND

Jemanden mit der "Mütze in der Hand" um etwas bitten, heißt soviel wie eine Bitte demütig und respektvoll vorbringen – also einen Bittgang machen.

I asked for a raise cap in hand. I think that after 20 years of service I deserve it.
Ich habe einen Bittgang gemacht und um eine Gehaltserhöhung gebeten. Ich denke, nach 20 Dienstjahren habe ich das verdient.

I ask you cap in hand for a loan.
Ich bitte dich demütig um ein Darlehen.

I will go cap in hand and ask him to forgive me.
Ich werde ihn kleinlaut um Verzeihung bitten.


## CARROT AND STICK
### KAROTTE UND STOCK

Auf der einen Seite besteht ein Anreiz, auf der anderen droht eine Strafe, wenn du nicht das tust, worum man dich bittet.
Dieses idiom entspricht dem deutschen "Zuckerbrot und Peitsche".

The whole government philosophy is carrot and stick: work and you live well, but if you don't work there is no help.
Die Regierung arbeitet komplett nach dem Prinzip "Zuckerbrot und Peitsche": Wenn du arbeitest, hast du ein gutes Leben, aber wenn du nicht arbeitest, bekommst du keine Hilfe.

This company's carrot and stick policy is hard. A promotion for those who sell, unemployment for those who don't.
Die Politik dieser Firma nach dem Motto "Zuckerbrot und Peitsche" ist hart. Beförderung für diejenigen, die Umsatz machen, Arbeitslosigkeit für die, die das nicht tun.

My wife uses the carrot and stick approach. If I obey her we sleep in the same bed, if I don't, I sleep in the garden.
Meine Frau setzt das Prinzip Zuckerbrot und Peitsche ein. Wenn ich ihr gehorche, schlafen wir im selben Bett, wenn nicht, schlafe ich im Garten.

## (TO) CARRY THE TORCH
### DIE FACKEL TRAGEN

Wenn du insgeheim jemanden liebst, ohne es dieser Person zu sagen, dann trägst du demjenigen die Fackel.

He has been carrying the torch for her for years.
Er schmachtet seit Jahren nach ihr.

Did you see the way he was looking at you? He's carrying a torch, Lisa.
Hast du gesehen, wie er dich angeschaut hat? Er hat eine Schwäche für dich, Lisa.

I have carried the torch for too long, Amanda, please will you go out with me?
Ich habe meine Gefühle für dich zu lange verborgen gehalten, Amanda. Gehst du bitte mit mir aus?

## (A) CAT IN GLOVES CATCHES NO MICE
### EINE KATZE MIT HANDSCHUHEN FÄNGT KEINE MÄUSE

Eine Katze, die Handschuhe trägt, fängt keine Mäuse, weil sie zu vorsichtig ist. Dieses idiom wird häufig im Geschäftsleben verwendet. Es bedeutet, dass man manchmal besser etwas riskiert und entspricht dem deutschen "wer nicht wagt, der nicht gewinnt".

(USA: He who hesitates is lost. The early bird catches the worm.)

You shouldn't have hesitated in buying that shop! A cat in gloves catches no mice.
Du hättest nicht zögern sollen, diesen Laden zu kaufen! Wer nicht wagt, der nicht gewinnt.

Oh just call him and make an offer! A cat in gloves catches no mice.
Oh, ruf ihn einfach an und mach ihm ein Angebot! Wer nicht wagt, der nicht gewinnt.

It's obvious that you're carrying a torch for Amanda, when you see her don't beat around the bush, just tell her how you feel because remember, a cat in gloves catches no mice.
Es ist offensichtlich, dass Amanda dir gefällt. Wenn du sie siehst, dann rede nicht um den heißen Brei herum. Sag ihr einfach, was du fühlst, denn – denk daran – wer nicht wagt, der nicht gewinnt.

### CHEWING THE FAT
### DAS FETT KAUEN

Das heißt soviel wie "über Gott und die Welt reden" oder "ein Schwätzchen halten". Man verwendet dieses idiom nur in der Umgangssprache.

My grandmother is in the garden chewing the fat with her neighbour.
Meine Oma hält im Garten ein Schwätzchen mit ihrem Nachbarn.

There is nothing to do at work, we just sit there chewing the fat all day.
Es gibt nichts zu tun bei der Arbeit. Wir sitzen den ganzen Tag herum und reden über Gott und die Welt.

He is chewing the fat with his mate (USA: friend, pal).
Er redet mit seinem Kumpel über Gott und die Welt.

### (TO GO) COLD TURKEY
### AUF KALTEN TRUTHAHN GEHEN

Einen kalten Entzug von einer Sucht machen, ohne Medikamente.

I stopped smoking cold turkey... it was hard.
Ich habe, ohne etwas einzunehmen, mit dem Rauchen aufgehört... es war hart.

I haven't drunk a coffee since this morning. I'm going cold turkey.
Ich habe seit heute Morgen keinen Kaffee getrunken. Ich bin auf Entzug.

The cold turkey period after heroin is agonising apparently.
Ein kalter Entzug nach Heroinabhängigkeit ist offensichtlich qualvoll.

## ÜBERSETZEN WIR!

... hierzu brauchst du die neuen idioms mit dem Buchstaben C!

### WORDS YOU WILL NEED

| | |
|---|---|
| verzeihen | to forgive |
| stinken | to stink |
| Atem | breath (Hast du aufgepasst? Hast du bemerkt, dass es sich hier um ein Substantiv und nicht um ein Verb handelt? Super – ich wusste ja, dass ich auf dich zählen kann.) |
| Gut gemacht! | Well done! Good going! |

### AUF DER PARTY

HARRY: Warum kommst du nicht zur Party?

PHIL: Weil Darren dort sein wird, und er hat mir noch nicht verziehen.

HARRY: Was denn?

PHIL: Harry, du kennst mich ja. Ich nenne das Kind beim Namen. Nun, ich habe gefragt, warum er seine Frau Carol nicht mehr in die Kneipe mitbringt, und ich habe damit ein heißes Eisen angefasst. Am nächsten Tag habe ich einen Bittgang zu ihm angetreten, aber da war nichts zu machen.

HARRY: Aber warum? Stehst du auf seine Frau? Du bist in sie verliebt, oder?

PHIL: Nein, sie ist nur eine Freundin.

HARRY: Na hör mal! Du bist auf Entzug, wenn du sie nicht siehst... möchtest du meinen Rat?

PHIL: Nein.

HARRY: Ruf sie an und frag, ob sie mit dir ausgeht... Sie ist sowieso nicht mehr mit Darren zusammen, also los. Wer nicht wagt, der nicht gewinnt.

PHIL: Ich habe sie heute Morgen angerufen. Wir haben ein Schwätzchen gehalten... Ich habe ihr nicht gesagt, was ich denke.

HARRY: Ich sehe nicht, wie John "Zuckerbrot und Peitsche" in dieser kleinen Geschichte unterbringen will, du?

PHIL: Nein, nein, überhaupt nicht.

HARRY: Hör zu, komm zur Party, und ich gebe dir ein Bier aus, sonst werde ich Carol sagen, dass dein Atem stinkt.

PHIL: Da haben wir ja Zuckerbrot und Peitsche: Gut gemacht!

# D

## DEAD AS A DODO
### TOT WIE EIN DODO

Der Dodo war ein Vogel, der auf Mauritius hei-misch war. Er konnte nicht fliegen und wurde gejagt und letztendlich ausgerottet. Es gibt also nichts, was toter sein könnte als ein Dodo.

(USA: dead as a doornail)

My cat is dead, as dead as a dodo.
Meine Katze ist tot, mausetot.

I am afraid the deal is as dead as a dodo. They are selling to someone else.
Ich fürchte, das Geschäft ist geplatzt. Sie verkaufen an jemand anderen.

His goldfish was dead as a dodo.
Sein Goldfisch war mausetot.


## (TO) DELIVER THE GOODS
### DIE WARE LIEFERN

Dieses idiom wird auch außerhalb des Geschäftslebens verwendet. Es bedeutet, etwas in die Tat umsetzen, gute Arbeit leisten.

If Özil delivers the goods today, Arsenal will win.
Wenn Özil heute sein Bestes gibt, dann gewinnt Arsenal.

Everybody wanted to see Ribery at his best at Allianz-Arena tonight and Ribery really delivered the goods.
Alle wollten Ribery in der Allianz-Arena heute Abend in Topform sehen, und er hat sein Bestes gegeben.

I'll pay you when you deliver the goods.
Ich zahle, wenn du die Ware lieferst.

### DIRE STRAITS
**ENTSETZLICHE NOTLAGE**

In großen Schwierigkeiten stecken, ohne Ausweg sein.

The recession really hit his business hard and now he's in dire straits.
Die Rezession hat sein Geschäft wirklich hart getroffen, und jetzt ist er in großen Schwierigkeiten.

My girlfriend left me and they are repossessing my house, I'm in dire straits.
Meine Freundin hat mich verlassen, und sie nehmen mein Haus wieder in Besitz. Ich bin in großen Schwierigkeiten.

Mark Knopfler is stuck in New York and can't get back for the concert in London because of the ash cloud in Iceland. He's in dire straits.
Mark Knopfler sitzt in New York fest und kann wegen der Aschewolke in Island nicht zu seinem Konzert nach London zurück. Er steckt in großen Schwierigkeiten.

### DOWN THE DRAIN
**DEN ABFLUSS HINUNTER**

Alles im Eimer, alles zum Fenster hinausgeworfen.

I told him I was an Aston Villa fan and there went the new job opportunity down the drain.
Ich habe ihm gesagt, dass ich Aston-Villa-Fan bin, und damit war die Aussicht auf eine neue Stelle im Eimer.

Don't throw our love down the drain. We can find a solution!
Werf unsere Liebe nicht einfach weg. Wir können eine Lösung finden!

The horse came in last. I was sure it would win. £20 down the drain.
Das Pferd ging als letztes ins Ziel. Ich war mir sicher, dass es gewinnen würde. £20 zum Fenster hinausgeworfen.

### (TO) DRAW THE LINE
**DIE LINIE ZEICHNEN**

Hier ist Schluss / einen Schlussstrich ziehen.

No, I will not lend you £100! You have already borrowed £500 and you haven't repaid it, sorry, but I must draw the line somewhere.
Nein, ich werde dir keine £100 leihen! Du hast dir bereits £500 geliehen und sie nicht zurückgezahlt. Tut mir leid, aber irgendwann ist Schluss.

It's time to draw the line here, baby. It's finished, I've had enough.
Es ist Zeit, hier einen Schlussstrich zu ziehen, Baby. Es ist vorbei, ich habe genug.

I go out with killers, bank robbers and violent criminals, but I draw the line at Aston Villa fans.
Ich treffe mich mit Mördern, Bankräubern und Kriminellen, aber bei Aston-Villa-Fans ist bei mir Schluss.

### DRINK LIKE A FISH
### WIE EIN FISCH TRINKEN

Sich volllaufen lassen, wie ein Loch saufen.

Dieses idiom habe ich – ehrlich gesagt – nie verstanden. Soviel ich weiß, trinken Fische nicht... und wenn sie trinken, dann sicherlich keinen Alkohol.

He has a beautiful car, but he can never drive it because he drinks like a fish.
Er hat ein wunderschönes Auto, aber er kann nie damit fahren, weil er säuft wie ein Loch.

My granddad drank like a fish before he went to church so he always insulted the priest.
Mein Opa hat sich stets volllaufen lassen, bevor er in die Kirche ging. Deshalb hat er immer den Pfarrer beleidigt.

He drank like a fish for 50 years, you can imagine how much money he drank... all down the drain.
Er hat 50 Jahre lang gesoffen wie ein Loch, du kannst dir vorstellen, wie viel Geld er fürs Trinken ausgegeben hat... alles zum Fenster hinausgeworfen.

### DEAD MAN WALKING
### EIN TOTER, DER SPAZIERT

So nannte man Gefangene, die zum Tode verurteilt waren. Ein Toter, der spaziert, ist also ein zum Tode Verurteilter. Heute verwendet man dieses idiom in anderen Situationen – zum Beispiel, wenn jemand zwangsläufig seine Arbeit oder Stellung verlieren wird.

The boss won't forgive this. Tim is a dead man walking.
Das wird der Chef ihm nicht verzeihen. Tim ist am Ende.

# MORE IDIOMS

She found earrings in my car. I'm a dead man walking.
Sie hat Ohrringe in meinem Auto gefunden. Ich bin ein toter Mann.

He called Sammy an idiot and Sammy found out. He's a dead man walking.
Er hat Sammy als Idioten bezeichnet, und Sammy hat das herausgefunden. Er ist ein toter Mann.

## ÜBERSETZEN WIR!

Behalte alle idioms von A bis D im Hinterkopf.

### WORDS YOU WILL NEED

finden — to find

### NEW YORK GANGSTERS

ROCCO: Hey, Tony! Sie haben Lucky Lenny heute Morgen tot aufgefunden.
TONY: Vielleicht war er nur betrunken, du weißt ja, er säuft wie ein Loch.
ROCCO: Nein, er war mausetot... Ich denke, er hat die Ware nicht rechtzeitig geliefert.
TONY: Dann haben wir ein ernsthaftes Problem. Jetzt werden sie auch uns töten. Lenny hat sicher geredet, bevor er starb.
ROCCO: Nein, jetzt ist Schluss; ich lasse es nicht zu, dass sie mich töten!
TONY: Unser Leben ist im Eimer, Rocco... wir sind zwei tote Männer.

# E

## (TO) EARN A LIVING
### SEINEN LEBENSUNTERHALT VERDIENEN

Das kennst du ja aus dem Deutschen.

A funeral director earns a living on dead people.
Ein Bestattungsunternehmer verdient seinen Lebensunterhalt mit Toten.

All I ask is to earn a living honestly.
Alles, was ich will, ist meinen Lebensunterhalt ehrlich zu verdienen.

I earn a living cleaning the streets.
Ich verdiene meinen Lebensunterhalt mit Straßenkehren.


### (TO) EAT LIKE A HORSE
**WIE EIN PFERD ESSEN**

Essen wie ein Scheunendrescher.

At Silvia's wedding, I ate like a horse.
Bei Silvias Hochzeit habe ich gegessen wie ein Scheunendrescher.

You had better buy extra steak, Dave's coming tonight and he eats like a horse.
Du hättest besser ein paar Steaks zusätzlich kaufen sollen. Dave kommt heute Abend, und er isst wie ein Scheunendrescher.

I'd rather eat like a horse than like a bird.
Ich esse lieber wie ein Scheunendrescher als wie ein Spatz.


### (TO) EAT LIKE A PIG
**WIE EIN SCHWEIN ESSEN**

You ate like a pig last night, I didn't know where to look.
Du hast gestern Abend wie ein Schwein gegessen. Ich wusste nicht, wohin ich schauen soll.

I can't hear the television when dad eats, he eats like a pig.
Ich kann den Fernseher nicht hören, wenn Papa isst. Er isst wie ein Schwein.

I love to eat alone, so I can eat like a pig and nobody complains.
Ich liebe es, alleine zu essen. Dann kann ich wie ein Schwein essen, und keiner beschwert sich.

## (I'LL) EAT MY HAT
### ICH WERDE MEINEN HUT ESSEN

Einen Besen fressen.

Es gibt eine Szene in einem der fantastischen Dick-und-Doof-Filme, in der Doof zu Dick sagt: "Wenn du es schaffst, einen Dollar zu verdienen, dann esse ich meinen Hut". Dick gelingt es, und Doof isst seinen Hut mit Salz und Pfeffer – und schockiert damit Dick.

Dieses idiom wird wie im Deutschen häufig verwendet. Wenn du dir sicher bist, dass etwas nicht eintritt, sagst du "ich fresse einen Besen, wenn das passiert".

If VfB Stuttgart win on Sunday, I'll eat my hat!
Ich fresse einen Besen, wenn der VfB Stuttgart am Sonntag gewinnt!

If Suzie goes out with you, I'll eat my hat.
Wenn Suzie mit dir ausgeht, fresse ich einen Besen.

If you get a job with Telekom, I'll eat my hat.
Wenn du einen Job bei der Telekom bekommst, fresse ich einen Besen.

## (AN) EYE FOR AN EYE
### (AND A TOOTH FOR A TOOTH)
### AUGE UM AUGE
### (UND ZAHN UM ZAHN)

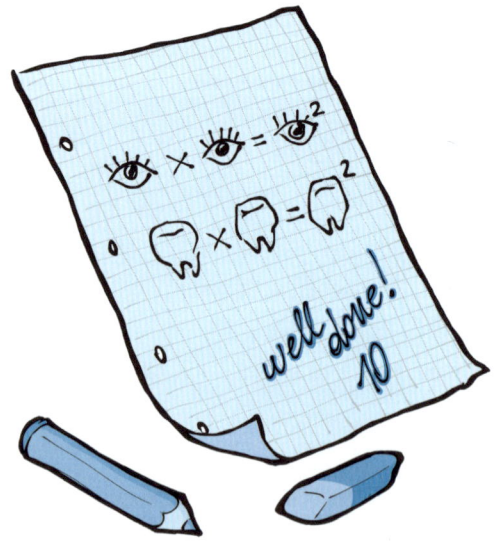

Das ist klar, oder?!

He ate my sandwich, so I am going to eat his brioche, an eye for an eye!
Er hat mein Sandwich gegessen, also werde ich sein Brioche essen – Auge um Auge!

He kissed my girl, so I'm going to kiss his, an eye for an eye, a tooth for a tooth!
Es hat meine Freundin geküsst, also werde ich seine küssen – Auge um Auge, Zahn um Zahn!

He broke my window, so I broke his, an eye for an eye!
Er hat mein Fenster kaputt gemacht, also habe ich seines kaputt gemacht. Auge um Auge!

## EVERY CLOUD HAS A SILVER LINING
### JEDE WOLKE HAT EIN SILBERNES FUTTER

Alles hat sein Gutes / auf Regen folgt Sonnenschein.

Was mir immer gut gefallen hat, ist, dass die Chinesen für "Chance" und "Krise" ein und dasselbe Wort benutzen. Wir hier im Westen neigen ja dazu, in einer Krise (einer Veränderung) etwas Negatives zu sehen. In China hingegen betrachtet man eine Veränderung auch als Chance.

People sometimes say that every cloud has a silver lining to comfort somebody who's having problems. They mean that it is always possible to get something positive out of a situation, no matter how unpleasant, difficult or even painful it might seem.
Manche Menschen sagen, alles hat sein Gutes, um eine Person zu trösten, die Probleme hat. Damit meinen sie, dass es immer möglich ist, etwas Positives aus einer Situation zu gewinnen – egal, wie unerfreulich, schwierig oder gar schmerzhaft diese erscheint.

Don't worry about losing your job, Jessie, every cloud has a silver lining, now you can spend more time with your son.
Mach dir keine Sorgen darüber, dass du deinen Arbeitsplatz verloren hast, Jessie. Alles hat sein Gutes – jetzt kannst du mehr Zeit mit deinem Sohn verbringen.

She met her husband in hospital, so every cloud has a silver lining.
Sie hat ihren Mann im Krankenhaus kennengelernt, alles hat sein Gutes.

The man who ran her over was her long lost son, so every cloud has a silver lining.
Der Mann, der sie überfahren hat, war ihr lang verloren geglaubter Sohn. Jedes Unglück hat auch sein Gutes.

**ÜBERSETZEN WIR!**

Mit dem E sind wir durch: Schauen wir mal, ob du dich an alle idioms erinnerst!

### WORDS YOU WILL NEED

| | |
|---|---|
| gewinnen | to win |
| fertig sein | to finish |
| Arzt | doctor |

### SCHNITZELWETTBEWERB

Endrunde im Wettbewerb "wer schafft es am schnellsten, ein Zwei-Kilo-Schnitzel zu essen" in Houston, Texas. Der Favorit Big Benny ist siegessicher. Sein Herausforderer Jim der Riese, ist sich da weniger sicher... Und das geschieht, nachdem der Schiedsrichter den Startschuss abgibt:

FIP: eine Frau im Publikum

FIP 1: Wow, Benny isst wie ein Scheunendrescher... aber Jim isst wenig; er isst aber wie ein Schwein.
FIP 2: Wie schön es wäre, sich seinen Lebensunterhalt mit Essen zu verdienen.
FIP 1: Wenn Jim gewinnt, fresse ich einen Besen.
FIP 2: Benny ist schon fertig! Aber es sieht nicht so aus, als ob es ihm gut ginge...
FIP 1: Ja, aber alles hat sein Gutes; Jim ist Arzt, also...

# F

## (TO) FACE YOUR DEMONS
## SICH SEINEN DÄMONEN STELLEN

Sich seinen Ängsten stellen.

You should face your demons and fly on the plane.
Du solltest dich deinen Ängsten stellen und mit dem Flugzeug fliegen.

I'm going back to the pub in which I embarrassed myself last night. Time to face my demons.
Ich gehe zurück in das Pub, in dem ich mich letzte Nacht peinlich benommen habe. Es ist Zeit, dass ich mich meinen Ängsten stelle.

I'll face my demons and study English.
Ich werde mich meinen Ängsten stellen und Englisch lernen.

**FAIR AND SQUARE**
**GERECHT UND QUADRATISCH**

Sicher kennst du den Begriff fair play, der so viel heißt wie "sauber, gerecht und ohne Tricks spielen".

I beat you fair and square, now pay the bet!
Ich habe dich ganz klar geschlagen, lös jetzt die Wette ein!

I got that promotion fair and square, I worked harder than you.
Ich habe diese Beförderung ganz legitim erhalten. Ich habe härter gearbeitet als du.

Birmingham City beat Aston Villa 7-0 fair and square.
Birmingham City hat Aston Villa mit 7-0 ganz klar besiegt.

**FAST AND FURIOUS**
**SCHNELL UND WÜTEND**

Wenn für etwas eine Frist gesetzt ist, oder ein Punkt erreicht werden muss und die Zeit knapp ist, dann kommt man oft schnell und chaotisch zum Ende.

The pace was fast and furious to beat the deadline.
Das Tempo war rasant, damit die Frist eingehalten werden konnte.

The market trading was fast and furious before the close.
An der Börse wurde es hektisch vor Börsenschluss.

The race was fast and furious.
Das Rennen war rasant und hektisch.

### FEATHER IN YOUR CAP
#### FEDER IN DEINER MÜTZE

Was dem Soldat der Orden an der Brust, das ist für einen echten Indianer die Feder am Kopfschmuck.
A feather in your cap zu haben, bedeutet, dass man etwas Bestimmtes erreicht, oder eine Erfahrung gemacht hat, die einem für die Zukunft nützt.

What a successful project! A real feather in your cap.
Welch erfolgreiches Projekt! Darauf kannst du stolz sein.

His experience with the Saturn project gave him a real feather in his cap.
Durch seine Erfahrung mit dem Saturnprojekt ist er einen großen Schritt vorangekommen.

### FIFTH WHEEL
#### FÜNFTES RAD

Was ist das fünfte Rad? Es ist ein Rad mehr als nötig, also ziemlich überflüssig.

We don't need Tony, he's just a fifth wheel.
Wir brauchen Tony nicht, er ist wirklich überflüssig.

We can do without Sally on Sunday, she's a fifth wheel.
Wir kommen am Sonntag ohne Sally aus. Sie ist nur das fünfte Rad am Wagen.

Why do Liverpool play Michael Carrick? He's a fifth wheel in midfield.
Warum lässt Liverpool Michael Carrick spielen? Er ist im Mittelfeld überflüssig.

### FIRST COME, FIRST SERVED
#### ZUERST GEKOMMEN, ZUERST BEDIENT

Wer zuerst kommt, mahlt zuerst.

The shop opens at 9 and we have limited pizza, first come, first served!
Der Laden öffnet um neun, und wir haben nur eine begrenzte Anzahl an Pizzen. Wer zuerst kommt, mahlt zuerst.

The hairdresser doesn't take appointments, it's first come, first served.
Der Friseur macht keine Termine – wer zuerst kommt, mahlt zuerst.

My mom would always shout from the kitchen 'First come, first served', and we would all run.
Meine Mutter rief immer aus der Küche: "Wer zuerst kommt, mahlt zuerst", und wir rannten alle los.

## ÜBERSETZEN WIR!

Hier gibt es wieder eine Geschichte zum Übersetzen für dich – mit idioms von A bis F.

### WORDS YOU WILL NEED

| | |
|---|---|
| Wettbewerb | competition |
| nichts ausmachen | to not matter (welches Modalverb brauchst du für die verneinte Form... erinnerst du dich?) |
| Verlierer | loser |
| Team/Mannschaft | team |
| recht haben | to be right |

### FRANK UND DER WETTBEWERB

FRANK: Ich habe den Wettbewerb ganz legitim gewonnen; der Wettbewerb war rasant und hektisch, aber ich habe gewonnen, und jetzt will er die Wette nicht einlösen.

RICHARD: Das macht nichts. Du kannst jetzt stolz auf dich sein. Er ist nur ein Verlierer und muss sich seinen Ängsten stellen. Auch als er im Team gearbeitet hat, war er nur das fünfte Rad am Wagen.

BARMAID: Es sind nur noch zwei Bier übrig, wer zuerst kommt, mahlt zuerst.

FRANK: Du hast recht, Richard.

RICHARD: ...

FRANK: Richard?

## G

### (TO) GET A GRIP
**EINEN GRIFF BEKOMMEN**

sich zusammenreißen, sich wieder einkriegen

Wenn ich dich fest am Arm packe, I grip your arm, bedeutet das, ich drücke und halte dich fest. Eine Haarklammer, die deine Haare fest zusammenhält, heißt im Englischen hair-grip. Autoreifen müssen nach einigen Jahren gewechselt werden, denn they lose their grip und liegen nicht mehr gut auf der Straße.

Don't cry in front of him, get a grip!
Weine nicht vor ihm, reiß dich zusammen!

You want to kill me because I borrowed your car? You're hysterical, get a grip!
Willst du mich umbringen, weil ich mir dein Auto geliehen habe? Du bist hysterisch, krieg dich wieder ein!

You can't sack me because I'm 5 minutes late. Get a grip, man!
Du kannst mir nicht kündigen, weil ich fünf Minuten zu spät bin. Beruhige dich, Mann.

### (TO) GET MY GOAT
**MEINE ZIEGE HOLEN**

Jemanden auf die Palme bringen

Das ist mein Lieblings-idiom im Englischen. Was kann "meine Ziege holen" wohl heißen? Ich sag's dir gleich – Ziegen haben damit wirklich überhaupt nichts zu tun. If you get my goat bedeutet, dass ich mich über dich sehr ärgere und wütend bin.

Do you know what gets my goat? The street vendors who insist too much.
Weißt du, was mich auf die Palme bringt? Straßenverkäufer, die zu penetrant sind.

You really get my goat when you sulk all day.
Du bringst mich wirklich auf die Palme, wenn du den ganzen Tag schmollst.

Policemen who are arrogant for no reason really get my goat.
Polizisten, die ohne Grund arrogant sind, bringen mich auf die Palme.

### (TO) GET OUT OF YOUR PRAM
**STEIG AUS DEINEM KINDERWAGEN AUS**

(Dieses idiom gibt es im amerikanischen Englisch nicht. In den USA würde man sagen: to stick one's nose, where it doesn't belong/to poke one's nose into someone else's business/to put in one's two cents' worth.)

Einer, der aus seinem Kinderwagen aussteigt, ist jemand, der sich in Dinge einmischt, die ihn nichts angehen.

Why does Lahm get out of his pram when two other players argue?
Warum mischt sich Lahm immer ein, wenn zwei andere Spieler streiten?

My mom loves a good argument and will always get out of her pram even if she doesn't know the people involved.
Meine Mutter diskutiert gerne und mischt sich immer ein, selbst wenn sie die beteiligten Personen gar nicht kennt.

He'll always get out of his pram, if someone is talking about politics at the pub.
Er mischt sich immer ein, sobald im Pub jemand über Politik redet.

### (TO) GET THE GREEN LIGHT
**GRÜNES LICHT BEKOMMEN**

If we get the green light, we can start work.
Wenn wir grünes Licht bekommen, können wir anfangen zu arbeiten.

Messi got the green light to play against Birmingham City, but Barcelona lost anyway.
Messi hat grünes Licht für das Spiel gegen Birmingham City bekommen, aber Barcelona hat trotzdem verloren.

NATO got the green light to start attacking.
Die NATO hat grünes Licht für einen Angriff bekommen.

### GIFT OF THE GAB
### DIE GABE DES SCHWÄTZENS

Wie ein Wasserfall reden können / ein flottes Mundwerk haben / Überredungskunst besitzen / nicht auf den Mund gefallen sein.

Mir wurde gesagt, Italiener seien in der Lage, eine Frau in weniger als einer Minute mit Worten zu erobern, weil sie wie ein Wasserfall reden können; für Verkäufer ist es auf jeden Fall vorteilhaft, wenn sie diese Gabe besitzen.

He convinced Vicky to go out with him, what a gift of the gab he has.
Er hat Vicky dazu gebracht, mit ihm auszugehen – er besitzt wirklich Überredungskunst.

Neapolitans have an amazing gift of the gab when selling stuff.
Neapolitaner haben ein flottes Mundwerk, wenn sie etwas verkaufen wollen.

He has the gift of the gab, he could sell sand to the Arabs.
Er kann sehr überzeugend reden, er könnte einem Araber Sand verkaufen.

### GLASS CEILING
### GLÄSERNE DECKE

In manchen Institutionen herrscht Diskriminierung: Es gibt Stellen, an denen Frauen keine Aufstiegsmöglichkeit haben. Es gibt Menschen, die ihrer Nationalität oder ihrer Religion wegen nicht befördert werden – weil es eine gläserne Decke gibt, die man zwar nicht sieht, aber die dennoch existiert.

Some people think there is a glass ceiling for women in some companies, whereas men are favoured for promotion.
Manche Menschen sind der Meinung, dass es in bestimmten Firmen keine Aufstiegschancen für Frauen gibt, Männer dagegen bevorzugt befördert werden.

In Belfast, there was a glass ceiling for Catholics in the public sector.
In Belfast gab es im öffentlichen Dienst keine Aufstiegschancen für Katholiken.

### GO DUTCH

#### AUF HOLLÄNDISCHE ART GEHEN

Wenn zwei oder mehr Personen getrennte Kasse führen,... selbst wenn es sich um ein Liebespaar handelt!

He insists we go dutch when we eat out.
Er besteht darauf, dass wir getrennt bezahlen, wenn wir zum Essen ausgehen.

I was hoping we'd go dutch, but I paid and had to walk home.
Ich hatte gehofft, dass wir getrennt bezahlen würden, aber ich habe bezahlt und musste zu Fuß nach Hause gehen.

She is a feminist until we have to pay for something! We never go dutch, not even at the pub.
Sie ist so lange Feministin, bis es ums Bezahlen geht. Wir zahlen nie getrennt, nicht einmal im Pub.

# MORE IDIOMS

## ÜBERSETZEN WIR!

### WORDS YOU WILL NEED

| | |
|---|---|
| Saudi-Arabien | Saudi Arabia |
| hassen | to hate |
| Führungskraft | manager |
| für wenig Geld arbeiten | work for pennies |
| Restaurant | (wenn du die Übersetzung für dieses Wort nicht weißt, dann gehst du wohl nicht oft aus, oder?) |
| den Mund halten | to shut up (ich muss dich aber warnen... an deiner Stelle würde ich das niemals zu meiner Frau oder Freundin sagen, oder you'll be as dead as a dodo) |

### KEVIN UND PIA

KEVIN: Liebstes, sie haben mir grünes Licht dafür gegeben, in Saudi-Arabien zu arbeiten! Auch wenn ich nicht qualifiziert bin, hat mir mein großes Mundwerk viel geholfen.

PIA: Nein! Ich will nicht, dass du gehst. Ich hasse diiiiich!!

KEVIN: Pia, reiß dich zusammen!

PIA: Nein!

KEVIN: Du bringst mich auf die Palme, wenn du dich so benimmst... du bist nur neidisch.

PIA: Hör zu, gäbe es in der Firma, in der ich arbeite, Aufstiegschancen für Frauen, wäre ich bereits Führungskraft, und du weißt das! Stattdessen bin ich immer im Büro und arbeite für wenig Geld... Ich kann nicht einmal für mich bezahlen, wenn wir ins Restaurant essen gehen!

KEVINS MUTTER: Halt einfach den Mund!

KEVIN: Was geht dich das an, Mama? Warum musst du dich immer einmischen?

# H

### HALF A MIND
### DER HALBE VERSTAND

(Große) Lust haben etwas zu tun.

You haven't done your homework! I have half a mind to ground you for a week.
Du hast deine Hausaufgaben nicht gemacht! Ich hätte große Lust, dir eine Woche lang Hausarrest aufzubrummen.

He didn't finish the project on time, I have half a mind to tell his boss.
Er hat das Projekt nicht rechtzeitig fertiggestellt. Ich hätte große Lust, es seinem Chef zu sagen.

You took a month to paint my kitchen! I have half a mind to pay you only half your fee.
Du hast einen Monat gebraucht, um meine Küche zu streichen! Ich hätte große Lust, dir nur den halben Preis zu bezahlen.

### HALF BAKED
### HALB GEBACKEN

unausgereift, unausgegoren

Your half baked scheme to rob the bank got them in deep trouble.
Dein unausgegorener Plan für den Bankraub hat sie in große Schwierigkeiten gebracht.

Why did I listen to your half baked plan?
Warum habe ich mir deinen unausgegorenen Plan angehört?

I'm sick of your half baked ideas on getting rich quick... just find a job!
Ich habe deine unausgegorenen Pläne, wie man möglichst schnell reich wird, satt... such dir einfach eine Arbeit!

"We'll just catch the first plane out of the Birmingham airport", you said, "it will be an exciting adventure!" (and we're stuck in the airport.) You and your half baked ideas!
"Wir könnten einfach das erste Flugzeug vom Flughafen in Birmingham nehmen" sagtest du, "das wird ein aufregendes Abenteuer!" (und jetzt stecken wir am Flughafen fest.) Du und deine unausgereiften Ideen!

# MORE IDIOMS

### HANDS DOWN
### HÄNDE RUNTER

Hands down bedeutet "zweifellos" und steht immer am Ende des Satzes.

Messi is the best player in the world hands down.
Messi ist zweifellos der beste Spieler der Welt.

She is the most beautiful hands down.
Sie ist zweifelsohne die Schönste.

He's the best boss I've ever had hands down.
Er ist zweifellos der beste Chef, den ich je hatte.

## HANGING BY A THREAD
### AN EINEM FADEN HÄNGEN

Dieser Ausdruck bedeutet: Ein Risiko eingehen, sich stets in Gefahr bewegen, am seidenen Faden hängen...

He had a terrible heart attack and now his life is hanging by a thread.
Er hatte einen schrecklichen Herzinfarkt, und sein Leben hängt jetzt an einem seidenen Faden.

He made a mistake that cost the company millions and his career is hanging by a thread.
Ihm ist ein Fehler unterlaufen, der die Firma Millionen gekostet hat – seine Karriere hängt am seidenen Faden.

2 minutes left and we are losing 2-0, our future in the premiership is hanging by a thread.
Noch zwei Minuten, und wir verlieren 2-0; unsere Zukunft in der ersten Liga hängt am seidenen Faden.

## HAPPY MEDIUM
### GLÜCKLICHE MITTE

Einen Kompromiss finden – den goldenen Mittelweg, die goldene Mitte.

She wanted to go to Spain and I wanted to go to Greece, we found a happy medium and went to France.
Sie wollte nach Spanien fahren und ich nach Griechenland. Wir haben den goldenen Mittelweg gefunden und sind nach Frankreich gegangen.

She goes out with her friends on Friday and I go out with mine on Saturday... that's the happy medium that we found.
Sie geht freitags mit ihren Freunden aus und ich samstags mit meinen... Das ist der Kompromiss, den wir gefunden haben.

My boss wants me to travel, but I want to work from home... I think we'll just have to find a happy medium. Maybe a caravan.
Mein Chef möchte, dass ich reise, aber ich will von zu Hause aus arbeiten... Ich denke, wir müssen einen Kompromiss finden. Vielleicht einen Wohnwagen.

## (TO) HAVE YOUR CAKE AND EAT IT, TOO
### DEINEN KUCHEN HABEN UND IHN AUCH ESSEN

Auf zwei Hochzeiten gleichzeitig tanzen.

Möchtest du, dass dein schöner Kuchen ganz bleibt und ihn gleichzeitig essen? Man kann nicht alles haben...

He wants to marry her, but live on his own, he wants to have his cake and eat it, too.
Er möchte sie heiraten, aber auch alleine leben – man kann nicht auf zwei Hochzeiten gleichzeitig tanzen.

He said I can sing in his club, but I have to bring people and he won't pay me, he wants to have his cake and eat it, too.
Er sagte, ich könne in seinem Club singen, aber ich müsse Leute mitbringen, und er werde mich nicht bezahlen. Er möchte immer alles haben.

She wants me to buy her a car because she needs her money to go on holiday with her mother, she wants to have her cake and eat it, too.
Sie möchte, dass ich ihr ein Auto kaufe, weil sie ihr Geld braucht, um mit ihrer Mutter Urlaub zu machen – sie möchte gerne alles haben.

# I

## I'LL CROSS THAT BRIDGE WHEN I COME TO IT
### ICH WERDE DIESE BRÜCKE ÜBERQUEREN, WENN ICH DORT BIN

Alles zu seiner Zeit; kommt Zeit, kommt Rat.

Tim: What will you do, if the police catch you with no license?
Tim: Was wirst du tun, wenn die Polizei dich ohne Führerschein erwischt?
Tom: I'll cross that bridge when I come to it.
Tim: And what will happen when Tracy sees that you've taken her car?
Tim: Und was wird geschehen, wenn Tracy entdeckt, dass du ihr Auto genommen hast?
Tom: I'll cross that bridge when I come to it.
Tim: And where will you then live when she kicks you out?
Tim: Und wo wirst du wohnen, wenn sie dich rauswirft?
Tom: I'll cross that bridge when I come to it.

## ICING ON THE CAKE
### ZUCKERGUSS AUF DEM KUCHEN

Das ist das Sahnehäubchen / die Krönung / das i-Tüpfelchen.

The party was wonderful and Julie turning up at the end was just the icing on the cake.
Das Fest war wunderbar und dass Julie am Ende aufgetaucht ist, war das i-Tüpfelchen.

I was so happy to be promoted and finding out that we will be working together is the icing on the cake.
Ich war so glücklich, dass ich befördert worden bin und dass wir zusammenarbeiten werden, ist die Krönung.

To see Aston Villa lose 5-0 was wonderful, but then to see all their players crying in front of their fans was just the icing on the cake.
Aston Villa 5-0 verlieren zu sehen, war wunderbar, aber dann die ganzen Spieler vor den Augen ihrer Fans weinen zu sehen, war das Sahnehäubchen.

### IF YOU LIE DOWN WITH DOGS YOU WILL GET UP WITH FLEAS
**WENN DU DICH MIT HUNDEN SCHLAFEN LEGST, STEHST DU MIT FLÖHEN AUF**

(USA: if you play with fire, you have to expect to get burned/if you play in the mud, you have to expect to get dirty)

Wer sich mit den falschen Leuten einlässt, behält etwas zurück, das er entweder nie oder sehr schlecht wieder los wird, und das ist immer negativ.

Tɪᴍ: Nobody wanted to employ Herbert after his friends had published certain photos on the internet.
Tɪᴍ: Keiner wollte Herbert einstellen, nachdem seine Freunde gewisse Fotos im Internet veröffentlicht hatten.
Tᴏᴍ: If you lie down with dogs, you will get up with fleas.

### IN DONKEY'S YEARS
**IN DEN JAHREN EINES ESELS**

Mit diesem idiom bezeichnet man einen sehr langen Zeitraum.

I haven't had a glass of water in donkey's years.
Ich habe schon seit Ewigkeiten kein Glas Wasser mehr getrunken.

I saw an Elvis film for the first time in donkey's years and it was great.
Ich habe nach ewig langer Zeit wieder einen Elvis-Film gesehen, und er war großartig.

He hasn't sung in donkey's years which is a pity because he's a great singer.
Er hat seit einer Ewigkeit nicht mehr gesungen. Das ist schade, weil er ein großartiger Sänger ist.

## ÜBERSETZEN WIR!

Die folgende Geschichte enthält idioms, die mit I und H beginnen.

### WORDS YOU WILL NEED

| | |
|---|---|
| Fall | case |
| Schlüssel | key |
| vielleicht | maybe |
| Richter | judge (Substantiv, das Verb lautet to judge) |
| Bande | band |
| bedeuten | to mean |
| Schwierigkeiten | trouble (Hast du bemerkt, dass das Wort im Englischen im Singular steht? Wie scharfsinnig!) |
| Verbrechen | crime |

### JOHNNY

Gespräch zwischen einem Polizisten (P) und dem kleinen Johnny (J).

P: Ich bin seit einer Ewigkeit Polizist, aber ich habe noch nie einen Fall wie diesen erlebt. Du bist zweifellos der dümmste Bursche, den ich je gesehen habe, und dein unausgegorener Plan hat hier jeden zum Lachen gebracht. Ich habe große Lust, dich jetzt einzusperren und den Schlüssel wegzuwerfen.
J: Ich bin es nicht gewesen.
P: Ah, das ist noch die Krönung.
J: Ich war nicht dort.
P: Vielleicht warst du das nicht, aber wenn der Richter die Fotos von dir und deiner Bande sieht, was wird er sagen?
J: Damit beschäftige ich mich, wenn es soweit ist. Auf jeden Fall bedeutet es nicht, dass ich das Verbrechen begangen habe, nur weil ich Teil der Bande bin.
P: Wenn du dich mit gewissen Leuten abgibst, musst du mit Schwierigkeiten rechnen.
J: Ich möchte mit der Bande rumhängen, aber ich möchte nicht in Schwierigkeiten geraten.
P: Du möchtest also alles haben.
J: Morgen finden wir einen Kompromiss.
P: Johnny, deine Zukunft hängt an einem seidenen Faden, es gibt keinen Kompromiss.

# J

### JOINED AT THE HIP
### AN DER HÜFTE VEREINT

Wie siamesische Zwillinge.

Why do you have to come to the party with me? We're not joined at the hip.
Warum musst du mit mir auf die Party gehen? Wir sind doch keine siamesischen Zwillinge.

Concy, if you come to my office, as well, people will start to think we're joined at the hip.
Concy, wenn du auch noch in mein Büro kommst, denken die Leute, wir wären siamesische Zwillinge.

Those two are always together, they seem like they're joined at the hip.
Diese beiden stecken immer zusammen wie siamesische Zwillinge.

### (TO) JUMP THE GUN
### DIE PISTOLE SPRINGEN

Voreilig handeln, einen Frühstart hinlegen, etw überstürzen.

Let's not jump the gun and rush into marriage... we've only been together 25 years.
Lass uns nichts überstürzen und zu schnell heiraten... Wir sind erst 25 Jahre zusammen.

I think you're jumping the gun by going to live with her so soon.
Ich glaube, du überstürzt die Dinge, wenn du so bald mit ihr zusammenziehst.

I don't want to jump the gun and run a marathon, I only started jogging a month ago.
Ich möchte nichts überstürzen und jetzt einen Marathon laufen; ich habe erst vor einem Monat mit dem Joggen begonnen.

She jumped the gun quitting her job before getting a new one.
Es war voreilig von ihr, ihren Job zu kündigen, bevor sie einen neuen hatte.

### (TO) JUMP TO CONCLUSIONS
**ZU DEN SCHLUSSFOLGERUNGEN SPRINGEN**

Voreilige Schlüsse ziehen.

BOY: Hello, what's your name?
GIRL: Go away!
BOY: I don't want to jump to conclusions, but I don't think you like me.
WOMAN 1: I just wanted to watch a film with him and he jumped to conclusions and thought I wanted a romantic date!
WOMAN 2: All men are the same!

You came in one hour late and left one hour early... I don't think I'm jumping to conclusions if I think you don't like your job.

Das hier muss ich wohl nicht übersetzen: Du hast es verstanden, oder?

### (IT'S A) JUNGLE OUT THERE
**DORT DRAUSSEN IST EIN DSCHUNGEL**

Draußen ist ein Dschungel, etwas Unklares, auf das man sich besser nicht einlässt.

Don't trust people too soon, people can take advantage of the information you give them... it's a jungle out there.
Trau den Menschen nicht zu früh, sie können die Informationen, die du ihnen gibst, ausnutzen... Da draußen ist es wie im Haifischbecken.

Just keep yourself to yourself and don't cause trouble. It's a jungle out there.
Bleib am besten für dich und mach keine Schwierigkeiten. Die Welt ist böse.

Remember Tarzan, hide your bananas. It's a jungle out there.
Tarzan, denk dran, deine Bananen zu verstecken. Dort draußen herrscht das Gesetz des Dschungels.

Don't get yourself fired.
In this job market, it's a jungle out there!
Lass dir nicht kündigen.
Auf diesem Arbeitsmarkt geht es zu wie im Urwald.

## (THE) JURY IS OUT
### DIE JURY IST DRAUSSEN

Wenn die Jury nicht im Gerichtssaal ist, heißt das, dass sie sich berät. Dieses wunderschöne idiom verwenden wir, wenn wir auf eine wichtige Entscheidung warten. Das letzte Wort ist also noch nicht gesprochen.

I don't know whether to forgive him, or not. The jury is still out on that one.
Ich weiß nicht, ob ich ihm verzeihen soll oder nicht. Das letzte Wort ist noch nicht gesprochen.

The jury is out on the new manager, he may lose his job, or they may give him a chance.
Das letzte Wort wegen des neuen Geschäftsführers ist noch nicht gesprochen. Es kann sein, dass er seinen Job verliert oder dass sie ihm noch eine Chance geben.

So, are we going to attend the party or is the jury still out on it?
Gehen wir jetzt zu der Party, oder steht die Entscheidung noch aus?

## ÜBERSETZEN WIR!

Und noch eine Geschichte mit ganz vielen idioms.

### WORDS YOU WILL NEED
… Wenn du gut aufgepasst hast, dann kennst du bereits alle!

### FLUCHT VON ZUHAUSE
Ein Vater (V) sieht, dass sein 13-jähriger Sohn Dennis (D) den Koffer packt.

V: Was machst du da?
D: Ich gehe von zuhause weg.
V: Aber du bist erst 13 Jahre alt, meinst du nicht, du handelst ein bisschen voreilig? Du bist noch kein Mann, und die Welt ist grausam. Ich komme mit dir.
D: Aber du bist immer bei mir. Wir sind doch keine siamesischen Zwillinge. Ich kann alleine gehen.
V: Aber ich bin ein Mann.
D: Darüber ist das letzte Wort noch nicht gesprochen.
V: Was? Hör zu… jetzt mal ehrlich, warum gehst du?
D: Weil Mama mich hasst.
V: Nur weil sie sauer auf dich ist, heißt das nicht, dass du voreilige Schlüsse ziehen solltest.
D: Ich ziehe keine voreiligen Schlüsse; sie behandelt mich seit Jahren wie ein Baby!

# MORE IDIOMS

## K

### (TO) KEEP SOMETHING AT BAY
**ETW AUF DISTANZ HALTEN**

Sich etwas oder jemanden vom Leib halten.

Garlic keeps the vampires at bay.
Knoblauch hält dir Vampire vom Leib.

Keep him at bay, he's bad news.
Halte ihn fern. Er macht immer Probleme.

The scarecrow keeps the birds at bay.
Die Vogelscheuche hält die Vögel auf Distanz.

### (TO) KEEP IN TOUCH
**IN BERÜHRUNG BLEIBEN**

In Kontakt mit jemandem bleiben, jemanden auf dem Laufenden halten.

She never kept in touch, which really hurt.
Sie hat den Kontakt nie aufrechterhalten, was wirklich wehtat.

I might need you again, soon, so I'll keep in touch.
Ich brauche dich vielleicht bald wieder, ich werde also in Kontakt mit dir bleiben.

It was a summer romance, we kept in touch for a few months, then it ended.
Es war eine Sommerromanze, wir sind noch ein paar Monate in Kontakt geblieben, und dann war Schluss.

## (TO) KEEP IT UNDER YOUR HAT
**HALTE ES UNTER DEINEM HUT**

Behalte es für dich.

I think he's leaving the company, but keep it under your hat.
Ich glaube, er verlässt die Firma, aber behalte es für dich.

You're getting promoted, but keep it under your hat, you're not supposed to know.
Du wirst demnächst befördert, aber behalte es für dich. Du sollst es eigentlich nicht wissen.

The word is that we're merging with Sony, keep it under your hat.
Es geht das Gerücht um, dass wir mit Sony fusionieren, aber behalte es für dich.

## (TO) KEEP ME POSTED
**HALTE MICH AUF DEM LAUFENDEN**

Lass mich wissen, was es Neues bei dir gibt und bleibe in Kontakt mit mir.

I've sent the report to London, so they'll decide what to do. Please keep me posted.
Ich habe den Bericht nach London geschickt, damit sie entscheiden, was zu tun ist. Bitte halte mich auf dem Laufenden.

I heard Lukas isn't well, please keep me posted on how he is.
Ich habe gehört, dass es Lukas nicht gut geht. Bitte halte mich auf dem Laufenden, wie es ihm geht.

I always kept my mum posted on what I was doing when I was in America.
Ich habe meine Mutter immer auf dem Laufenden gehalten über das, was ich gemacht habe, als ich in Amerika war.

## (TO) KEEP YOUR COOL
**HALTE DEINE KÄLTE**

Die Ruhe bewahren, sich nicht aufregen.

A good leader will always keep his cool when things go wrong.
Eine gute Führungskraft wird immer die Ruhe bewahren, wenn etwas schiefläuft.

I know you're angry, but just keep your cool when you talk to him.
Ich weiß, dass du sauer bist, aber reg dich nur nicht auf, wenn du mit ihm redest.

It's hard to keep your cool when someone provokes you.
Es ist schwierig, die Ruhe zu bewahren, wenn dich jemand provoziert.

## ÜBERSETZEN WIR!

Bitte übersetze jetzt diese Geschichte und verwende dabei die idioms bis zum K.

### WORDS YOU WILL NEED
Auch hier brauchst du keine Hilfe,... hoffe ich!

### PLAUDEREI
Zwei Freundinnen vertrauen sich gegenseitig etwas an.

SHARON: Ich habe eine fantastische Neuigkeit erfahren, aber behalte es für dich. Til Schweiger ist jetzt Single.
CINDY: ABER DU BIST JA VERRÜCKT!!!
SHARON: Reg dich nicht auf.
CINDY: Til ist Single, weil er ein Idiot ist. Halte ihn auf Distanz.
SHARON: Ich werde dich auf dem Laufenden halten.
CINDY: Nein, ich möchte nicht mit dir in Kontakt bleiben.

# L

**LABOUR OF LOVE**
**ARBEIT DER LIEBE**

Das ist eine Arbeit, die du machst, weil sie dir gefällt, oder aber aus Liebe – aber nicht um des Geldes wegen.

For him, growing carrots in the garden is a labour of love.
Karotten im Garten anzupflanzen ist für ihn eine Leidenschaft.

*Instant English* was a labour of love for me and the fact that it started a new career was a bonus.
*Instant English* war ein Projekt, das mir am Herzen lag. Die Tatsache, dass es mir neue berufliche Möglichkeiten eröffnet hat, war ein Bonus.

He is her labour of love, he's hard work, but she loves him.
Er ist ihre Leidenschaft; er ist ein hartes Stück Arbeit, aber sie liebt ihn.

## LAP-DOG
### SCHOSSHÜNDCHEN

Eine Frage vorab: Was ist überhaupt ein lap?

If you sit on my lap, dann sitze ich, und du sitzt auf meinen Beinen – auf meinem Schoß eben.
Ich platziere meinen tragbaren Computer auf meinen Beinen, deshalb heißt er lap-top.
Eine Frau, die lap-dancer ist, tanzt um deine Beine herum, während du sitzt.
Ein lap-dog ist ein gehorsames Hündchen, das es sich auf deinem Schoß gemütlich macht.

Wenn du jemanden als lap-dog bezeichnest, dann handelt es sich um eine unterwürfige Person, die den Chef um jeden Preis glücklich machen will.

Was Britain America's lap-dog in the war?
War Großbritannien im Krieg der Spielball Amerikas?

Don't trust him, he's the director's lap-dog.
Trau ihm nicht, er ist der Liebling des Direktors.

He doesn't respect his wife, she's just his lap-dog.
Er hat keine Achtung vor seiner Frau, sie ist lediglich sein Schoßhündchen.

## (THE) LEFT HAND DOESN'T KNOW WHAT THE RIGHT HAND IS DOING
### DIE LINKE HAND WEISS NICHT, WAS DIE RECHTE TUT

Wenn die linke Hand nicht weiß, was die rechte Hand tut, dann funktioniert die Kommunikation innerhalb einer Firma, einer Gruppe, einer Organisation oder auch einer Familie so schlecht, dass der eine nicht weiß, was der andere tut.

The hotel manager told me to call reception, but then reception told me to call the manager. The left hand doesn't know what the right hand is doing!
Der Hotelmanager hat mir gesagt, ich solle an der Rezeption anrufen, aber an der Rezeption sagte man mir, ich solle den Manager anrufen. Die linke Hand weiß nicht, was die rechte Hand tut.

She told me they are going to Spain, he said they are going to Paris. The left hand doesn't know what the right hand is doing!
Sie hat mir gesagt, dass sie nach Spanien gehen, während er mir gesagt hat, dass sie nach Paris gehen. Der eine weiß nicht, was der andere tut.

## (THE) LAST STRAW
### DER LETZTE STROHHALM

Dieses idiom heißt soviel wie 'das Fass zum Überlaufen bringen'.

It was the last straw that broke the donkey's/camel's back.
Es war der letzte Strohhalm, der dem Esel/dem Kamel das Rückgrat gebrochen hat.

He took my car? That's the last straw... I want him out of the house!
Er hat mein Auto genommen? Das bringt das Fass zum Überlaufen... Er kommt mir nicht mehr ins Haus!

Sorry, Jenkins, but you have ruined yet another project and this is the last straw... you're fired.
Tut mir leid, Jenkins, aber Sie haben schon wieder ein Projekt ruiniert, und das bringt das Fass zum Überlaufen... Sie sind entlassen.

I forgave her for many things, but her affair with my friend was the last straw.
Ich habe ihr vieles verziehen, aber ihre Affäre mit meinem Freund hat das Fass zum Überlaufen gebracht.

## LAST-DITCH
### DER LETZTE GRABEN

Ein last-ditch ist ein allerletzter verzweifelter Versuch, der höchstwahrscheinlich fehlschlagen wird.

They tried to block the crack in the oil pipe with 1,000 tons of toilet paper in a last ditch attempt to stop the leak.
Sie haben versucht, den Riss in der Ölleitung mit 1.000 Tonnen Toilettenpapier zu stopfen, als allerletzten Versuch, das Leck zu schließen.

Even the goalkeeper pushed forward in a last ditch attempt to equalize.
Selbst der Torhüter ist in einem allerletzten Versuch nach vorne gepprescht, um den Ausgleich zu erzielen.

In a last ditch attempt to win her back he sent 1,000 roses, but it didn't work.
Als allerletzten Versuch, sie zurückzugewinnen, hat er ihr 1.000 Rosen geschickt, aber es hat nicht funktioniert.

### LIKE A DUCK (TAKES) TO WATER
#### WIE EINE ENTE SICH ANS WASSER ANPASST

Wenn jemand über ein natürliches Talent für etwas verfügt, dann macht er diese Sache mit derselben Leichtigkeit, wie eine Ente ins Wasser gleitet – er ist ganz in seinem Element.

He took to painting like a duck (takes) to water.
Beim Malen fühlte er sich gleich in seinem Element.

She took to ballet dancing like a duck (takes) to water, she was born to dance.
Wenn sie Ballett tanzt, ist sie gleich in ihrem Element; sie ist die geborene Tänzerin.

The new boy started the new job like a duck (takes) to water.
Der Neue fühlte sich an seiner neuen Stelle gleich in seinem Element.

---

### ÜBERSETZEN WIR!

Hier gibt es weitere idioms für dich zum Übersetzen...

#### WORDS YOU WILL NEED

| | |
|---|---|
| nobel | noble |
| Clown | Na das findest du ja wohl selbst heraus?! |
| Zirkus | circus |
| Naturtalent | natural |

#### TOBY UND TARA

TOBY: Warum arbeitest du gratis für Kevin?

TARA: Weil das, was er tut, nobel ist, auch wenn seine linke Hand nicht weiß, was seine rechte tut. Ich mache das aus Leidenschaft.

TOBY: Du wirkst wie sein Schoßhündchen, wenn ihr zusammen seid.

TARA: Was? Das bringt das Fass zum Überlaufen. Du bist nicht länger mein Freund.

TOBY: Im Gegenteil, ich bin dein Freund, und dies ist mein allerletzter Versuch, dich vor Kevin zu retten; er ist ein Tyrann.

TARA: Du solltest Zirkusclown werden, du bist ein Naturtalent; dort wärst du ganz in deinem Element.

## M

### (TO) MAKE ENDS MEET
#### DIE ENDEN SICH TREFFEN LASSEN

Wenn jemand Schwierigkeiten damit hat, die Enden sich treffen zu lassen, dann fällt es ihm schwer, mit dem Geld, das er verdient, über die Runden zu kommen.

She does two jobs to make ends meet.
Sie hat zwei Stellen, um über die Runden zu kommen.

To make ends meet, I clean the local pub.
Um über die Runden zu kommen, putze ich in der Dorfkneipe.

It was hard to make ends meet in the recession.
Während der Rezession war es schwierig, über die Runden zu kommen.

## (TO) MAKE OR BREAK
### MACHEN ODER KAPUTT MACHEN

Eine make or break Entscheidung bestimmt über den Erfolg oder das Scheitern einer Sache.

This project will be make or break for the company.
Dieses Projekt wird für die Firma entscheidend sein.

This holiday will be make or break for our marriage.
Dieser Urlaub wird ausschlaggebend für den Fortbestand unserer Ehe sein.

Ok, I'm betting my last chip on red. It's make or break on 7 red.
Okay, ich setze meinen letzten Chip auf Rot. Die rote 7 – Hopp oder Topp.

## (TO) MEET SOMEONE HALFWAY
### JEMANDEN AUF HALBER STRECKE TREFFEN

Jemandem (auf halbem Weg) entgegenkommen.

I just want to go out with my friends sometimes, can't we just meet halfway?
Ich möchte lediglich manchmal mit meinen Freunden ausgehen; kannst du mir nicht ein bisschen entgegenkommen?

I don't want to work weekends, but we are working against the clock on the project. What if we meet halfway and I work extra time in the evenings?
Ich möchte nicht an den Wochenenden arbeiten, aber wir arbeiten bei diesem Projekt gegen die Zeit. Wie wäre es, wenn wir uns auf halbem Weg entgegenkommen und ich abends Überstunden mache?

The problem is that she won't meet me halfway. It's how she wants it, or nothing.
Das Problem ist, dass sie mir nicht entgegenkommen wird. Entweder läuft es so, wie sie es will, oder es läuft nichts.

### MUSIC TO MY EARS
### MUSIK IN MEINEN OHREN

Das ist genau das, was ich hören wollte.

Hearing that the boss liked our project was music to my ears. We worked so hard on it.
Es war Musik in meinen Ohren, zu hören, dass unser Projekt dem Chef gefallen hat. Wir haben so hart dafür gearbeitet.

Knowing they didn't have to operate on my dad was music to my ears.
Es war Musik in meinen Ohren, zu hören, dass mein Vater nicht operiert werden musste.

If you just say you'll go out with me once, it'll be music to my ears.
Wenn du nur sagen würdest, dass du einmal mit mir ausgehen wirst, dann wäre das Musik in meinen Ohren.

### MY FOOT!
### MEIN FUSS!

Dieses idiom verwendest du, um auszudrücken, dass du nicht glaubst, was dir jemand erzählt. My foot entspricht dem Deutschen 'dass ich nicht lache'.

He says he earns 2,000 euro a week... 2,000 euro my foot!
Er sagt, er verdiene 2.000 Euro pro Woche... 2.000 Euro, dass ich nicht lache!

You're sorry? You're sorry my foot!
Es tut dir leid? Dass ich nicht lache!

She said she had forgiven me... forgiven me my foot! I still sleep on the sofa!
Sie sagte, sie habe mir verziehen... verziehen? – dass ich nicht lache! Ich schlafe immer noch auf dem Sofa!

## ÜBERSETZEN WIR!

Hast du es erraten? Neue idioms, neue Übersetzungsübung...

### WORDS YOU WILL NEED

| | | | |
|---|---|---|---|
| Astronaut | astronaut | sich bewerben um/für | to apply for |
| Fels | rock | Stein | rock |
| Mond | Moon | Raumschiff | spaceship |
| Supermarkt | supermarket | Paar | pair |
| Werbung | ad(vertisement) | | |

## DIE ASTRONAUTEN

Zwei Astronauten (Astro 1 und Astro 2) sitzen auf einem Fels auf dem Mond; ihr Raumschiff funktioniert nicht, und vielleicht sind sie in großen Schwierigkeiten.

Astro 1: Warum bist du Astronaut geworden?

Astro 2: Weil ich in einem Supermarkt gearbeitet habe, aber ich hatte sechs Kinder und bin deshalb nicht bis zum Monatsende über die Runden gekommen. Eines Tages hörte ich im Radio eine Werbung, in der sie Astronauten suchten, und da habe ich mich beworben.

Radio: Jungs, hier ist Houston. Wir haben einen Techniker geschickt, der euer Raumschiff repariert. Er kommt in sieben Monaten an.

Astro 1: Sieben Monate, dass ich nicht lache! Was sollten wir hier sieben Monate lang tun?

Radio: Jungs, versucht uns entgegenzukommen; das ist die schnellste Lösung.

Astro 2: Ich habe eine Idee... bei meinem Fernseher zuhause funktioniert das... entweder ist es das Ende, oder wir kommen nach Hause.

(Astro2 nimmt einen großen Stein und wirft ihn gegen das Raumschiff. Nach ein paar Sekunden springt der Motor an).

Astro 1: Der Klang dieses Motors ist Musik in meinen Ohren.

Astro 2: Gehen wir!

(Voller Enthusiasmus springt Astro 2 in das Raumschiff und hebt ab).

Astro 1: Was ist mit mir?... Idiot!

# N

### NEVER SAY DIE
### SAG NIEMALS STERBEN

Wenn jemand zu dir sagt never say die, bedeutet das, dass du die Hoffnung nicht aufgeben sollst.

I like his never say die attitude.
Ich mag seine "nur nicht aufgeben" Haltung.

Liverpool are a never say die team, they never give up.
Liverpool ist eine Mannschaft, die sich nie geschlagen gibt.

It's finished? No, it isn't, come on, never say die. There is still time.
Ist es vorbei? Nein, ist es nicht; komm schon, gib nicht auf. Es ist noch Zeit.

### NEW KID ON THE BLOCK
### EIN NEUES KIND IN DER NACHBARSCHAFT

A new kid on the block ist jemand, der neu an einer Stelle ist und noch nicht weiß, wie die Dinge laufen.

What do you think of the new kid on the block? He looks confused.
Jake is helping the new kid on the block.
The new kid on the block should ask when he doesn't know what to do.

Die Übersetzung spare ich mir: Diese Sätze hast du verstanden, oder?

## NIP IT IN THE BUD
### SCHNITT IN DIE KNOSPE

Etwas im Keim ersticken.

Wenn du eine Knospe beschneidest, gibt es keine Blüte. Dieses idiom verwenden wir, wenn ein Problem gelöst wird, bevor es größer und schlimmer wird.

He's starting to make decisions without consulting you. You should nip that in the bud immediately.
Er beginnt, Entscheidungen zu treffen, ohne sich mit dir zu besprechen. Du solltest das sofort im Keim ersticken.

Before this gets out of hand, I need to nip this in the bud. I shouldn't have gone over your head and I won't do it again. Sorry.
Ich muss die Sache im Keim ersticken, bevor sie außer Kontrolle gerät. Ich hätte dich nicht übergehen sollen, und ich werde es nicht wieder tun. Tut mir leid.

He's too jealous and he's just getting worse. You should nip it in the bud now and leave him.
Er ist zu eifersüchtig, und es wird immer schlimmer mit ihm. Du solltest die Sache jetzt im Keim ersticken und ihn verlassen.

## NO PAIN, NO GAIN
### KEIN SCHMERZ, KEIN GEWINN

Ohne Fleiß kein Preis. Wenn man sich Ziele setzt, muss man auch gewisse Opfer bringen – vor allem im Sport.

You have to run 10 miles a day if you want to lose that big bum. No pain, no gain.
Du musst 10 Meilen am Tag laufen, wenn du deinen dicken Hintern loswerden willst. Ohne Fleiß kein Preis.

He is tired because he lifts weights to look big and macho. No pain, no gain!
Er ist müde, weil er Gewichte hebt, um groß und männlich auszusehen. Ohne Fleiß kein Preis!

John has his own sacred philosophy. No pain, no pain.
John hat seine eigene, heilige Philosophie. Ohne Schmerz kein Schmerz.

# MORE IDIOMS

### NO TIME FOR
### KEINE ZEIT FÜR

Wenn du für etwas oder jemanden keine Zeit hast, möchtest du dasjenige oder den-jenigen nicht sehen.

I have no time for liars.
Ich kann Lügner nicht ausstehen.

He doesn't have time for his kids. What a man.
Seine Kinder sind ihm egal. Was für ein Mann.

I have no time for people who complain about their jobs when so many people are out of work.
Ich kann Menschen nicht ertragen, die sich über ihre Arbeit beschweren, während es so viele Arbeitslose gibt.

### NOT (TO) WASH
### NICHT WASCHEN

Das ist wie bei einem Kleidungsstück von schlechter Qualität: Wenn eine Ge-schichte oder eine Erklärung sich nicht (gut) wäscht, dann ist sie nicht glaubwürdig.

The official report about September 11 doesn't wash with a lot of people.
Der offizielle Bericht über den 11. September ist für viele nicht glaubwürdig.

That excuse won't wash with the boss. Think of something else.
Diese Ausrede zieht nicht beim Chef. Denk dir etwas Anderes aus.

Don't tell me you were just trying to help me because it won't wash.
Erzähl mir nicht, dass du mir gerade helfen wolltest, denn das nehme ich dir nicht ab.

## ÜBERSETZEN WIR!

Wir sind jetzt beim Buchstaben N angekommen; in dieser Übersetzungsübung kommen wirklich viele idioms vor.

### WORDS YOU WILL NEED

| | |
|---|---|
| hoch oben | high up |
| hinunterschauen | to look down |
| Angst haben | to be afraid |
| einen Augenblick warten | to wait a minute |
| Termin | appointment |
| zerzaust sein | one's hair is in a mess |
| idiotisch | hier: like an idiot |

### FLUGSTUNDEN

Nach einigen Wochen im Nest ist es Zeit, dass Bobby (B), das Vogeljunge,
seine ersten Flugversuche startet. Dabei wird es natürlich von seiner Mutter
ermutigt.

B: Aber wir sind zu hoch oben, Mama.
MAMA: Schau nicht nach unten und gib nicht auf. Ohne Fleiß kein Preis.
B: Ich kann diese dummen Phrasen nicht ausstehen. Ich habe Angst.
MAMA: Mach einfach!!!
B: Warte einen Augenblick, mir ist gerade eingefallen, dass ich in fünf Minu-
ten einen Termin beim Frisör habe.
MAMA: Diese Ausrede zieht bei mir nicht.
B: Biiiiitte! Alle schauen auf mich, und ich bin völlig zerzaust.
MAMA: Ich möchte das gleich im Keim ersticken. Du hast keine Zeit dazu.

Kleiner Vogel von einem anderen Baum: Aber wie soll er mit dieser idioti-
schen Frisur denn fliegen?

# O

### OLDER THAN THE HILLS
### ÄLTER ALS DIE BERGE

Wenn etwas oder jemand älter als die Berge ist, dann ist es bzw. er steinalt.

That joke is older than the hills.
Dieser Witz ist uralt.

How old was that man you were with? He looked older than the hills!
Wie alt war der Mann, mit dem du zusammen warst? Er sah steinalt aus!

That pub is older than the hills and it's still the best pub in the city.
Dieses Pub ist uralt, und es ist immer noch das beste Pub der Stadt.

### ON FIRE
### AUF FEUER

Wenn du on fire bist, dann bist du in Topform und hast einen Erfolg nach dem anderen.

He is doing everything right lately... he's on fire.
Er macht in letzter Zeit alles richtig... er ist in Topform.

Messi scored another 3 goals yesterday. That boy is really on fire.
Messi hat gestern wieder drei Tore geschossen. Der Junge ist wirklich in Topform.

(sarcastic) That's the third stupid gaffe you've made this evening, wow! You're really on fire.
(sarkastisch) Das ist der dritte dumme Fauxpas, der dir heute Abend unterlaufen ist, wow! Du bist ja wirklich in Form.

### ON THE CARDS
### AUF DEN KARTEN

(USA: in the cards)

Dieses idiom nimmt Bezug auf Kartenleger und Wahrsager, die der Meinung sind, man könne die Zukunft aus den Karten lesen.

Rain is on the cards for tomorrow.
Für morgen wird Regen vorausgesagt.

She wasn't with him again. I think a divorce is on the cards.
Sie hat ihn wieder nicht begleitet. Ich denke, eine Scheidung steht an.

I'm afraid about the meeting, what do you think is on the cards?
Ich habe Angst vor der Sitzung; was wird deiner Meinung nach geschehen?


## ON THE REBOUND
### BEIM RÜCKPRALL

Wenn jemand on the rebound ist, dann ist seine Beziehung gerade in die Brüche gegangen, und er ist emotional labil.

Keep Samantha at bay, she's on the rebound.
Halte Samantha auf Distanz, ihre Beziehung ist gerade in die Brüche gegangen.

I thought I loved you, but then I realised I was just on the rebound and needed to fill the hole.
Ich dachte, ich liebe dich, aber dann habe ich erkannt, dass ich noch nicht über meine in die Brüche gegangene Beziehung hinweg war und nur einen Lückenbüßer gesucht habe.

Never touch a woman who's on the rebound. It always ends in tears.
Rühr niemals eine Frau an, deren Beziehung gerade in die Brüche gegangen ist. Das endet immer in Tränen.


## ON THE SHELF
### AUF DEM REGAL

Wenn etwas on the shelf ist, dann besteht im Moment keine Absicht, davon Gebrauch zu machen.

Why is our idea on the shelf? Please believe in us.
Warum wurde unsere Idee auf die lange Bank geschoben? Bitte glaubt an uns.

Our holiday plans have been put on the shelf because I may lose my job.
Unsere Urlaubspläne liegen auf Eis, weil ich vielleicht meinen Arbeitsplatz verliere.

I've put my plans to redecorate the house on the shelf at the moment. I haven't got enough money.
Ich habe meine Pläne, das Haus umzugestalten, im Moment auf Eis gelegt. Ich habe nicht genügend Geld.

## ÜBERSETZEN WIR!

Und wieder habe ich eine Geschichte zum Übersetzen für dich. Es kommen alle idioms, die du gerade gelernt hast, darin vor.

### WORDS YOU WILL NEED

| | |
|---|---|
| Freundin (in diesem Kontext) | girlfriend |
| Beziehung (in diesem Kontext) | relationship |
| ausgehen mit (in diesem Kontext) | to go out with (romantically) |

### WIE MAN EINE FRAU EROBERT

Ein Italiener bringt einem Engländer bei, wie man in einer Diskothek eine Frau erobert.

ROCCO: Siehst du diese Frau? Sie ist meine neue Freundin, aber sie weiß es noch nicht.
RICHARD: Aber sie ist steinalt.
ROCCO: Ich mag Frauen mit Erfahrung, und heute Abend bin ich in Topform; heute Abend ist viel Liebe angesagt.
(Rocco geht zu der Frau, spricht mit ihr und kommt dann alleine zurück.)
ROCCO: Ihre Beziehung ist gerade in die Brüche gegangen, und sie hat keine Lust, mit mir auszugehen.
(Rocco beginnt zu weinen...)
ROCCO: Ich möchte nicht aufs Abstellgleis geschoben werden, ich bin immer alleine.

# P

## PAIN IN THE NECK
### SCHMERZ IM NACKEN

Das ist das Gegenstück zur deutschen Nervensäge.

Will you stop complaining about the hotel, you pain in the neck.
Hör auf, dich über das Hotel zu beschweren, du Nervensäge.

Mom, I love you, but you're a pain in the neck and I can't wait to leave home.
Mama, ich liebe dich, aber du nervst, und ich kann es nicht erwarten, zuhause auszuziehen.

I like my job, but my boss is a real pain in the arse at times*.
Ich mag meine Arbeit, aber mein Chef ist manchmal eine richtige Nervensäge.

* Wenn jemand sehr lästig ist und nervt, ist er immer noch ein pain in the neck.
(A) pain in the butt/ass (USA) oder (a) pain in the arse (UK) ist umgangssprachlicher, stronger.

## PEOPLE PERSON
### EINE MENSCHENPERSON

Eine people person ist ein geselliger Mensch.

She works so well in a team. She's a real people person.
Sie arbeitet so gut im Team. Sie ist ein sehr umgänglicher Mensch.

I can't work at a desk, I'm a people person.
Ich kann nicht an einem Schreibtisch arbeiten, ich bin ein geselliger Mensch.

You have to be a people person to be part of the summer animation team.
Man muss ein sehr geselliger Mensch sein, um beim Sommer-Animationsteam mitzumachen.

## (TO) PLAY WITH FIRE
### MIT DEM FEUER SPIELEN

Wie im Deutschen geht man ein großes Risiko ein und begibt sich in Gefahr, wenn man mit dem Feuer spielt.

# MORE IDIOMS

If you complain to the boss about this, you're playing with fire, you know that, right?
Wenn du dich beim Chef darüber beschwerst, dann spielst du mit dem Feuer – das weißt du doch, oder?

You have come to work late three times this week, you are playing with fire.
Du bist diese Woche dreimal zu spät zur Arbeit gekommen; du spielst mit dem Feuer.

You were playing with fire trying to rob the police station!
Du hast mit dem Feuer gespielt, als du versucht hast, das Polizeirevier auszurauben.

## (A) PINCH OF SALT
### EINE PRISE SALZ

Wenn das, was dir jemand sagt, mit a pinch of salt genommen werden muss, dann ist es mit Vorsicht zu genießen. Es handelt sich um eine Übertreibung oder um eine Vermutung.

Take everything he says with a pinch of salt, he exaggerates a lot.
Alles, was er sagt, ist mit Vorsicht zu genießen, er übertreibt sehr.

You took my words with a pinch of salt and now you regret it, don't you?
Du hast meine Worte auf die leichte Schulter genommen, und jetzt bereust du es, oder?

If she threatens you, just take it with a pinch of salt... she says crazy things when she's angry.
Wenn sie dir droht, nimm's auf die leichte Schulter... sie sagt verrückte Dinge, wenn sie wütend ist.

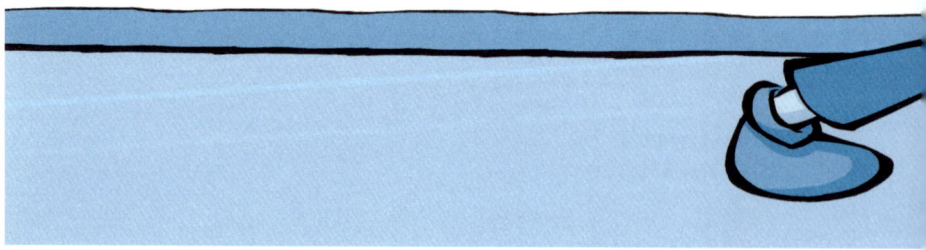

## ÜBERSETZEN WIR!

Neue idioms, neue Übersetzung!

### WORDS YOU WILL NEED
You don't need new words...

### VERKÄUFER IN SCHWIERIGKEITEN

Ein wütender Vater betritt einen Laden, um sich den Verkäufer vorzuknöpfen, der seine Tochter geschwängert hat.

VATER: Hallo Daniel, du spielst mit dem Feuer, mein Freund, und nimm das, was ich dir zu sagen habe, nicht auf die leichte Schulter. Ich weiß, dass du gerne angibst, ein geselliger Mensch bist, aber in Wahrheit bist du eine Nervensäge. Wenn du meiner Tochter noch einmal nahekommst, dann mache ich Kleinholz aus dir. (break you into a thousand pieces)

TYP HINTER DEM TRESEN: Daniel arbeitet nicht mehr hier.

# MORE IDIOMS

## R

### RAGS TO RICHES
### AUS LUMPEN IN DEN REICHTUM

Jemand, der arm geboren wird und später reich wird, legt seine Lumpen ab und lebt in Reichtum.

He accidentally invented a new cleaning fluid at work and went from rags to riches.
Er hat bei der Arbeit zufällig einen neuen Flüssigreiniger erfunden und wurde damit vom Tellerwäscher zum Millionär.

He left Palermo with just 100 euro and now he is worth 100 million, he went from rags to riches since he left Sicily.
Er hat Palermo mit nur 100 Euro verlassen, und jetzt ist er 100 Millionen schwer. Er ist vom Tellerwäscher zum Millionär geworden, seit er Sizilien verlassen hat.

I know a good rags to riches story... Richard Branston.
Ich kenne eine gute 'Vom-Tellerwäscher-zum-Millionär-Geschichte'... Richard Branston.

### (THE) REAL MCCOY
### DER ECHTE MCCOY

Wenn ein Artikel ein echter McCoy ist, dann handelt es sich um ein Original und nicht um eine Fälschung.

The Armani shirts they sell can't be the real McCoy, they're too cheap.
Die Armani-Hemden, die sie verkaufen, können keine Originale sein; sie sind zu billig.

The pizza in Italy is the real McCoy.
Die Pizza in Italien ist ein Original.

Is it an imitation, or is it the real McCoy?
Ist das ein Imitat oder ist es ein Original?

## RED TAPE
### ROTES BAND

Das ist schlicht und einfach Bürokratie.

You can't do anything in Italy without mountains of red tape.
In Italien geht nichts ohne viel Bürokratie.

Once we cut through the red tape, we can build our house.
Wenn wir erst einmal die bürokratischen Hürden überwunden haben, können wir unser Haus bauen.

He wants to bring his Tunisian girlfriend to Germany, but there's a lot of red tape.
Er möchte seine tunesische Freundin nach Deutschland bringen, aber da kommt eine Menge Bürokratie auf ihn zu.

## ROME WAS NOT BUILT IN A DAY
### ROM WURDE NICHT AN EINEM TAG ERBAUT

Viele Dinge können nicht sofort erledigt werden – sie erfordern Zeit und Geduld.

Ok, I've only got a small shop, but Rome wasn't built in a day, I'll have my empire.
Okay, ich habe nur einen kleinen Laden, aber Rom wurde auch nicht an einem Tag erbaut. Ich werde mein Imperium aufbauen.

It takes time to build a successful relationship, Rome wasn't built in a day.
Um eine erfolgreiche Beziehung aufzubauen, braucht man Zeit. Rom wurde schließlich auch nicht an einem Tag erbaut.

You will be a great doctor, Harry, but you have to study and be patient. Rome wasn't built in a day.
Du wirst ein erfolgreicher Arzt werden, Harry, aber du musst lernen und geduldig sein. Rom wurde auch nicht an einem Tag erbaut.

"I wanted it, yesterday!" "Rome wasn't built in a day!"
"Ich wollte es gestern!" "Rom wurde auch nicht an einem Tag erbaut!"

### (DON'T) RUN BEFORE YOU CAN WALK
### RENN NICHT BEVOR DU GEHEN KANNST

Wenn jemand versucht zu rennen, bevor er gehen kann, dann versucht er sich an etwas, das seine Fähigkeiten übersteigt.

The day after he got his swimming medal, he tried to swim the English channel and died. I told him before he left, don't run before you can walk!
Am Tag nachdem er seine Schwimm-medaille gewonnen hat, versuchte er, durch den Ärmelkanal zu schwimmen und starb dabei. Bevor er startete, habe ich ihm gesagt, er solle sich nicht überschätzen.

Listen, you can't sail your own boat yet, be patient and don't run before you can walk.
Hör zu, du kannst noch nicht allein mit einem Boot segeln; sei geduldig und mache einen Schritt nach dem anderen.

He's only 14 and he wants to join the army, but I told him don't run before you can walk.
Er ist erst 14 und möchte sich beim Militär melden, aber ich habe ihm gesagt, er solle den zweiten Schritt nicht vor dem ersten tun!

## ÜBERSETZEN WIR!

Noch mehr idioms, also üüüübersetze bitte...

### WORDS YOU WILL NEED

| | | | |
|---|---|---|---|
| Nachbar | neighbour | (Telefon)leitung | land line |
| Nuss | nut | auch das noch?!! | that, too?!! |
| Wald | forest | Stadtverwaltung | City Hall |
| Zahn/Zähne | tooth/teeth | | |

### DAS EICHHÖRNCHEN

Billy (B), das Eichhörnchen, zieht in einen neuen Baum um. Bald hat es einen großen Haufen Nüsse gesammelt. Sein Nachbar Stan (S) taucht auf, um ihm einen Besuch abzustatten.
Billy the squirrel moves into a new tree. He soon has a big pile of nuts. His neighbour Stan pops out to meet him...

S: Hallo, ich bin dein Nachbar. Warum bist du hierhergekommen?
B: Da, wo ich vorher war, gab es keine Nüsse, hier hingegen gibt es viele! Ich bin hier vom Tellerwäscher zum Millionär geworden.
S: Aber ich habe keine Nüsse: Wo hast du sie gefunden?
B: Sie waren schon hier drinnen! Im alten Wald gab es Steine, die wie Nüsse aussahen. Tatsächlich habe ich nur noch zwei Zähne, aber diese Nüsse sind echt und von höchster Qualität!
S: Aber wer hat dir diesen Baum gegeben?
B: Die Stadtverwaltung. Ich musste eine Weile warten, du weißt ja, wie das mit der Bürokratie so ist...
S: Ich möchte auch so einen Baum!
B: Warte ab, eins nach dem anderen; wenn du jetzt zur Stadtverwaltung gehst und schreist, dass du einen Baum willst... schreib erst mal eine E-Mail... Rom wurde auch nicht an einem Tag erbaut.
S: Es gibt keine Telefonleitung in diesem Baum.
B: Auch das noch?!!

# S

### (TO) SAIL CLOSE TO THE WIND
**NAH AM WIND SEGELN**

Wenn jemand hart am Wind segelt, dann bewegt er sich an der Grenze des Erlaubten.

You're sailing close to the wind using the office computer for your own personal stuff.
Du bewegst dich hart an der Grenze, wenn du den Bürocomputer für deine Privatangelegenheiten benutzt.

He brings in plants from South America together with the cars he imports, he's sailing very close to the wind if you ask me.
Er bringt zusammen mit den Autos, die er importiert, Pflanzen aus Südamerika mit. Wenn du mich fragst, dann bewegt er sich hart an der Grenze des Erlaubten.

He's having a drink with a girl 200 metres away from where his wife is playing bingo, if that isn't sailing close to the wind, then I don't know what is!
Er geht mit einem Mädchen etwas trinken, 200 m von dort, wo seine Frau Bingo spielt. Wenn das nicht hart an der Grenze ist, weiß ich auch nicht!

### (TO) SEE EYE TO EYE

See eye to eye sagt man, wenn die Beteiligten sich auf dem gleichen Niveau bewegen: Das bedeutet, dass sie in der fraglichen Sache übereinstimmen, derselben Meinung sind.

I want Emy to be my partner in this deal because we always see eye to eye on what matters.
Ich möchte, dass Emy bei diesem Geschäft meine Partnerin ist. Wir sind uns in wichtigen Punkten immer einig.

I get on well with my wife, but we don't see eye to eye on our daughter's future.
Ich komme gut mit meiner Frau aus, aber was die Zukunft unserer Tochter betrifft, sind wir uns nicht einig.

We didn't always see eye to eye on everything, but we were good friends.
Wir waren uns nicht immer in allem einig, aber wir waren gute Freunde.

### (TO) SEE RED
**ROT SEHEN**

Wie ein Stier, der gereizt wird, wenn der Torero mit seinem roten Umhang wedelt, sieht jemand rot, wenn er über etwas wirklich wütend ist.

When he saw his daughter crying, he saw red and insisted on knowing who had made her cry.
Als er seine Tochter weinen sah, hat er rot gesehen und bestand darauf zu erfahren, wer sie zum Weinen gebracht hatte.

When I discovered that he had stolen money from my account, I saw red.
Als ich entdeckte, dass er Geld von meinem Konto gestohlen hatte, sah ich rot.

He sees red when somebody cuts in front of him on the road.
Er sieht rot, wenn ihn jemand auf der Straße schneidet.

### (TO) SEE THE LIGHT
**DAS LICHT SEHEN**

Wenn man von jemandem sagt, er sees the light, dann hat er eine wichtige Wahrheit erkannt – die Augen sind ihm aufgegangen.

Everybody was taking advantage of Graham until one day he finally saw the light.
Alle haben Graham ausgenutzt, bis ihm schließlich eines Tages die Augen aufgegangen sind.

Wake up Suzie, wake up and see the light. He's not coming back!
Wach auf, Suzie, wach auf und mach deine Augen auf. Er kommt nicht mehr zurück!

I was a stupid drunk, but I met her and I saw the light.
Ich war ein dummer Trinker, aber ich habe sie getroffen, und sie hat mir die Augen geöffnet.

# MORE IDIOMS

### (TO) SELL LIKE HOT CAKES
**SICH WIE HEISSE KUCHEN VERKAUFEN**

Wie warme Semmeln weggehen.

*Instant English* sold like hot cakes all year. I was very surprised!
*Instant English* hat sich das ganze Jahr über sehr gut verkauft. Ich war wirklich überrascht!

Tickets for Xavier Naidoo sell like hot cakes in Berlin.
Die Karten für Xavier Naidoo sind in Berlin wie warme Semmeln weggegangen.

If you invented a pill that made people beautiful, it would sell like hot cakes!
Wenn du eine Pille erfinden würdest, mit der man schön wird, dann würde die weggehen wie warme Semmeln!

### SHOOTING FISH IN A BARREL
**AUF FISCHE IN EINEM FASS SCHIESSEN**

Wenn etwas wie shooting fish in a barrel ist, dann ist es so leicht, dass der Erfolg garantiert ist.

Making teenagers depressed is like shooting fish in a barrel.
Einen Teenager in Depressionen zu versetzen ist ein Kinderspiel.

To find a wife in Russia was like shooting fish in a barrel.
In Russland eine Ehefrau zu finden war ihm ein Leichtes.

If you want to make money with busking try the Costa del Sol. It's like shooting fish in a barrel.
Wenn du Geld mit Straßenmusik machen willst, versuch es an der Costa del Sol. Das ist wirklich ein Kinderspiel.

Mit dem S sind wir jetzt fertig, und da gibt es ziemlich viele idioms, die du brauchst, um diesen Text zu übersetzen.

### WORDS YOU WILL NEED

Megafon                                megaphone/bullhorn

### DIE RACHE DER AMEISE

Eine wütende Ameise (Ant 1) hat zwei ihrer Freunde verloren, als Divvy, der Hund, sie zertreten hat. Die Ameise ist sehr erbost und will es deshalb mit dem Hund aufnehmen. Vorher erzählt sie ihrem Freund Ant 2, was sie vorhat.

ANT 1: Ich werde diesem dummen Hund sagen, er soll schauen, wo er läuft! Ich werde dafür sorgen, dass ihm die Augen aufgehen.

ANT 2: Du bewegst dich aber hart an der Grenze.

Ant 1: Hör zu, wir zwei sind uns nicht immer einig, aber ich verstehe dich... Ich muss es einfach tun. Gestern Abend sind zwei meiner Freunde seinetwegen gestorben... Ich habe rot gesehen, als ich sie fand.

ANT 2: Er wird nicht auf dich hören; du bist nur eine Ameise.

ANT 1: Es wird ganz einfach, weil ich ein Megafon gekauft habe.

ANT 2: Ein Megafon? Wo hast du das her?

ANT 1: Gerry verkauft sie; sie gehen weg wie warme Semmeln!

# T

## (TO) TAKE SOMETHING OR SOMEONE FOR GRANTED
### ETWAS FÜR SELBSTVERSTÄNDLICH HALTEN

Das sagt man, wenn man eine Person oder eine Sache nicht angemessen wertschätzt und sich die möglichen Folgen und Auswirkungen dieses Verhaltens nicht bewusst macht.

# MORE IDIOMS

I took her for granted, I know. I have been very stupid.
Ich betrachtete sie als Selbstverständlichkeit, ich weiß. Ich war sehr dumm.

We take water for granted, but if one day it runs out we'll really miss it.
Wir halten Wasser für eine Selbstverständlichkeit, aber wenn es eines Tages ausgeht, werden wir es schmerzlich vermissen.

You should never take people for granted.
Du solltest dir der Menschen niemals sicher sein.

## (TO) TAKE IT OUT ON SOMEBODY
### ES MIT JEMANDEM HINAUSNEHMEN

Dieses idiom heißt soviel wie 'seine Wut an jemandem auslassen'.

Dad comes home angry, then takes it out on the dog.
Papa kommt wütend nach Hause und dann lässt er seine Wut am Hund aus.

I'm sorry if you had a bad day, but don't take it out on us!
Es tut mir leid, wenn du einen schlimmen Tag hattest, aber lass es nicht an uns aus!

I sometimes take it out on her.
Manchmal lasse ich meine Wut an ihr aus.

## (TO) TAKE SOMEONE FOR A RIDE
### JEMANDEN AUF EINE FAHRT MITNEHMEN

Jemanden auf die Schippe nehmen, jemanden übers Ohr hauen.

I thought he loved me, but he just took me for a ride.
Ich dachte, er liebt mich, aber er hat mich nur benutzt.

Don't believe him about the new job, he's just taking you for a ride.
Glaub nicht, was er über seine neue Stelle sagt, er nimmt dich nur auf die Schippe.

I worked, but they never paid me. They took me for a ride.
Ich habe gearbeitet, aber sie haben mich nie bezahlt. Sie haben mich übers Ohr gehauen.

## TALK IS CHEAP
### REDEN KOSTET NICHT VIEL

Es ist leicht, von etwas zu reden, aber schwieriger, es in die Tat umzusetzen.

Talk is cheap. Show me the money.
Das ist leicht gesagt. Zeig mir das Geld.

You're going to make me happy? Talk is cheap, baby, start doing things.
Du wirst mich glücklich machen? Das ist leicht gesagt, Baby, pack die Dinge an.

Talk is cheap, start getting results.
Das sind alles nur Worte; fang an, Ergebnisse zu liefern.

## THIRD DEGREE
### DRITTER GRAD

Jemanden in die Mangel nehmen, jemanden gründlich verhören.

I got home late, again, so I got the third degree.
Ich bin wieder spät nach Hause gekommen, also wurde ich in die Mangel genommen.

The boss gave me the third degree after we missed the deadline. He wants to know whose fault it was.
Der Chef hat mich in die Mangel genommen, nachdem wir den Termin nicht eingehalten haben. Er möchte wissen, wer schuld daran war

The police gave me the third degree about my car.
They thought it was stolen.
Die Polizei hat mich wegen meines Autos gründlich verhört. Sie dachten, es sei gestohlen.

# U

### U-TURN
### U-DREHUNG

Eine Kehrtwende machen / sich um 180° drehen.

After all the public protests, the government made a U-turn on their new proposal.
Nach all den öffentlichen Protesten hat die Regierung bei ihrem neuen Entwurf eine Kehrtwende vollzogen..

Our boss wanted to sack half the staff, but made a U-turn after the strike.
Unser Chef wollte die Hälfte des Personals entlassen, aber nach dem Streik hat er eine Kehrtwende vollzogen.

Go ahead and fail, or make a U-turn and go back to school! Don't run before you can walk.
Mach weiter so, und du wirst scheitern, oder mach eine Kehrtwende und gehe nochmal zur Schule! Du solltest den zweiten Schritt nicht vor dem ersten tun.

### UP IN THE AIR
### IN DER LUFT

Wenn etwas in der Luft hängt, dann wurde noch keine Entscheidung getroffen, und es ist noch nicht alles geklärt. Die Idee ist nicht realistisch und hat wenig Aussicht auf Erfolg.

I don't know when we're getting married. I just lost my job, so it's all up in the air.
Ich weiß nicht, wann wir heiraten. Ich habe gerade meine Arbeit verloren, es hängt also alles in der Schwebe.

The situation at work is up in the air.
We don't know if we're staying open, or not.
Die Lage auf der Arbeit ist noch völlig offen.
Wir wissen nicht, ob weiter geöffnet bleibt oder nicht.

The political situation in Libya is up in the air.
Die politische Lage in Libyen ist instabil.

# W

### WALK IN THE PARK
### SPAZIERGANG IM PARK

Etwas, das so leicht wie ein Spaziergang – ein Kinderspiel – ist.

Beating Aston Villa was a walk in the park.
Aston Villa zu schlagen war ein Kinderspiel.

Lucy said that giving birth is no walk in the park!
Lucy hat gesagt, ein Kind zu gebären sei kein Spaziergang.

You'll love this job, it's a walk in the park!
Du wirst diese Arbeit lieben. Sie ist ganz einfach!

Even without experience, doing a blog with Fotolog is a walk in the park.
Auch ohne jegliche Erfahrung, ist es ein Kinderspiel, mit Fotolog einen Blog einzurichten.

### WALKING ON AIR
### AUF LUFT SPAZIEREN

Vor lauter Glück auf Wolken schweben, sich wie im siebten Himmel fühlen.

She has been walking on air since she started going out with Samuel.
Sie schwebt auf Wolken vor lauter Glück, seit sie sich mit Samuel trifft.

I won the lottery again! I'm walking on air!
Ich habe wieder im Lotto gewonnen! Ich bin im siebten Himmel!

If I get permission to build my own house, I'll be walking on air until Christmas.
Wenn ich die Baugenehmigung für mein Haus bekomme, dann schwebe ich bis Weihnachten im siebten Himmel.

### WATER UNDER THE BRIDGE
### WASSER UNTER DER BRÜCKE

Wenn etwas der Vergangenheit angehört oder Schnee von gestern ist, dann sagt man it is water under the bridge.

The war is water under the bridge, Germany is a lovely country now.
Der Krieg gehört der Vergangenheit an, Deutschland ist jetzt ein herrliches Land.

We didn't see eye to eye at first, but that's all water under the bridge.
Wir waren uns zuerst nicht einig, aber das ist Schnee von gestern.

Why are you talking about Tanya, again? It was two years ago, baby! It's all water under the bridge!
Warum redest du wieder von Tanya? Das ist zwei Jahre her, Baby! Alles Schnee von gestern!

So, das waren die idioms von R bis W: Schaffst du es, sie alle in der Übersetzung unterzubringen?

### WORDS YOU WILL NEED

| | |
|---|---|
| Investition | investment |
| ungewiss | uncertain |
| Polizist | policeman |
| vergessen | to forget |
| zurück | back (adv.) |

## DER BETRUG

Ron und seine Frau Sue sind verzweifelt. Larry, dem Ron vertraute, hat diesen um sein Geld gebracht.

RON: Larry hatte mir gesagt, es sei ein Kinderspiel. Er sagte, ich könne 1.000 Euro am Tag verdienen, bei einer Investition von lediglich 5.000 Euro! Ich schwebte auf Wolken... aber das ist leicht gesagt, oder? Ich habe es für selbstverständlich gehalten, und jetzt ist meine Zukunft ungewiss! Er hat mich übers Ohr gehauen, Sue!!
SUE: _____
RON: ABER DU SAGST NICHTS??!!!
SUE: Auch ich habe Geld verloren, Ron. Lass deine Wut nicht an mir aus!
RON: Entschuldigung.
[ein Polizist (P) kommt herein]
P: Wir haben Larry gefunden und verhören ihn gründlich...anfangs hat er alles geleugnet, aber jetzt hat er eine Kehrtwende gemacht und gibt alles zu und möchte um Verzeihung bitten.
RON: Wer?
P: Larry.
RON: Ach ja, in Ordnung; das hatte ich schon vergessen. Schnee von gestern.
P: Also wollen Sie Ihr Geld nicht zurück?
RON: Welches Geld?
P: Auf Wiedersehen.

# THE GOLD MINE
## (DIE GOLDMINE)

# Real English                    3.3.1

Das wahre Englisch?

Ich könnte wetten, du hast schon einmal einen englischen Film oder ein englisches Programm angeschaut, bei dem du in manchen Sätzen jedes Wort verstanden hast. Diese Worte ergaben aber vielleicht im Zusammenhang keinen Sinn, zum Beispiel:

I asked Mark, "What's up, man?", and he went like, "Look, just forget it".

Lass mich raten... Bist du jetzt vielleicht ein bisschen durcheinander? Kennst du jedes dieser Wörter und zerbrichst dir den Kopf, was der Satz wohl bedeutet. Okay, dann schreibe ich ihn für dich um:

I asked Mark, "What's wrong?", and he said, "Look, I don't want to talk about it".

Jetzt ist es viel einfacher, oder?

Der erste Satz ist ein prima Beispiel dafür, wie wir Engländer im Alltag reden, und deshalb heißt dieser Teil meines Buches **The Gold Mine**. Hier möchte ich dir einige der wichtigsten Alltagsausdrücke nahebringen. Du kannst diesen Teil nutzen, wie du möchtest – zum Beispiel die Ausdrücke lernen und versuchen, sie anzuwenden. Du kannst sie aber auch einfach lernen und wiedererkennen, oder sie aus reiner Neugierde nur lesen... it's up to you!

Bringen wir es auf den Punkt und werfen einen Blick auf die häufigsten Ausdrücke... bereit?

## A

### AS OF = AB (IN DER ZUKUNFT)

Dieser Ausdruck wird im Sinne von "ab" gebraucht, um zu sagen, dass etwas von einem gewissen Zeitpunkt in der Zukunft an geschehen wird.

The new offices will be ready as of next Monday.
Die neuen Büroräume werden ab nächsten Montag fertig sein.

## C

### CON = SCHWINDEL

Con ist ein häufig gebrauchtes Wort und wirklich nützlich. Es kann sowohl Verb als auch Substantiv sein.

Substantiv:

A lot of these diets are a con.
Viele dieser Diäten sind Bauernfängerei.

Verb:

That man pretends to be an insurance salesman and cons elderly people.
Dieser Mann gibt vor, Versicherungsvertreter zu sein und betrügt ältere Menschen.

Und weiter, um bei con zu bleiben...

### CON MAN = SCHWINDLER, BETRÜGER

Don't buy anything from him! He's a con man!
Kauf nichts von ihm! Er ist ein Betrüger!

## F

### FORGET IT = LASS MICH IN FRIEDEN/HÖR DOCH AUF

Für den Gebrauch dieses Ausdrucks gibt es zwei Anlässe. Der erste ist der oben genannte – also um mitzuteilen, dass du über eine bestimmte Sache nicht reden willst, oder dass du möchtest, dass man dich in Ruhe lässt. Du kannst diesen Ausdruck aber auch verwenden, um Zweifel an einer Aussage zu äußern, zum Beispiel:

TOBY: Last night, I kissed Miss Germany.
TOBY: Letzte Nacht habe ich Miss Germany geküsst.

DAVE: Forget it! Of course you didn't.
DAVE: Hör doch auf! Hast du natürlich nicht.

# G

### GO/WENT = SAGEN

Anstatt say/said sagen wir Engländer häufig go/went.

DEU: Und er sagt: «Nein!», dann sage ich: «Warum nicht?».
UK: And he goes, "No!", so I went, "Why not?"

Oder:

UK: I go, "What?" and he has gone, "Nothing!".

Ja – wir sagen das auch in Verbindung mit dem present perfect. Du musst nicht unbedingt eine bestimmte Zeit verwenden: Nimm einfach die, die dir spontan in den Sinn kommt – das ist okay.

He goes/went/has gone
I asked him why he was there and he goes, "I like this place", so I went, "Me, too" and he goes,... and Lisa went,...

Ob das korrekt ist, so zu reden? Vielleicht nicht. Tatsache ist, dass die große Mehrheit der Engländer tagtäglich so spricht – korrekt, also ich weiß nicht... mit Sicherheit aber nützlich. Also, wenn es dir nützt und wenn du etwas verstehen willst, wenn wir reden...

# I

### I'LL SPARE YOU (THE DETAILS) = ICH ERSPARE DIR DIE EINZELHEITEN

The meeting lasted all day, but don't worry, I'll spare you the details.
Die Sitzung dauerte den ganzen Tag, aber keine Sorge – ich erspare dir die Einzelheiten.

### I CAN'T BE BOTHERED = ICH HABE KEINE LUST/DAS INTERESSIERT MICH ÜBERHAUPT NICHT

Hmm... das wird besonders den Faulpelzen gefallen!

ANNA: Are you going to wash up?
ANNA: Wirst du den Abwasch erledigen?

JIM: I can't be bothered, I'll do it tomorrow morning.
JIM: Ich habe keine Lust, ich mache es morgen früh.

# THE GOLD MINE

### I CAN'T HELP IT = ICH KANN NICHT ANDERS

MOM: Jayne! Stop biting your nails!
MAMA: Jayne! Hör auf, deine Nägel zu kauen!

JAYNE: I can't help it!
JAYNE: Ich kann nicht anders!

# L

### LAID BACK = ENTSPANNT

You have a lovely laid back approach to life. I wish I could be like that.
Du hast eine herrlich entspannte Lebensart. Ich wünschte, ich könnte so sein.

### LIKE

Für dieses like habe ich keine Übersetzung angegeben. Wir Engländer nutzen es in der Umgangssprache häufig als Füllwort.

TIM: So I went like, "How are you?" and he went, "Fine!", but he was, like, strange.
TIM: Ich sagte also: "Wie geht's?" und er sagte: "Gut!", aber er war irgendwie seltsam.

Okay, bleiben wir bei like und vergnügen uns mit weiteren Beispielen...

### (IF YOU) LIKE = WENN DU MÖCHTEST

Can I get a beer from the fridge, please?
Kann ich bitte ein Bier aus dem Kühlschrank haben?

If you like.
Wenn du möchtest.

HIM: If you like, we can go to the theatre.
ER: Wenn du willst, können wir ins Theater gehen.

Und, immer noch mit like,...

### LIKE MAD = WIE VERRÜCKT

Ouch, my arm hurts like mad.
Aua, mein Arm tut weh wie verrückt.

They were drinking like mad.
Sie tranken wie verrückt.

# M

### MAKE UP YOUR MIND = SICH ENTSCHEIDEN

Listen, you have to make up your mind, do you want to marry Justin or Paul?
Hör zu, du musst dich entscheiden, möchtest du Justin oder Paul heiraten?

JAYNE: So, which pair of shoes do you want to buy?
JAYNE: Welches Paar Schuhe willst du denn kaufen?

TINA: I don't know... I can't make up my mind!
TINA: Ich weiß nicht... Ich kann mich nicht entscheiden!

### MAN

Auch das ist eigentlich ein überflüssiges Füllwort, aber viele Engländer benutzen es (ich selbst verwende es ständig) am Ende einer Aussage, einer Frage oder eines Ausrufs.

What's up, man?

Come on, man!

### MATE = FREUND, KUMPEL (in USA: buddy, pal)

Dieser Ausdruck ist unter Freunden weit verbreitet.

JAMES: Hello mate, what are doing tonight?
JAMES: Hey Kumpel, was machst du heute Abend?

JUSTIN: I don't know, mate.
JUSTIN: Ich weiß nicht, Kumpel.

# O

### OR RATHER = GENAUER GESAGT

Mit dieser Redensart korrigieren wir etwas, das wir gerade gesagt haben.

My cousin lives in Hamburg, or rather, in Altona.
Mein Cousin lebt in Hamburg, genauer gesagt in Altona.

# P

### PHEW! = PUH! (IM SINNE VON "GESCHAFFT!")

Im Allgemeinen drücken wir damit Erleichterung aus. Wir sagen das aber auch, wenn wir erschöpft sind.

We caught the train with just 30 seconds to spare, phew!
Wir haben den Zug gerade noch 30 Sekunden vor der Abfahrt erreicht, puh!

Phew! That was hard work.
Puh! Das war harte Arbeit.

# W

### WAY = WIRKLICH, WEITAUS

Way verwenden wir oft, um ein Adjektiv zu verstärken. Ein Beispiel:

Birmingham City will be way too good for the Championship.
Birmingham City wird für die Championship-Spielklasse viel zu gut sein.

You are way too intelligent for that school.
Du bist wirklich zu intelligent für diese Schule.

### WHAT ON EARTH... = WAS IN ALLER WELT...

Auch das ist ein klassischer Ausdruck, um Überraschung oder Ekel auszudrücken.

DEREK: It doesn't matter that Germany has won 3 world cups, football was invented in England, so we are better at football.
DEREK: Es ist ganz egal, dass Deutschland drei Weltmeisterschaften gewonnen hat. Fußball wurde in England erfunden, deshalb sind wir die besseren Fußballspieler.

ANTON: What on earth are you saying?
ANTON: Was in aller Welt sagst du da?

### WHAT'S UP? = WAS IST LOS?

Hast du jemals *Bugs Bunny* auf Englisch angeschaut? Dann kennst du sicher den Ausspruch "What's up, doc?".
What's up? heißt in diesem Kontext "Was gibt's/Was ist los?".

BOY: What's up?
JUNGE: Was ist los?

GIRL: Forget it!
MÄDCHEN: Lass mich in Ruhe!

# THE GOLD MINE

Schauen wir uns eine komplexere Situation an.

Mom: What's up, son?
Mama: Was ist los, mein Sohn?

Boy: I told Suzie I love her and she went, "So?".
Junge: Ich habe Suzie gesagt, dass ich sie liebe und sie sagte: "Na und?"
… after (mom with her sister)

Mom: So, I went, "What's up?" and he goes, "Nothing!".
Mama: Also sage ich: "Was ist los?" und er sagt: "Nichts!".

Sister: Yeah, he's secretive your Mark.
Schwester: Ja, dein Mark ist geheimnisvoll.

Wie du siehst, sind die Zeiten hier ein bisschen austauschbar. Man nimmt mal die eine, mal die andere – ohne dass es hierfür eine feste Regel gibt.

Noch eine letzte Sache. "Warum?" – weil es sich um einen wirklich häufig gebrauchten Ausdruck handelt und die Aussprache oft undeutlich ist. Erschrecke also nicht, wenn du hörst "Whazzup?". Schlau, wie du bist, weißt du ja schon, was damit gemeint ist: "What's up?". Ganz einfach, oder?

# SMS Texting
## (SMS-Sprache)

# 3.3.12

Zum Abschluss möchte ich dir noch etwas schenken: Einen Einblick in die SMS-Sprache... Schau hier:

Hi m8 r u ok? I'll b l8 4 dnr. C u l8r.

Was habe ich gesagt, beziehungsweise geschrieben?
Übersetzt heißt das:

Hi mate, are you ok? I'll be late for dinner. See you later.
Hallo Kumpel, geht's dir gut? Ich komme zu spät zum Essen. Bis später.

Blimey!!! Manchmal verbringe ich mehr Zeit damit, diese Hieroglyphen zu entschlüsseln, als einen "normal geschriebenen Text" zu lesen.

Hier habe ich eine Liste der gängigsten Abkürzungen für dich zusammengestellt:

Are you OK – R U OK?
Are - R
Ate - 8
Be - B
Before - B4
Date - D8
Dinner - DNR
Excellent - XLNT
For - 4
For your information - FYI
Great - GR8
Late - L8
Later - L8R
Laugh out loud - Lol
Lots of laughs - Lol
Love - LUV
Mate - M8

# THE GOLD MINE

Please - PLS
Please call me - PCM
Queue - Q
See - C
See you later – C U L8R
Speak - SPK
Thanks - THX
To/too - 2
To be – 2 B
Today - 2DAY
Tomorrow - 2MORO
Why - Y
You - U

Und jetzt noch ein letztes Spielchen. Bitte übersetze diese englische Geschichte in die SMS-Sprache.

## **EXERCISE** n. 23

Hi, thanks for the excellent dinner, but why are you angry with me, today?.............

.........................................................................................................................................

Because I didn't eat it?

I ate before I came to you see you! ...................................................................

.........................................................................................................................................

See you later or tomorrow, ok? .........................................................................

.........................................................................................................................................

Love, Sally .........................................................................................................

Final message:

I hope to see you, again, soon, mate, lots of laughs/laugh out loud! ........................

.........................................................................................................................................

# Solutions
# and translations

Grammar

More Verbs

Situations and Words

# Grammar

EXERCISE n. 1

1. Concy is at home.
2. I go to work by bus.
3. I always leave my books at the university.
4. I return from the pub on foot.
5. My jacket is at work.
6. I take the train to get to church.
7. To get to college/go to college, I go on foot.
8. I am only two minutes from home.
9. I work from/at home.
10. I'm going to bed because I returned from school on foot.

## THE DIARY

**Monday**: Tonight, I met an attractive and interesting woman, but she was timid and a bit skinny.

JOHN: Hi.
WOMAN: ...
JOHN: Wow! You're very timid!
WOMAN: ...
JOHN: Don't worry; I'm very talkative.
(The woman yawns)
JOHN: Did you say something?
WOMAN: ...
JOHN: Good night.
WOMAN: ...

**Tuesday**: Tonight, I met a woman sure of herself and very intelligent.

JOHN: Hi.
WOMAN: What is the capital of Iran?
JOHN: That's easy, Baghdad!
WOMAN: That's Irak's capital!
JOHN: Wow, I got only one letter wrong!
WOMAN: You're funny, but you're not very good-looking, and you're a little boring.

JOHN: Thank you.
WOMAN: I'll give you another chance; what is the capital of France?
JOHN: F.
WOMAN: Good night.

**Wednesday**: Tonight I met a very extroverted and romantic woman.
JOHN: Hi.
WOMAN: Hey! Wow! I love flowers!
JOHN: You are crazy.
WOMAN: Ha ha ha! You are fun!
JOHN: No, you really are crazy.
WOMAN: Why am I crazy? Because I love flowers, candles and love?
JOHN: Give me back the keys to my car!
WOMAN: No.
JOHN: I want to go home; give me the keys!
WOMAN: Never, my handsome love.
JOHN: TAXIIIIIII!

**Thursday**: Tonight, I met a successful, but very dangerous, woman.
JOHN: Hi.
WOMAN: Ugh!!
JOHN: Oh my God! Why did you kick that pitbull?
WOMAN: Do you have a light?
JOHN: Yes, but put the petrol down, first.
WOMAN: Oh, come on, it's a game!
JOHN: I'm going home.
WOMAN: If you go, now, I'll tell my Sicilian brothers that you kicked me.
JOHN: Sob!

**Friday**: Tonight, I met a sunny, but cruel woman.
JOHN: Hi.
WOMAN: What a beautiful day. It's a pity that I'm with you.
JOHN: Thank you.
WOMAN: I want to sing an epic song to your ugliness.
JOHN: My mother says that I'm handsome.
WOMAN: Oh, go on, don't be touchy; let's drink a bottle of wine, so I see you less.
JOHN: Good night.

**Saturday**: Tonight, I met an ugly, boring, egotistical, but wealthy woman. I was desperate.

JOHN: Hi.

WOMAN: I'm fantastic, I'm important, I'm special.

JOHN: It's you who's paying for these drinks, right?/You're paying for these drinks, right?

WOMAN: Yes, it's me who's paying because I'm generous./Yes, I am paying because I'm generous.

JOHN: I wanted to take you home, but my car has broken down.

WOMAN: I am special.

JOHN: It will cost 10,000 euro to fix it.

WOMAN: I am fantastic.

JOHN: Will you give me the money?

WOMAN: I'm important.

JOHN: Good night.

**Sunday**: I didn't meet anyone, tonight. I stayed in bed.

## MY VACATION WITH CONCY

The beach was noisy and crowded, but the sea was marvelous and calm. I drank a remarkable beer, then I saw a magnificent girl in a tranquil place, and I went to her to show her my colourful, modern and sensational swimsuit. I opened my mouth, and the voice of the devil was heard: "Who is that girl?" and it was the voice of Concy. She had arrived, and in the blink of an eye the beach was deserted and the wind was cold. Concy, wearing her odious wild traditional bathing suit, took me away.

## EXERCISE n. 2

1. Concy is getting more and more angry.
2. Let's go home from the pub on foot, it's much safer.
3. The shops in London are a lot more expensive than those in Birmingham.
4. Tim's shop is a little less expensive than Peter's.
5. They go to work on the underground, it's much more convenient.
6. There are many more cars, today, than (there were) a year ago.
7. May I have a little more ketchup on my noodles?
8. I'm getting ever older and older; I still listen to Udo Jürgens.

9. I need to get back into shape, and the sooner the better.
10. Birmingham is a lot colder than London, but the people are nicer, and also a bit more better looking (than they are).
11. The weather is getting crazier and crazier thanks to global warming.
12. Concy's sister is a bit prettier than she is, but I know when to keep my mouth shut!

## EXERCISE n. 3

1. My woman, sure of herself and well off, is better than your odious and noisy woman.
2. My coffee is awful, but yours is worse (than mine).
3. You make the worst coffee in the world, Mother.
4. I don't know where my son John lives, but the farther away he is, the better it is.
5. You are the best cook in the world. Much better than Alfons Schuhbeck.

## SWIMMING LESSONS

I am afraid of water, but I decided to confront this fear, so, Tuesday at noon I went to the pool in the centre of the city. It takes an hour to go from my house to the centre of the city. The bus arrived ten minutes late in the centre. I got undressed, I prayed, and I put on my trunks, then I prayed, again. I got into the children's pool, but the children were not happy to see me. I got into the water, and my heart stopped... so cold!

It took me a quarter of an hour to go from one part of the children's pool to the other, and then I rested a bit. Then suddenly, a child came to me, and said:

"Come with me; I'll take you to the adults' pool".

"No! The water is too deep, and I don't know how to swim!"

The child smiled, and said:

"Don't be afraid, I'll save you", and then he gave me two big oranges. "What are these?", I asked.

And he smiled, again, like a mini Florian Silbereisen, he always smiled.

"Arm bands", he told me.

That child changed my life.

I jumped into the water, and I floated from one part of the pool to the other in only four hours.

## OPERATION DETECTIVE

At 8:30 a.m., Concy went into the bathroom, and brushed her teeth, then she put them back into her mouth. Very suspicious. Then she did something that she never does; she began to shave her legs. Two hours later, makeup on her face and dressed... Thank God ... she left the bathroom. I followed her on foot. She crossed the street and entered the house of her friend, Manuela. Conclusion: Manuela is an accomplice. I looked through the window and saw them talking and talking and talking, but I couldn't hear what they were saying. I tried to read their lips, but I understood only ...OHN IS ...UPID, ...DIOT. On the table were two cups of coffee. At 11:30 a.m., her lover arrived. He had a letter (certainly a love letter) in his hand and was dressed like a postman. But he made a serious mistake; he left the letter on the floor, outside the door. When her lover had left, I jumped out from behind the tree, took the letter, opened it and read it. It was all in code. "Beginning Monday, connection up to 2 GIGA, fast, efficacious and of quality. Satisfaction guaranteed." Very suspicious.

## EXERCISE n. 4

1. It's about time that you get your head straight!
2. Can you tell I'm drunk?
3. I'm reading a book by Stephen King about Concy's life.
4. The game began at about 9 p.m.
5. You told me a ghost story and I was afraid.
6. You've arrived? Finally!
7. He doesn't know anything about football, but he is unbeatable about politics.
8. I'll tell you a secret about your brother, but don't tell him that I told you.
9. Have you stopped eating at night? Finally!
10. Tell me about your vacation.
11. I told you to do it a thousand times, man, but you make me mad!
12. I told her that I love her, and I really do (love her)... at least, I think so.

# SOLUTIONS AND TRANSLATIONS

## EXERCISE n. 5

| | | | |
|---|---|---|---|
| 1. | for | 6. | for |
| 2. | to | 7. | to |
| 3. | to | 8. | for |
| 4. | for | 9. | to |
| 5. | to | 10. | to |

## EXERCISE n. 6

1. How many cats does he have in his house?
2. How many houses were there in that road?
3. How many dogs will be there, tomorrow?
4. How much smoke is there?
5. How much water was in the swimming pool?
6. How much information will they give us, tomorrow?
7. Tell me how many people there were.
8. We did not know how much milk we should have put in it.
9. How many places for tomorrow?
10. How much petrol must I have to go to Oxford?
11. How many documents do I need for this visa?
12. You waste too much paper.

## EXERCISE n. 7

1. There were too many problems.
2. There was too much to do.
3. He talked too fast.
4. It's too sad, here.
5. There are too many bicycles in China.
6. You are too fat.
7. You are too late.
8. There will be too much smoke in the bar.
9. There will be too many problems, tomorrow.
10. He will be too stupid, you will see.

## EXERCISE n. 8

1. No, she does not like to look at me in the morning.
2. I don't like to cook.
3. You understand me after six beers?
4. She always eats pasta.
5. You want me because of my personality, or for my money, because I don't have any!

## LIKE IN A FILM

He plays the part of a cretin in the play. He is a musician, who plays the piano to seduce a woman, and acts like a gentleman, but he's really a cretin. She plays the part of 'Elvira', who is a viper, but pretends to be innocent, anyway, they get together, but after two days, he began to play around with her sister, and she began to play around with his brother.
It was like a soap opera*!

* I really don't know anything about soap operas. I only watch war and romance films.

## THINGS OF THE PAST

1. ALEX: Everything Ok?
   LISA: No, I saw *The Shining*, yesterday, and now I can't sleep!
2. TIM: Jane bought a new house, do you want to go to see her?
   BOB: Who is Jane?
   TIM: That girl whose father is a footballer.
   BOB: What a difficult example!
   TIM: Are you coming, or not?
3. TOM: John, you have been suffering in silence with Concy for ten years.
   JOHN: In silence? My foot!
4. JAMES: Last year, I worked for Telecom.
   JOE: Who cares??

5. CONCY: I have been listening to you for an hour and you haven't said one sweet thing, yet.
JOHN: Strudel.

6. CAROL: Have you understood the secret of life?
HERBERT: Yes.
CAROL: What is it?
HERBERT: It's a secret.

7. JOHN: This morning, I saw a monster that was spitting while it talked in the bathroom.
CONCY: I was in the bathroom with you!
JOHN: So, you admit it, then?

8. FRED: I bought a new watch; do you want to see it?
TREVOR: No.

9. CONCY: I have been going to the gym for five years, but my body is always the same!
JOHN: That's not true! It's older, now.

10. TINA: I have been studying English for 20 years, but when I speak, no one understands me.
NEIL: What?

11. AARON: I've never been to Russia.
DARREN: Really?

12. LARRY: A woman from Munich broke my heart this morning.
HARRY: Beautiful.
LARRY: What??
HARRY: Munich, they have Weißwurst.

13. ASHLEY: I read two books by Boris Becker this year.
SAM: You need to find a job.

14. STEF: Did you make your bed this morning?
DHALI: No.

15. SARA: I got 6 e-mails in the last hour... all spam.
CHRIS: Spam is good!

16. DEREK: You seem tired.
LOUISE: I have been painting my house since this morning.
DEREK: I didn't ask you anything!

17. VICTOR: I changed my name, yesterday morning.
    VICTORIA: What was your name, before?
    VICTOR: Victorr.

18. ZAIRA: They have been working on that house for a year!

19. WILLIAM: Last year, I got married.
    FRANK: Hey, we all have our problems.

20. MOTHER: I prepared the table for tonight's party.
    JOHN: Party? Why?
    MOTHER: What do you mean "why"? Aren't you going back to Italy tomorrow?

## WILL STORY

ROSE: You broke my heart, Roger.
ROGER: I know and I'm sorry Rose, I will never hurt you, again.
ROSE: Did you just decide never to hurt me again, now, here?
ROGER: No, I decided yesterday, but I'm using "will", so it's not important when I decided it.
ROSE: Oh, Roger!
ROGER: Oh, what?
ROSE: Will you marry me, tonight?
ROGER: Please don't use "will" in the interrogative form, John hasn't done it, yet, and anyway the church will be closed tonight.
ROSE: Why are you using "will" in third person? John hasn't done it yet!
ROGER: Ja, ja, sorry.
ROSE: Ja, ja?? I hate you, I hate you, I hate you! And I'll hate you forever.
ROGER: You used the contracted form, that means you just decided, now, to hate me forever...
ROSE: Goodbye.
ROGER: ROOOSE!! NOOOO!!

## EXERCISE n. 9

HARRY: So, you're leaving me? Tell me it isn't so.
DEBS: It's not so. I'm going on vacation, so that I can understand what I want from life.
HARRY: You're so mysterious.

DEBS: Why do you say that?

HARRY: I never know when you are going, or when you are coming back.

DEBS: ...

HARRY: Debs?

DEBS: ...

HARRY: Well, that's enough!

## EXERCISE n. 10

TOM: Tonight, the play begins at 9 p.m.

SARA: Who's performing in the play?

TOM: I am.

SARA: You can't!

TOM: Why?

SARA: Because at 9:15 p.m., you have to take me to the gym.

TOM: Don't call me because I will be performing, so you will not go to the gym, you will come to see me in the play.

SARA: I can't come by 9 p.m. because I will be in the bathroom getting ready for the gym.

TOM: Listen, the play finishes at 11 p.m.; I'll come to pick you up at the gym, Ok?

SARA: No, don't come because I will be going home with Richard.

TOM: Who is Richard?

SARA: The muscular man, who will bring me home because you won't be there!

## EGYPT

JAKE: I'm going to Egypt.

HANNAH: I've already been to Egypt; it's beautiful.

JAKE: I've been there three times, and I don't like it.

HANNAH: Well, why are you going, then?

JAKE: Because I have to work.

HANNAH: What do you do?

JAKE: Animator. I've been an animator for five years. I'm leaving tomorrow.

HANNAH: Tonight, I'll come at 9 p.m. to say goodbye to you.

JAKE: 10 p.m. is better; at 9 p.m. I have to pack my bags.
HANNAH: No, at 10 p.m. I eat with my mother... I'll say goodbye to you, now.
JAKE: Ok.
HANNAH: But first, I have to tell you something. Do you remember the first time that I talked to you at the bar?
JAKE: Yes.
HANNAH: It wasn't the first time that I had seen you.
JAKE: Really? I hadn't noticed you.
HANNAH: Yes, and just when I get a chance to talk with you, you leave... but, anyway, know that I love you, and that I loved you from the first second that I saw you.
JAKE: I'm gay.
Hannah: Me, too!
JAKE: Since when are you a man?
HANNAH: I was born a man! And, before you go, I want you to know that I love you.
JAKE: I'm not leaving, anymore! Kiss me!

## JOB INTERVIEW

BOSS: Tell me about your experience.
IAN: I had lots of women, when I was a student.
BOSS: No! I mean your work experience.
IAN: Why, aren't women work?!
BOSS: Let's begin, again, shall we?
IAN: Yes.
BOSS: Tell me about your work experience.
IAN: I just finished working for Telekom. I worked there for four years. After having worked there for four years, they fired me.
BOSS: Why?
IAN: Always problems with women.
BOSS: Ok.
IAN: Before Telekom, I had worked at Microshift for three years, so I was already qualified.
BOSS: You seem tired.
IAN: I've had a difficult day.

Boss: What have you done, today?
Ian: I've been job hunting since this morning.
Boss: Where have you looked, so far?
Ian: Everywhere.
Boss: Why did they fire you from Telekom?
Ian: I had an extra-marital affair at work, but then her husband found out about it.
Boss: And did they fire her, too?
Ian: No, she was my boss, she's the one, who fired me!
Boss: My, what beautiful eyes you have.
Ian: No, please, ma'am, I've learned from my experience!

## LIFE LESSONS

Grandad: This Christmas, it will be seventy years since the war ended.
Grandson: Wow.
Grandad: Yes, the war began in 1940.
Grandson: Didn't it begin in 1939?
Grandad: Yes, but I missed the boat going to France, so for me it began in 1940.
Grandson: What?
Grandad: I thought that I was supposed to buy the ticket... instead, they were taking us free-of-charge.
Grandson: Ok, but the war began in 1939.
Grandad: Yes, but we were expecting it since 1933... since there was Hitler...
Grandson: Grandad, you've been talking about the war since yesterday... is everything Ok?
Grandad: I've been talking about the war since yesterday, but I've been thinking about it since the day it ended.
Grandson: But you speak of the glory of victory!
Grandad: Little fellow, there is never glory, or victory, when brothers, fathers and sons kill brothers, fathers and sons. There's only shame. For everyone. If that is glory, then I hope that you will never be glorious.

## PERFECT

BILL: What's missing from this perfect mix quiz?
BOB: The future perfect continuous... but there's very little.
BILL: Ok, next year, I will have been putting up with you for ten years.
BOB: Was it necessary to offend me?
BILL: Yes.
BOB: How many beers have you drunk, today?
BILL: I have drunk three, but by midnight I will have drunk six, and then I will tell you what I really think; you have been warned.

## EXERCISE n. 11

1. That is Mark, who's the boss.
2. Whose is the fault?
3. Who's eaten my apple?
4. This is Molly, whose birthday was yesterday.
5. You are the one, who's never worked.
6. Who's the player, who always falls?
7. Whose feet are these?
8. I am the man, whose car always breaks down.
9. Who's happy?
10. Who's my guitar?

## EXERCISE n. 12

1. How is your mother?
2. How was that job?
3. How will the new job be?
4. Who were you with, yesterday?
5. Who will be with her, tomorrow?
6. Whose jacket is this?
7. Why weren't you with me, yesterday?
8. Why are you at home?
9. Why won't you be there, tomorrow?

10. Why am I here?
11. What did you say?
12. What did they want?
13. What will we do, tomorrow?
14. What do you want?!
15. When did you arrive?
16. When do we arrive and where are we going?
17. Where are you?
18. Where were you, yesterday?
19. Where will you be, tomorrow?
20. Where are you and when are you going to the pub and with who?
21. Who was that big and stupid man?
22. Where was Steven's bicycle?
23. Who is using Gary's car?
24. How are grandma's cakes?
25. Where will you be in September?

## DIALOGUE BETWEEN A POLICEMAN AND A SUSPECT

P: Where were you, tonight?
BS: In a pub.
P: Which pub?
BS: The one with a lot of whiskey.
P: Why that pub?
BS: Because there was a lot of whiskey.
P: Who were you with?
BS: With a friend.
P: When did you leave?
BS: I don't know... when did it close?
P: What did you do after the pub?
BS: I lifted my kilt in front of 3 women!
...
BS: Why am I here?
Where can I lift my kilt?
What are you doing to me?
In which pub can I lift it and when?
Who wants to see me in action?

## JOHN (J) AND CONCY (C)

C: If you love me, come with me to go shopping, now.
J: If you love me, don't ask me, again.
C: If you come, I won't talk for a month.
J: Let's go!

## FARMERS HANS (H) AND FRANZ (F)

H: If this winter is cold, I'll change jobs.
F: If you change jobs, will you sell me your farm?
H: No, because I will use the farm to hold rave parties.
F: If you hold rave parties, you will scare the animals.
H: And if you buy the farm, it will be worse!

## HÄNSEL (H) AND GRETEL (G)

H: If you bought a car, you could avoid the forest.
G: If you were a real man, I wouldn't need it!

## JOHN (J) AND ANNA (A)

J: If I had the time, I would take you out.
A: If I were desperate, I would go out with you!

## EXERCISE n. 13

1. If I see a dog, I run.
2. When I sleep, I talk.
3. If it rains, I go out.
4. When I love, I give my all.
5. If we go out, we will come back late.
6. If no one wants to go to the pub, I'll stay at home.

7. If I had something against you, I wouldn't go out with you.
8. I don't have anything in the house.
9. If I had played better at poker, I would have become rich, but I lost everything, instead!
10. When I see her, I am content.

## A MAN ON THE TELEPHONE

**John:**
Baby, I don't know if you'll forgive me, but please let me explain.
Yesterday, I kissed another girl. It shouldn't have happened, but it also is your fault because if you had been there, I would not have kissed her.
If I could go back in time, I would do it, but I can't. If I could go back in time, I would not have kissed her, but I would have said proudly that I love you.
My mother always told me not to drink whiskey when there were lots of women around, and if I had listened to her, I would not be alone, again.
If you want, you can come here, and look me in the eyes, and if you look me in the eyes, you will see that what I am saying is true.
If I had a car, I would take you far away from here, you know that, my love?
I want to think of your beautiful face, but when I think of you, I cry.
Listen, I don't have anything to lose, now.
I will make you one last proposal:
If you come to me tonight, I will take you away on my horse. If you come, I will build a house just for us with my own hands in the middle of the forest. If you come, I will stay awake all night in the forest to protect you from the wolves, and when it rains, I will cover you with my body.
But I know that you won't come.
If you came, though, I would make you necklaces of flowers so beautiful that they would seem like jewels.
I would bring you water with my own hands from the river, while you sleep like a princess under the sun.
All this because I love you, and if you aren't here, nothing remains.
Well then, would you come?
**Man on the telephone:**
I think that you've got the wrong number, friend.
**John:**
Excuse me.

## EXERCISE n. 14

JOHN: If you had not married me, who would you have married?
CONCY: Your brother.
JOHN: Poor guy.

CONCY: What??!
JOHN: Poor guy (thinking fast) poor guy because he wasn't the one who married you.

CONCY: And you? If you had not married me, who would you have married?
JOHN: No one!
CONCY: What?
JOHN: Because no one is comparable to you.

CONCY: When someone asks you if you are happy with me, what do you answer?
JOHN: I laugh.
CONCY: Why?
JOHN: Because, it's obvious, no?
CONCY: If I had thought it was obvious, I wouldn't have asked you...

## EXERCISE n. 15

1. My strawberry pudding is being eaten by Nicole.
2. A muffin hasn't been tasted by them, yet.
3. A new dress will have been bought by Concy, tomorrow.
4. An eagle hasn't been seen by anyone, there.
5. A van full of ice-creams is being driven by Andrea.

## EXERCISE n. 16

1. Susan was taken to the hospital, but now she's Ok.
2. That ice-cream is made with Italian milk.
3. Your book is about to be read by the editor.
4. That painting will be sold by Sotheby's for at least two million pounds.
5. His credit card number was stolen in London, last year.
6. The budget will not be set by the deadline.
7. The team will be contacted by 8 p.m., tomorrow night.
8. The plants must be watered at least two times a day.

# More Verbs

1. We will get to the station on foot.
   (GET im Sinne von ERREICHEN
2. We will enter the bank, rob it, escape in your car, then hide
   in the forest... do you get me?
   (GET im Sinne von VERSTEHEN)
3. Jimmy won't be coming back today; he got the flu playing football in the rain.
   (GET im Sinne von SICH ETWAS EINFANGEN)
4. You got rich, but you didn't get nicer.
   (GET im Sinne einer VERÄNDERUNG)
5. Don't get him angry, you will regret it.
   (GET im Sinne einer VERÄNDERUNG)
6. Don't forget to get married to Trevor, the wedding is on Sunday!
   (GET im Sinne einer VERÄNDERUNG)
7. He talked for two hours, but I didn't get anything he said.
   (GET im Sinne von VERSTEHEN)
8. Get the car sorted out before I come home!
   (GET im Sinne einer VERÄNDERUNG)
9. Do I get a kiss, if I help you?
   (GET im Sinne von ERHALTEN)
10. We got to the bank at 12, but it was closed.
    (GET im Sinne von ERREICHEN)

## HOLIDAY IN TUNISIA

B: Hey!
J: What?
B: I will give you 10 camels for your woman.
J: I don't smoke.
B: No, 10 real camels!
J: They seem too many. Give me 3.
B: Ok, three!
J: No, I don't want them.
C: Hey... I was going to tell you something awful.
B: Why did you change your mind?
J: How will I manage to take them home?

# SOLUTIONS AND TRANSLATIONS

B: Ok, right... then I'll give you something magical, let's make an appointment... come back tomorrow when the sun sets.

C: Finally, a "set"! (at sundown)

J: Well then?

B: Are you alone?

J: Yes, Concy told me that you were crazy.

B: I still am! (the farmer shows him the watch)

J: What is it?

B: It's a magical watch... you can set the hour, and it wakes you up, if you set the magical alarm.

J: That's not magic!

B: You invent something, then!!

J: Ok, don't get angry.

B: How much must I pay to have Concy?

J: Nothing.

B: Good. We have set a price!

J: Nothing, because she is not for sale. I only came to tell you that you are a crazy man. Concy is mine, and I would not sell her at any price.

B: Go away! (John leaves)

(Concy comes out from behind a curtain)

C: Well? For how much did that ***** sell me?

B: Nothing.

C: Nothing?!!... I'll kill him!

B: Heh heh heh...

C: Get out!!

B: But this is my house.

C: Who cares? Get out! (The farmer leaves)

## IN CITY HALL AT TÜBINGEN

P: Good day.

T<small>HT</small>: Good day.

P: I would like to raise tigers in my garden.

T<small>HT</small>: I can't permit you to raise tigers in your garden.

P: Why?

T<small>HT</small>: Because if I let you do it, then everyone will want tigers in their gardens.

P: And therefore?

T<small>HT</small>: No!

P: Go on... it would be our little secret.

T<small>HT</small>: Me, I can't keep a secret.

P: Ah, no? Where do you keep your money?

T<small>HT</small>: Under the bed... Oh nooo!!!

P: Ok, you let me raise my tigers, then, or I'll tell everyone where you keep your money.

T<small>HT</small>: But do you (really) think that, if I let you raise tigers, no one would notice?

P: Yes... because I will dye them black... that way, people will think that they are only enormous cats.

T<small>HT</small>: Will you please let me work?

P: No, I will keep asking you until you say yes... may I raise tigers?

T<small>HT</small>: I don't know... what will you need, then?

P: I will have to install big lights to keep the temperature at 40 degrees... they are Indian tigers.

T<small>HT</small>: Where are they, now?

P: In the car, here, in front of City Hall... but don't worry, I have the heating turned on.

T<small>HT</small>: What? But you are a crazy man!! You absolutely can not* park here out front!

\* "Can not" anstelle von "can't" ist nachdrücklicher.

## FANTASTIC TIM

T<small>IM</small>: Do you get along with your boss?

S<small>ALLY</small>: Yes, but I can't get my ideas across to him!

T<small>IM</small>: It stresses you out, doesn't it?

S<small>ALLY</small>: Yes, sometimes I just want to get out of/get away from the office.

T<small>IM</small>: Keep trying to make him get you, don't let him be unaware of your beautiful ideas.

S<small>ALLY</small>: You're right! Now I will get an appointment with him, I can't keep everything inside, forever.

T<small>IM</small>: Good girl.

S<small>ALLY</small>: Thanks, Tim, you're a true friend.

T<small>IM</small>: Do you really mean it?

S<small>ALLY</small>: Yes, I mean, you're fantastic.

## THE ARGUMENT

Jim: Why do you want to leave?
Janet: Because we don't get along, we don't agree with each other.
Jim: Well, at least we agree on something!
Janet: You're useless! You have lived in this house already for a whole year, and you've never worked!
Jim: I'm applying for a job at the bar, now.
Janet: If you work in that bar, I'll complain to the boss... I don't want you to ruin the bar, too! Now, I'm going!
Jim: You can't go... you belong to me!
Janet: What? I'm not your slave, Jim!
Jim: But I still believe in us.
Janet: Well, then you should have adhered to the promise that you made in church, when we got married... Goodbye!

## TARZAN'S PROBLEMS

Jane: Your face is black, what happened to you?
Tarzan: Did you hear about the fire, yesterday, in the jungle?
Jane: No, but I dreamed about it!
Tarzan: All the banana plants were burned... and I depended on those bananas to live.
Jane: Why?
Tarzan: Because bananas consist of many vitamins.
Jane: Right!

## THE LAST LETTER

Dear Bob,
By the time that you read this letter, I won't be in England, anymore.
I am leaving for Brazil with Josè and you will never hear from me, again.
It's useless to look for me, because you won't find me.
Josè is the man I was looking for. He listens to me, he laughs at my jokes and he looks at me, he always looks at me and appreciates me.
I hope I have not killed you with this letter.
Anna

## HOMESICKNESS

BE: Frank, I need to talk to you, I'm thinking about going back home.
DF: I'll give you a lift, come on.
BE: Thanks, well then, it's King's Road, Birmingham.
DF: What?
BE: I want to go back home, I mean in England.
DF: Well then, I'd better fill up with petrol.
BE: Listen to me! Now I'm old and I'm suffering from homesickness.
DF: Ok, but you're going to pay for the petrol, right?
BE: Certainly, well then, what are you waiting for?
DF: I need to let my wife know!/I need to talk with my wife!
BE: Hurry up, God is waiting for me.
DF: God?
BE: Yes, I don't have much time, get it?
DF: I'm going, I'm going!
BE: No, I mean... I'm ready to go to heaven.
DF: Make up your mind, Albert! Either go by plane, or I'll take you!
BE: You take me.

## FAMILY AFFAIR

John: I need to write to my mother to remind her of my visit. May I borrow your suitcase? I loaned mine to someone.
Tom: I know, you lent it to me!
John: I'm going back to help solve a problem for my sister. She needs me, but she won't ask me for help.
Tom: What happened?
John: Her marriage is over with and her husband is blaming her for everything. I want to protect her from him.

## WANTED: SPONSOR

Jason: We need a sponsor, who will supply us with beer free-of-charge/free beer for the party at my house.
Simon: Don't be stupid! There will be ten of us. Who'd be a sponsor? Why don't you buy the beer?

JASON: I spent all my money playing in the casino. Are you coming to the party?
SIMON: Thanks for the invitation, but I don't go to a party without beer.
JASON: I told you, I'll find a sponsor.

## EXPLOSIVE TELEPHONE CALL/CONVERSATION

JASON: Have you asked Susy to go out with you, yet, or not?
SIMON: No, not yet.
JASON: You just are incapable with women.
SIMON: But why must you bring me down?
JASON: Because you can count on me to tell you the truth.
SIMON: You don't come across as/seem like a friend, acting like this. Since Maria and I broke up, it's hard for me.
JASON: Why did you two break up?
SIMON: Because I came across proof that she was unfaithful.
JASON: I don't believe you.
SIMON: Everyone knows it, just ask around. Anyway, let's not talk about Maria any more, otherwise, I'll start to cry/I'll break down.
JASON: You would cry/break down because you miss her?
SIMON: No, because she owes me a whole bunch of money.
JASON: And if she won't give it back to you?
SIMON: I won't say anything, I'll blow up her house, and that will be that.
JASON: But she's bringing up your kids.
SIMON: I know that. I'll blow up the house when they are at school. I'm not a bastard, you know!
JASON: I'll call you, later...

## TOO SOON

JENNY: How come you're dressed up to the nines?
CHANTAL: Because the policeman will drop by, today.
JENNY: Yeah, but he just will want you to fill in/out the form for the theft of your car.
(the policeman enters)
P: Good evening.
C: Have you arrested the thief?

P: No, we give up, unfortunately, he got away with it.
C: Oh no, how am I going to get over this?
P: How about tomorrow, we could get together and go to see a movie, if you're not going out with someone.
C: Great idea, they're playing *Despicable Me*.
P: I'll come back, when you grow up!
C: Nooooooo...

## CONFESSIONS

V: I want to talk with Julie.
T: How did you find me, dad?
V: I looked up your phone number on the internet, why didn't you tell me that you are an exotic dancer?
T: Because you would have held me back.
V: I knew it, you've always hung out with the wrong sort of people... Hold on a minute.
(the father consults with the mother)
T: Is everything alright?
V: Your mother asked me who I'm talking to, but I didn't tell her it was you, I made something up, and now I have to go.
T: No, don't hang up.
(du du du du)

## PETER'S FUNERAL

JOE: When did he pass away?
KEVIN: Saturday. We were watching the game when his maid/carer entered (the room), naked*. First, he passed out, then while she was putting something on, he died.
JOE: What a sad story.
KEVIN: I know, she could have stayed naked.
JOE: No, because he put off paying me back/still hadn't paid me back the money I loaned him, I put up with it only because I thought he would repay me.

* "naked" ist stärker, direkter; "nude" sagt man auch für einen Akt – auf einem Bild oder in Form einer Skulptur.

## 2012: THE INVASION OF THE SCOTTISH

B1: I know how to send them back, now I'll get my tractor, turn on the engine, and run all of them over! Take off your jacket, and come with me.

B2: You're crazy, this jacket cost £200, I'm not taking it off.

B1: If you had shopped around better, you would have found it for £80.

B2: Stick to/don't change the subject: the Scots are almost here, their kilts can be seen...

## EXERCISE n. 18

1. I love to ski.
2. I need to eat.
3. I suggest we walk/go walking.
4. I don't like to read.
5. I hope to learn.
6. I want to dance.
7. Let's get ready to eat.
8. I can't stand walking.
9. I help him work.
10. I'm thinking about helping him at school.

## EXERCISE n. 19

1. I can come, my mother gave me permission.
2. You ought to come, it will be lovely!
3. I would come if I could, but I can't.
4. I can't see with these glasses.
5. I don't know how to drive.
6. You could have come with us.
7. You ought to have come with us.
8. I would have offered you something to drink.
9. You ought to have sung karaoke.
10. I would come if I could, and I ought to, but I can't.

## EXERCISE n. 20

1.  If you go there, you have to take your mother.
2.  If you help me, I can come with you.
3.  If you help me, I'll come with you.
4.  If the pub is open, perhaps I'll drink something.
5.  If you wait an hour, I can help you.
6.  If you go home, now, you should tell the boss.
7.  If you give me 50 euro, I can go to the stadium.
8.  If you dance with me, maybe I'll give you a kiss.
9.  If you go to New York, you must see the Statue of Liberty.
10. If I can, I'll call you.
11. If she can help you, she ought to do it.
12. If you must smoke, you ought to open the window.
13. If I can, I eat.
14. If you sing, perhaps he will smile.
15. If you do the job, he ought to be happy.
16. If you come late, he will be mad.
17. If you can, you must call me.
18. If I am able to sleep, perhaps it will be better.
19. If you take me to Africa, I will kiss you.
20. If they are able to work, we will be able to finish by tonight.

## EXERCISE n. 21

1.  If I could work, I would pay for the house.
2.  If you took me with you, I would be happy.
3.  If she saw you, she could kiss you.
4.  If I could walk, I would go to school.
5.  If I could sing, I would go to *X Factor*.
6.  If you didn't talk all the time, I could watch TV in peace.
7.  If he respected me, I could help him.
8.  If he would ask me to marry him, I could do it.
9.  If he went there, it would be lovely.
10. If she took her medicine, she wouldn't have these problems.

# Situations and Words

## TIM AND TOM IN THE OFFICE

TIM: We've made a mess of things.
TOM: Hey, that's not true. YOU made a mess of things.
TIM: But I was working against the clock to finish that job! Please don't add fuel to the flames, Tom.
TOM: I don't know why you've got ants in your pants... we all know that the boss loves you.
TIM: That's all in your head; it's not that way at all, Tom... in any case, I have an ace up my sleeve: I'll say that the fire was inevitable, that it was an Act of God.
TOM: After everything that happened, it's too late to make excuses/it's after the fact, anyway.

## TIM AT THE EMPLOYMENT CENTRE

THT: Hi.
TIM: Hi. I would like to join the army. I'm 45 years old and in good shape; I've wanted to be a soldier for 20 years. For me, this work is the bee's knees. Better late than never.
THT: You're too old/in too bad shape.
TIM: You don't beat around the bush, do you?
THT: You're barking up the wrong tree... why don't you work in an office?
TIM: I did it for 20 years, and they fired me, today. I caused a fire by mistake at work. Behind closed doors, they decided to fire me. I said I was sorry, but I was only wasting my time/banging my head against a wall. I always worked against the clock.
THT: Keep to idioms that start with "b", please! We already have used 'against the clock'... or are you an IDIOT?! (the usual soldierly yell)
TIM: Ok, sorry, sorry!
THT: Don't worry... My bark is worse than my bite.
TIM: So, you don't have a job for me?
THT: You could clean my boots.
TIM: Ok, I accept, beggars can't be choosers.

## AT THE PARTY

HARRY: Why don't you come to the party?

PHIL: Because Darren will be there, and he hasn't forgiven me, yet.

HARRY: For what?

PHIL: Harry, you know how I am. I call a spade a spade. Well, I asked why he didn't bring his wife, Carol, to the bar, and I opened a can of worms. The next day, I went to him with cap in hand, but there was nothing to be done.

Harry: But why? Do you carry a torch for her? You're sweet on her, aren't you?

PHIL: No, she's only a friend.

HARRY: Go on! You go cold turkey when you don't see her... do you want my advice?

PHIL: No.

HARRY: Call her, and ask her to go out with you... she's not with Darren, any more, anyway, go for it. A cat in gloves catches no mice.

PHIL: I called her this morning. We chewed the fat a bit... I didn't tell her what I think.

HARRY: I don't see how John is going to put "carrot and stick" into this little story, do you?

PHIL: No, no, zero.

HARRY: Listen, come to the party, and I'll offer you a beer, or I'll tell Carol that your breath stinks.

PHIL: There, the carrot and the stick: good going!

## NEW YORK GANGSTERS

ROCCO: Hey, Tony! They found Lucky Lenny this morning, dead.

TONY: Maybe he was only drunk, you know he drinks like a fish.

ROCCO: No, he was as dead as a dodo... I think that he didn't deliver the goods on time.

TONY: Well then, we're in dire straits. Now they're going to kill us, too. Lenny surely talked before dying.

ROCCO: No, we need to draw the line; I won't let them kill me!

TONY: Our lives are down the drain, Rocco... we're two dead men walking.

# SOLUTIONS AND TRANSLATIONS

## STEAK COMPETITION

Fɪᴘ 1: Wow, Benny is eating like a horse... but Jim is eating little; he just eats like a pig.

Fɪᴘ 2: How great it would be to earn one's living eating.

Fɪᴘ 1: If Jim wins, I'll eat my hat.

Fɪᴘ 2: Benny has finished, already! But he doesn't seem to feel well/an eye for an eye...

Fɪᴘ 1: Yeah, every cloud has a silver lining; Jim is a doctor, so...

## FRANK AND THE COMPETITION

Fʀᴀɴᴋ: I won the competition fair and square; the competition was fast and furious, but I won, and now he doesn't want to pay the bet.

Rɪᴄʜᴀʀᴅ: It doesn't matter. You have a feather in your cap, now. He's only a loser, and has to face his demons, even when he worked on the team he was a fifth wheel.

Bᴀʀᴍᴀɪᴅ: Only two beers left, first come first served!

Fʀᴀɴᴋ: You're right, Richard.

Rɪᴄʜᴀʀᴅ: ...

Fʀᴀɴᴋ: Richard?

## KEVIN AND PIA

Kᴇᴠɪɴ: Sweetheart, they have given me the green light to work in Saudi Arabia! Even if I wasn't qualified, my gift of gab helped me a lot.

Pɪᴀ: No! I don't want you to go. I hate youuuu!!

Kᴇᴠɪɴ: Pia, get a grip on yourself!

Pɪᴀ: No!

Kᴇᴠɪɴ: You get my goat when you act like this... you're only envious.

Pɪᴀ: Listen, if there weren't a glass ceiling in the company, where I work, I'd already be a manager, and you know it! Instead, I'm always in the office working for pennies... I can't even go dutch, when we go to a restaurant!

Kᴇᴠɪɴ's ᴍᴏᴛʜᴇʀ: Just shut up!

Kᴇᴠɪɴ: What's it to you, mom? Why do you always have to get out of your pram?

## JOHNNY

P: I've been a policeman for donkey's years, but I've never seen a case like this. Hands down, you are the stupidest kid I've ever seen, and your half baked plan has made everyone here laugh. I've half a mind to lock you up, now, and toss away the key.
J: I didn't do it.
P: Ah, that's the icing on the cake.
J: I wasn't there.
P: Maybe you weren't, but when the judge sees the photo of you and your band, what will he say?
J: I'll cross that bridge when I come to it, anyway, just because I'm part of the band doesn't mean that I committed the crime.
P: If you lie down with dogs, you'll get up with fleas.
J: I want to hang around with the band, but I don't want to get myself into trouble.
P: Then you want to have your cake and eat it, too.
J: We need to find a happy medium.
P: Johnny, your future is hanging by a thread, there is no compromise.

## RUNNING AWAY FROM HOME

V: What are you doing?
D: I'm leaving home.
V: But you're only 13 years old, don't you think you're jumping the gun? You're not even a man, yet, and it's a jungle out there. I'm coming with you.
D: But you're always with me. We're not joined at the hip. I can go alone.
V: But I'm a man.
D: The jury is (still) out on that.
V: What? Listen... really now, why are you leaving?
D: Because mother hates me.
V: Just because she's mad at you doesn't mean that you must jump to conclusions.
D: I'm not jumping to conclusions; she's been treating me like a baby for years!

## CHATTING

SHARON: I heard some fantastic news, but keep it under your hat. Til Schweiger is now single.
CINDY: BUT YOU'RE CRAZY!!!
SHARON: Keep your cool.
CINDY: Til is single because he's an idiot. Keep him at bay.
SHARON: I'll keep you posted.
CINDY: No, I don't want to keep in touch with you.

## TOBY AND TARA

TOBY: Why are you working for free for Kevin?
TARA: Because what he is doing is noble, even though his left hand doesn't know what his right hand is doing. I'm doing it as a labour of love.
TOBY: You seem like his lap dog, when you're together.
TARA: What? That's the last straw. You're not my friend, any more.
TOBY: On the contrary, I am your friend, and this is my last-ditch effort to save you from Kevin; he's a dictator.
TARA: You ought to be a clown in the circus, you're a natural, like a duck to water.

## THE ASTRONAUTS

Astro 1: Why did you become an astronaut?
Astro 2: Because I used to work in a supermarket, but I had six children and so I wasn't able to make ends meet by the end of the month. One day, I heard an advertisement on the radio in which they were looking for astronauts and so I applied.
Radio: Guys, this is Houston. We've sent a technician to fix your spaceship. He'll arrive in seven months.
Astro 1: Seven months, my foot! What are we going to do, here, for seven months?
Radio: Guys, try to meet us halfway; it's the fastest solution there is.
Astro 2: I have an idea... it works with my TV at home... it's make or break (literally: 'or we're finished, or we're going home').
(Astro 2 takes a big rock, and throws it at the spaceship. After a few *seconds, the engine turns on.)*
Astro 1: The sound of that engine is like music to my ears.
Astro 2: Let's go!
(With great enthusiasm, Astro 2 jumps into the spaceship, and takes off)
Astro 1: What about me?... idiot!

## FLIGHT LESSONS

B: But we're too high up, Mother.
Mama: Don't look down, and never say die. No pain, no gain.
B: I can't stand these stupid phrases, I'm afraid.
Mama: Just go!!!
B: Wait a minute, I just remembered that I have an appointment at the hairdresser's in five minutes.
Mama: This excuse doesn't wash.
B: Pleeeeaase! I'm the new kid on the block, and my hair is a mess.
Mama: I want to nip this in the bud, right away. You've no time for it.

Little bird from another tree: How's he going to fly with that hair like an idiot?

# SOLUTIONS AND TRANSLATIONS

## HOW TO GET A WOMAN

ROBERT: You see that woman? She's my new girlfriend, but she doesn't know it, yet.
RICHARD: But she's older than the hills.
ROBERT: I like women with experience, and tonight I'm on fire, a lot of love is on the cards for tonight.
(Robert goes to the woman, speaks with her, and then comes back, alone.)
ROBERT: She's on the rebound, and doesn't feel like going out with me. (Robert begins to cry...) I don't want to be put on the shelf, I'm always alone.

## CLERK IN TROUBLE

FATHER: Hello, Daniel. You're playing with fire, my friend, and don't take what I'm about to say to you with a pinch of salt. I know that you like to show off, a people person, but in reality you're a pain in the neck. If you go near to my daughter, again, I'll break you into a thousand pieces.
THT: Daniel doesn't work here any more.

## THE SQUIRREL

S: Hi, I'm your neighbor. How come you came here/Why did you come here?
B: Where I was before, there weren't any nuts, instead, here there's a lot! I've gone from rags to riches, here!
S: But I don't have any nuts: where did you find them?
B: They were already here, inside! In the old forest, there were rocks that seemed like nuts. In fact, I've only two teeth left, but these nuts are the real McCoy!
S: Who gave you this tree?
B: City Hall. I had to wait a while, you know how red tape is....
S: I want a tree like this, too!
B: Wait, don't run before you can walk; if you go to City Hall, now, yelling that you want a tree... then start writing them e-mails... Rome wasn't built in a day.
S: There's no land line in this tree.
B: That, too?!!

## THE ANT'S REVENGE

ANT 1: I'm going to tell that stupid dog to watch where he's walking! I'll make him see the light.

ANT 2: You'll be sailing very close to the wind.

ANT 1: Listen, we two don't always see eye to eye, but I understand you... I just have to do it. Yesterday evening, two of my friends died because of him... I saw red when I found them.

ANT 2: He won't listen to you; you're only an ant.

ANT 1: It will be like shooting fish in a barrel, because I bought a megaphone/bullhorn.

ANT 2: A megaphone/bullhorn? Where did you get it?

ANT 1: Gerry is selling them, they're going like hot cakes!


## THE SWINDLE

RON: Larry had told me that it would be a walk in the park. He told me that I could earn 1,000 euro a day with an investment of only 5,000 euro! I was walking on air... but talk is cheap, right? I took everything for granted, and now my future is uncertain! He took me for a ride, Sue!!

Sue: ...

RON: BUT AREN'T YOU GOING TO SAY ANYTHING??!!!!

SUE: I lost money, too, Ron. Don't take it out on me!

RON: Sorry.

[a policeman (P) enters]

P: We have found Larry, and we're giving him the third degree... in the beginning he denied everything, but now he has made a U-turn, and admits everything, and wants to ask for forgiveness.

RON: Who?

P: Larry.

RON: Yeah, alright, I'd already forgotten. All water under the bridge.

P: So, you don't want your money back?

RON: What money?

P: Goodbye.

### EXERCISE n. 22

Hi , thx 4 the XLNT dnr but y r u angry with me 2day?

Because I didn't eat?

I 8 b4 I came 2 c u!

C u L8R or 2moro, ok?

Luv, Sally

Final message:
I hope 2 C U again soon M8, LOL!

# INDEX

# MORE VERBS

## ANGLO SAXON VERBS

## CHIMERE VERBS

## VERB PATTERNS

## MODAL VERBS

# SITUATIONS AND WORDS

## MORE IDIOMS

## THE GOLD MINE (DIE GOLDMINE)

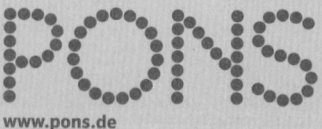